新时代外国语言文学
新发展研究丛书

总主编 罗选民 庄智象

普通语言学新发展研究

General Linguistics: New Perspectives and Development

胡旭辉 等 / 著

清华大学出版社
北京

内 容 简 介

本书综述了近十年我国学界尤其是外语学界在普通语言学领域的研究。开篇对"普通语言学"这一概念做了界定和辨析。在此基础上，全书聚焦语言学理论层面的研究，分别梳理了近十年生成语言学、认知语言学和系统功能语言学视角下的普通语言学研究。另有两章分别综述近十年索绪尔研究和具有普通语言学意义的实证研究。

普通语言学的核心是语言普遍属性的探究和语言学理论的构建，本书希望可以帮助读者了解当代语言学核心理论流派以及这些理论视角在中国学界的发展。本书适合外国语言文学和汉语言文学领域的学者、研究生，同时也适合其他对语言学宏观理论感兴趣的读者研读和参考。

版权所有，侵权必究。举报：010-62782989，beiqinquan@tup.tsinghua.edu.cn。

图书在版编目（CIP）数据

普通语言学新发展研究/胡旭辉等著 .—北京：清华大学出版社，2023.1
（新时代外国语言文学新发展研究丛书）
ISBN 978-7-302-62496-7

Ⅰ.①普… Ⅱ.①胡… Ⅲ.①普通语言学—研究 Ⅳ.①H0

中国国家版本馆 CIP 数据核字（2023）第 005520 号

策划编辑：郝建华
责任编辑：郝建华　许玲玉
封面设计：黄华斌
责任校对：王凤芝
责任印制：朱雨萌

出版发行：清华大学出版社
网　　址：http://www.tup.com.cn, http://www.wqbook.com
地　　址：北京清华大学学研大厦A座　邮　编：100084
社 总 机：010-83470000　邮　购：010-62786544
投稿与读者服务：010-62776969, c-service@tup.tsinghua.edu.cn
质量反馈：010-62772015, zhiliang@tup.tsinghua.edu.cn

印 刷 者：大厂回族自治县彩虹印刷有限公司
装 订 者：三河市启晨纸制品加工有限公司
经　　销：全国新华书店
开　　本：155mm×230mm　印　张：18.25　字　数：278 千字
版　　次：2023 年 3 月第 1 版　印　次：2023 年 3 月第 1 次印刷
定　　价：118.00 元

产品编号：088499-01

中国英汉语比较研究会
"新时代外国语言文学新发展研究丛书"
编委会名单

总主编

罗选民　庄智象

编　委

（按姓氏拼音排序）

蔡基刚	陈　桦	陈　琳	邓联健	董洪川
董燕萍	顾曰国	韩子满	何　伟	胡开宝
黄国文	黄忠廉	李清平	李正栓	梁茂成
林克难	刘建达	刘正光	卢卫中	穆　雷
牛保义	彭宣维	冉永平	尚　新	沈　园
束定芳	司显柱	孙有中	屠国元	王东风
王俊菊	王克非	王　蔷	王文斌	王　寅
文秋芳	文卫平	文　旭	辛　斌	严辰松
杨连瑞	杨文地	杨晓荣	俞理明	袁传有
查明建	张春柏	张　旭	张跃军	周领顺

总　　序

外国语言文学是我国人文社会科学的一个重要组成部分。自1862年同文馆始建，我国的外国语言文学学科已历经一百五十余年。一百多年来，外国语言文学学科一直伴随着国家的发展、社会的变迁而发展壮大，推动了社会的进步，促进了政治、经济、文化、教育、科技、外交等各项事业的发展，增强了与国际社会的交流、沟通与合作，每个发展阶段无不体现出时代的要求和特征。

20世纪之前，中国语言研究的关注点主要在语文学和训诂学层面，由于"字"研究是核心，缺乏区分词类的语法标准，语法分析经常是拿孤立词的意义作为基本标准。1898年诞生了中国第一部语法著作《马氏文通》，尽管"字"研究仍然占据主导地位，但该书宣告了语法作为独立学科的存在，预示着语言学这块待开垦的土地即将迎来生机盎然的新纪元。1919年，反帝反封建的"五四运动"掀起了中国新文化运动的浪潮，语言文学研究（包括外国语言文学研究）得到蓬勃发展。中华人民共和国成立后，尤其是改革开放以来，外国语言文学学科的发展势头持续迅猛。至20世纪末，学术体系日臻完善，研究理念、方法、手段等日趋科学、先进，几乎达到与国际研究领先水平同频共振的程度，取得了令人瞩目的成绩，有力地推动和促进了人文社会科学的建设，并支持和服务于改革开放和各项事业的发展。

无独有偶，在处于转型时期的"五四运动"前后，翻译成为显学，成为了解外国文化、思想、教育、科技、政治和社会的重要途径和窗口，成为改造旧中国的利器。在那个时期，翻译家由边缘走向中国的学术中心，一批著名思想家、翻译家，通过对外国语言文学的文献和作品的译介塑造了中国现代性，其学术贡献彪炳史册，为中国学术培育做出了重大贡献。许多西方学术理论、学科都是经过翻译才得以为中国高校所熟悉和接受，如王国维翻译教育学和农学的基础读本、吴宓翻译哈佛大学白璧德的新人文主义美学作品等。这些翻译文本从一个侧面促成了中国高等教育学科体系的发展和完善，社会学、人类学、民俗学、美学、教育学等，几乎都是在这一时期得以创建和发展的。翻译服务对于文化交流交融和促进文明互鉴，功不可没，而翻译学也在经历了语文学、语言学、文化学等转向之后，日趋成熟，如今在让中国了解世界、让世界了解中国，尤其是"一带一路"建设、人类命运共同体构建，讲好中国故事、传递好中国声音等方面承担着重要使命与责任，任重而道远。

20世纪初，外国文学深刻地影响了中国现代文学的形成，犹如鲁迅所言，要学普罗米修斯，为中国的旧文学窃来"天国之火"，发出中国文学革命的呐喊，在直面人生、救治心灵、改造社会方面起到不可替代的作用。大量的外国先进文化也因此传入中国，为塑造中国现代性发挥了重大作用。从清末开始特别是"五四运动"以来，外国文学的引进和译介蔚然成风。经过几代翻译家和学者的持续努力，在翻译、评论、研究、教学等诸多方面成果累累。改革开放之后，外国文学研究更是进入繁荣时代，对外国作家及其作品的研究逐渐深化，在外国文学史的研究和著述方面越来越成熟，在文学理论与文学批评的译介和研究方面、在不断创新国外文学思想潮流中，基本上与欧美学术界同步进展。

外国文学翻译与研究的重大意义，在于展示了世界各国文学的优秀传统，在文学主题深化、表现形式多样化、题材类型丰富化、批评方法论的借鉴等方面显示出生机与活力，显著地启发了中国文学界不断形成新的文学观，使中国现当代文学创作获得了丰富的艺术资源，同时也有力地推动了高校相关领域学术研究的开展。

进入21世纪，中国的外国语言学研究得到了空前的发展，不仅及时引进了西方语言学研究的最新成果，还将这些理论运用到汉语研究的实践；不仅有介绍、评价，也有批评，更有审辨性的借鉴和吸收。英语、汉语比较研究得到空前重视，成绩卓著，"两张皮"现象得到很大改善。此外，在心理语言学、神经语言学和认知语言学等与当代科学技术联系紧密的学科领域，外国语言学学者充当了排头兵，与世界分享语言学研究的新成果和新发现。一些外语教学的先进理念和语言政策的研究成果为国家制定外语教育政策和发展战略也做出了积极的贡献。

习近平总书记指出："要着力推进国际传播能力建设，创新对外宣传方式，加强话语体系建设，着力打造融通中外的新概念新范畴新表述，讲好中国故事，传播好中国声音，增强在国际上的话语权。"为贯彻这一要求，教育部近期提出要全面推进新工科、新医科、新农科、新文科等建设。新文科概念正式得到国家教育部门的认可，并被赋予新的内涵和定位，即以全球新技术革命、新经济发展、中国特色社会主义新时代为背景，突破传统的文科思维模式与文科建构体系，创建与新时代、新思想、新科技、新文化相呼应的新文科理论框架和研究范式。新文科具备传统文科和跨学科的特点，注重科学技术、战略创新和融合发展，立足中国，面向世界。

新文科建设理念对外国语言文学学科建设提出了新目标、新任务、新要求、新格局。具体而言，新文科旗帜下的外国语言文学学科的发展目标是：服务国家教育发展战略的知识体系框架，兼备迎接新科技革命的挑战能力，彰显人文学科与交叉学科的深度交融特点，夯实中外政治、文化、社会、历史等通识课程的建设，打通跨专业、跨领域的学习机制，确立多维立体互动教学模式。这些新文科要素将助推新文科精神、内涵、理念得以彻底贯彻落实到教育实践中，为国家培养出更多具有融合创新的专业能力，具有国际化视野，理解和通晓对象国人文、历史、地理、语言的人文社科领域外语人才。

进入新时代，我国外国语言文学的教育、教学和研究发生了巨大变化，无论是理论的探索和创新，方法的探讨和应用，还是具体的实验和实践，都成绩斐然。回顾、总结、梳理和提炼一个年代的学术发展，尤其是从理论、方法和实践等几个层面展开研究，更有其学科和学术价值及现实和深远意义。

鉴于上述理念和思考，我们策划、组织、编写了这套"新时代外国语言文学新发展研究丛书"，旨在分析和归纳近十年来我国外国语言文学学科重大理论的构建、研究领域的探索、核心议题的研讨、研究方法的探讨，以及各领域成果在我国的应用与实践，发现目前研究中存在的主要不足，为外国语言文学学科发展提出可资借鉴的建议。我们希望本丛书的出版，能够帮助该领域的研究者、学习者和爱好者了解和掌握学科前沿的最新发展成果，熟悉并了解现状，知晓存在的问题，探索发展趋势和路径，从而助力中国学者构建融通中外的话语体系，用学术成果来阐述中国故事，最终产生能屹立于世界学术之林的中国学派！

本丛书由中国英汉语比较研究会联合上海时代教育出版研究中心组织研发，由研究会下属 29 个二级分支机构协同创新、共同打造而成。罗选民和庄智象审阅了全部书稿提纲；研究会秘书处聘请了二十余位专家对书稿提纲逐一复审和批改；黄国文终审并批改了大部分书稿提纲。

本丛书的作者大都是知名学者或中青年骨干，接受过严格的学术训练，有很好的学术造诣，并在各自的研究领域有丰硕的科研成果，他们所承担的著作也分别都是迄今该领域动员资源最多的科研项目之一。本丛书主要包括"外国语言学""外国文学""翻译学""比较文学与跨文化研究"和"国别和区域研究"五个领域，集中反映和展示各自领域的最新理论、方法和实践的研究成果，每部著作内容涵盖理论界定、研究范畴、研究视角、研究方法、研究范式，同时也提出存在的问题，指明发展的前景。总之，本丛书基于外国语言文学学科的五个主要方向，借助基础研究与应用研究的有机契合、共时研究与历时研究的相辅相成、定量研究与定性研究的有效融合，科学系统地概括、总结、梳理、提炼近十年外国语言文学学科的发展历程、研究现状以及未来的发展趋势，为我国外国语言文学学科高质量建设与发展呈现可视性极强的研究成果，以期在提升国家软实力、构建人类命运共同体过程中承担起更重要的使命和责任。

感谢清华大学出版社和上海时代教育出版研究中心的大力支持。我们希望在研究会与出版社及研究中心的共同努力下，打造一套外国语言文学研究学术精品，向伟大的中国共产党建党一百周年献上一份诚挚的厚礼！

罗选民　庄智象

2021 年 6 月

前　言

在语言学领域，"普通语言学"是一个定义并不十分清晰的术语。普通语言学的学科本质是什么？什么样的研究可以归属到普通语言学的范围之内？这两个问题都没有现成的答案。因此，和大多综述某一语言学分支的研究所不同的是，本书的综述对象并不是一目了然的。我们可以相对容易地分辨出某项研究是属于句法、语义还是语用学领域，也可以明确知道某项研究是属于生成语言学派还是认知语言学派，但无论是国内还是国外，很少有语言学研究者会明确地将自己的某个研究定位为普通语言学研究。因此，本书在第1章的绪论部分首先界定了普通语言学的大致范围。简单而言，我们将普通语言学定义为探索人类语言普遍属性的研究。在过往的大半个世纪，语言学已经发展为一个比较成熟的学科，形成了相对明确的研究对象、研究方法和研究范式，尤其是构建了不同的理论体系。本书将重心放在不同流派的理论构建，因为理论构建不是面向某个具体的语言现象，而是为探索语言普遍属性服务。

基于这个思路，本书综述了我国外语界学者最近十年在生成语言学、认知语言学、系统功能语言学三个主要的语言学流派下的理论探索研究。除此之外，本书有专门的一章探讨索绪尔语言学的研究。在我国，普通语言学这个概念的广泛使用很大程度上与索绪尔的《普通语言学教程》相关，而聚焦索绪尔和《普通语言学教程》的研究大致都属于普通语言学的研究范围。本书另有一章综述实证研究领域内和普通语言学相关的研究，这是因为当代语言学领域内的许多实证研究并不是简单套用语言学的概念做一些行为实验，而是越来越和理论探索紧密相连，一方面验证有关语言普遍属性的理论假设，另一方面也为语言学理论的发展提出新问题和新视角。鉴于此，我们认为有必要专设一章，综述这个领域的研究成果。本书定位在普通语言学视角下的研究综述，因此没有回顾具体语言的研究，这些研究在丛书其他著作中有专门的系统介绍。

我们希望本书能够在一定程度上反映最近十年我国外语界在语言学理论探索上所做出的成果，增进读者对语言学相关理论最新动态的理解与把握。本书各章下都有对所综述的领域的概述，所综述的具体研究又进一步展示了概述中的相关要点，我们希望这样的安排可以为读者提供一个全景式的概览。

通过上面的简单介绍，读者已经可以发现，本书涉及的不是语言学某一个领域的研究，而是涵盖语言学主要的理论流派，这远超笔者个人的语言学知识系统，幸得各章节作者和多位专家的支持，本书才得以顺利完成。因此，本书是集体的产物，具体分工如下：胡旭辉负责全书整体思路和章节的设定，第 1 章和第 2 章由胡旭辉撰写，第 3 章由吴可撰写，第 4 章由李颖异撰写，第 5 章由郝琦撰写，第 6 章由陈一帆和王思雨撰写。

陈新仁教授对本书的思路设计提出了宝贵建议。程工教授、冯硕博士、宋成方教授、司富珍教授、王博教授、周鹏教授、王上豪同学以及清华大学出版社的匿名审稿专家阅读了本书的相关章节，提出了具体的修改意见。在撰写界定普通语言学的绪论一章时，我曾多次和 David Adger 教授、Ian Roberts 教授通过邮件或视频交流讨论，获得颇多启发。清华大学出版社许玲玉老师为本书的编辑做了大量细致的工作。林曜、刘雨晨、吴琪参与了本书的校对工作。这些支持对本书最后的定稿起到了非常大的作用，在此表示衷心感谢。

特别感谢北京大学副校长宁琦教授推荐我参与丛书的撰写工作，感谢中国英汉语比较研究会的信任和支持，感谢上海时代教育出版研究中心庄智象理事长和清华大学出版外语分社郝建华社长的耐心沟通。

感谢北京大学外国语学院外国语言学及应用语言学研究所的各位同事。语言所透明、宽松、自由的学术氛围以及各位同仁的友谊和关怀是我得以安心研究的重要保障。

最后，感谢我的妻子和儿子。和以往任何时候一样，家人的爱是我力量的源泉，让我可以有勇气和毅力去完成种种任务和工作——包括撰写本书。

胡旭辉

于北京大学外国语学院

2022 年 10 月

目 录

第1章 绪论：普通语言学的界定 ………………………… 1
    1.1 普通语言学的定义 ………………………………… 1
    1.2 普通语言学和理论语言学的关系 ……………………… 3
    1.3 语言的普遍属性研究 ……………………………… 7
        1.3.1 语言普遍性：类型学的视角 ……………………… 7
        1.3.2 语言普遍性："普遍语法"的争议 ………………… 10
    1.4 各章内容安排 …………………………………… 19

第2章 生成语言学视角下的普通语言学研究 ……………… 21
    2.1 引言 …………………………………………… 21
    2.2 生成语言学概述 ………………………………… 22
        2.2.1 起点：语言的特殊性 ……………………………… 22
        2.2.2 核心概念：普遍语法、语言官能和 I–语言 ……… 24
        2.2.3 论元结构的研究 ………………………………… 28
        2.2.4 参数理论 ………………………………………… 33
    2.3 生成语言学视角下的普通语言学研究回顾 ………… 38
        2.3.1 理论介绍 ………………………………………… 38
        2.3.2 句法制图理论研究 ……………………………… 40
        2.3.3 格理论研究 ……………………………………… 45
        2.3.4 生成语言学中的词库研究 ……………………… 50
        2.3.5 生物语言学研究 ………………………………… 54
    2.4 评述与展望 …………………………………… 58

第 3 章 认知语言学视角下的普通语言学研究 …… 63

3.1 引言 …… 63
3.1.1 认知语言学概貌 …… 63
3.1.2 中国外语界近十年研究概览 …… 69

3.2 认知语言学基本理论的引介与反思 …… 70
3.2.1 具身认知 …… 70
3.2.2 认知识解理论 …… 73
3.2.3 Langacker 主观性理论 …… 77
3.2.4 "基于使用"的语言观 …… 80
3.2.5 宏事件理论 …… 84

3.3 认知语言学与跨学科研究 …… 86
3.3.1 认知语言学的"社会转向" …… 87
3.3.2 认知语言学的"量化转向" …… 91
3.3.3 认知音系学 …… 93
3.3.4 认知类型学 …… 94
3.3.5 对认知语言学跨学科研究的反思 …… 95

3.4 认知语言学视角下的汉外对比研究 …… 96

3.5 评述与展望 …… 99

第 4 章 系统功能语言学视角下的普通语言学研究 …… 103

4.1 引言 …… 103

4.2 系统功能语言学：关键概念的提出和理论发展的脉络 …… 104
4.2.1 理论起点和核心概念 …… 105
4.2.2 理论的进化和丰富 …… 107

4.3 系统功能语言学视角下的普通语言学研究动向 109
- 4.3.1 词汇语法的研究 110
- 4.3.2 语法隐喻的研究 120
- 4.3.3 语篇语义框架的研究 123
- 4.3.4 语类相关的研究 127
- 4.3.5 儿童语言习得研究 131
- 4.3.6 研究方法的新讨论 132

4.4 评述与展望 134

第 5 章 索绪尔研究与普通语言学研究 137

5.1 引言 137
- 5.1.1 2010 年之前国内索绪尔研究简述 138
- 5.1.2 近十年索绪尔研究的主要形式 139
- 5.1.3 本章内容简述 140

5.2 索绪尔语言学思想研究 141
- 5.2.1 索绪尔语言学思想的整体性研究 141
- 5.2.2 任意性问题的研究 149
- 5.2.3 语言价值理论的研究 153

5.3 索绪尔语言理论的思想探源研究 154
- 5.3.1 Saussure 与 Whitney 156
- 5.3.2 Saussure 与 Courtenay 157
- 5.3.3 Saussure 与 Paul 159
- 5.3.4 "价值理论" 探源 161
- 5.3.5 总结 163

5.4 理论对比及后世影响研究 163
- 5.4.1 Saussure 与 Peirce 165
- 5.4.2 Saussure 与 Bakhtin 167

    5.4.3　Saussure 与 Chomsky ·················· 169
    5.4.4　语言学史中的 Saussure ··················· 172
  5.5　《普通语言学手稿》的研究 ·················· 176
    5.5.1　《手稿》版本评介 ························· 177
    5.5.2　《手稿》思想研究 ························· 178
  5.6　述评和展望 ······························· 179

第 6 章　实证研究中的普通语言学研究 ············· 183
  6.1　引言 ·································· 183
  6.2　近十年国内外语界普通语言学实证研究
    主要话题 ······························ 184
    6.2.1　习得类研究综述 ························· 185
    6.2.2　非习得类研究综述 ······················· 202
  6.3　近十年国内外语界普通语言学实证研究
    主要研究方法 ··························· 213
  6.4　总结与前瞻 ······························ 217

参考文献 ···································· 219

术语表 ····································· 263

图 目 录

图 2-1　外骨架模式下的事件结构 ·············· 31
图 2-2　第一语段句法理论中的事件结构 ············ 32
图 2-3　X-阶结构 ················· 34
图 2-4　依存格相关结构 ··············· 49
图 3-1　基于"体认一元观"的认知语言学模型 ········· 72
图 3-2　不同的识解方式 ··············· 74
图 3-3　不同主观性识解模式 ············· 78
图 3-4　宏事件结构 ················ 84
图 3-5　认知类型学理论假设 ············· 95
图 3-6　英汉语词类范畴 ··············· 97
图 3-7　主谓结构与对言结构 ············· 98
图 5-1　索氏理论的哥白尼革命之精神所在 ·········· 145
图 5-2　Saussure 和 Peirce "符号"形式的对比 ········ 166

表 目 录

表 6-1　国内外语界 2011—2020 年普通语言学实证研究主要研究话题 …………………………………… 184
表 6-2　国内外语界 2011—2020 年普通语言学实证研究主要研究方法 …………………………………… 213

第1章
绪论：普通语言学的界定

本书的核心目标是展示近十年我国外语界在普通语言学领域的研究成果。要展示普通语言学的研究成果，首先需要界定哪些成果属于普通语言学，而这取决于如何定义普通语言学。在语言学研究领域，要界定哪些研究属于句法、语义、音系、语用等领域并不难，但是究竟哪些研究可以归至普通语言学范畴则并不自明。因此，有必要在全书首章梳理普通语言学这一概念。在本章中，我们将基于前人的研究对普通语言学的定义作出界定，并在此基础上比较普通语言学和理论语言学的关系。由于语言的普遍属性是普通语言学定义的核心，我们也将评述"语言共性"在学界引发的争议，以期让读者对普通语言学有更深入的了解。

1.1 普通语言学的定义

提到普通语言学，最为学界所熟悉的研究是 Ferdinand de Saussure 具有划时代意义的《普通语言学教程》(*Cours de linguistique générale*)（Saussure，1916）（后简称《教程》），这部著作是 Saussure 故后由其学生根据其课堂笔记编撰而成的。在这部著作中，Saussure 开创性地对语言研究的范式、语言学学科的定位、语言各层次的性质做出了一系列意义深远的定论和分析。通过这部著作，我们可以看到 Saussure 对语言本质、语言系统、语言功能的全方位阐述，这包括现在为人所熟悉的"能指"(signifier) / "所指"(signified)、"语言"(langue) / "言语"

（parole）[1]等二分的语言符号学概念等。这部著作既论及语言的历时研究与共时研究（凸显了共时研究的重要性）两个层面，也涉及语言的方方面面，尤其是语法、语音和语义这三个核心要素。除此之外，Saussure还站在学科的高度，论述了语言学学科的研究对象、研究范围以及与其他学科的关系。Saussure 在以上各个方面的论述详尽、深入，对后世产生了深远的影响。

如果我们以《教程》作为"普通语言学"研究的范本，那么这个领域的研究至少需要包括两个方面：语言本体属性的研究和语言学学科范式的界定。事实上，在 Saussure 之后，除了教材性质的著作，冠以"普通语言学"之名的语言学研究在主流理论语言学研究中的比例并不高。究其原因，可能是因为语言学和其他学科一样，只有在某个发展节点上才会产生对宏观的学科属性和研究范式做出全面革新的论述和研究，这也正是 Kuhn 在其著作《科学革命的结构》(*The Structure of Scientific Revolutions*)（Kuhn, 1962）中所提出的"范式迁移"（paradigm shift）的要点所在：人类科学往往是在某个范式下逐步发展，只有发展到某个节点才会突破原有的范式，整个学科的研究范式发生剧烈的变化，在此之后在新的范式中继续逐步发展，如此周而复始带来人类知识的不断进步。就语言学而言，我们可以认为 Saussure 的《教程》是当之无愧的带来范式迁移的研究。另一个类似的范例是 Bloomfield（1933）的《论语言》(*Language*)，这本书奠定了美国结构主义语言学的研究范式。除此之外，即使出现新的范式的研究，往往也不会如这两部著作那样将学科的研究对象、对象的性质、学科的任务等都囊括其中。比如 Chomsky 的生成语言学研究也被公认带来了语言学研究的新的范式迁移，但 Chomsky 并没有一本著作如 Saussure 的《教程》一般涵盖了语言学方方面面，而是将其观点散落在不同的著作中。

Saussure 的《教程》的出现有一定的特殊性，这本教程是根据其

---

[1] 这两对概念的中文来自高名凯的译本（费尔迪南·德·索绪尔，1980），已被我国学界广为接受。"能指"和"所指"的法文原文是 signifié 和 signifiant，中文学界普遍采用的英文翻译是 signifier 和 signified，这也是 Baskin 英文版（De Saussure, 1959）的翻译。"语言"和"言语"在不同英文版中对应的翻译各不相同，我们认为这是有特殊意义的一对术语，因此直接采用法文原文 langue 和 parole，这也是我国学界和英文著作在提到这对概念时通常采用的方式。

几次课程的课堂笔记综合而成，可以说是涵盖了 Saussure 毕生研究的主要观点。因此，Saussure 的《教程》可以看作普通语言学研究的理想化范本。但是在现实的语言学研究中，我们很难以《教程》作为标准来界定普通语言学。在当代语言学研究中，普通语言学的英文术语是 general linguistics。在这个术语中，"普通"（general）的对立面是"特定"（particular），普通语言学指的是探索人类语言普遍属性的研究，与聚焦某个特定语言的研究相对（Haspelmath，2021）。根据这个定义，普通语言学指的是超越个体语言研究、以探索人类语言普遍属性为目标的语言学研究。需要指出的是，当代语言学家们似乎并不特别关注普通语言学的精确定义，学者们也很少特别强调普通语言学是自己的研究领域。究其原因，是因为当代语言学研究多以语言的不同层面如"句法""语义"等作为精确的研究领域，相比之下，普通语言学更像是研究视角而非具体的研究领域。如句法研究可以采用普通语言学的视角，关注人类语言普遍的句法结构，也可以只关注具体语言的句法结构，如汉语句法、英语句法等。也正是由于这个原因，普通语言学作为关键词在教材以外（即研究性的论文或著作中）出现的情况并不多见。这也直接决定了界定"普通语言学研究"的难点所在：我们不能根据研究的标题或者关键词来判断一项研究是否属于普通语言学的范围，而只能根据以上定义来判断，即该研究是否探索人类语言的普遍性。在这个定义中，"普遍性"（universal）是最为关键的要素，我们将在下文具体介绍"普遍性"在语言学研究中不同的定义以及由此引发的相关争论，以期帮助读者了解当代普通语言学研究的核心议题。在此之前，我们将先探讨"普通语言学"和另一个相关的术语"理论语言学"（theoretical linguistics）之间的关系，这是因为这两个概念之间的边界非常模糊，学界在使用这两个术语时一般也不做清晰的区分，因此我们希望对这对概念做一个简要的辨析，这也有助于理清"普通语言学"的定义。

1.2 普通语言学和理论语言学的关系

"普通语言学"是本书标题中的主题词，与之相关的另一个术语是

"理论语言学"。我们在本节讨论二者的关系。我们的讨论从 Haspelmath（2021）对理论语言学的批评谈起。Haspelmath（2021）认为，普通语言学研究往往面临一个悖论：一方面我们希望研究语言的普遍属性，这需要以多语言的语料作为起点；另一方面，大部分语言学研究往往关注少量语言，却据此得出语言普遍属性的结论。Haspelmath 将批评指向理论语言学研究，认为以生成语言学为代表的理论语言学存在这样典型的问题，因此他认为目前普通语言学研究越来越被理论语言学研究所替代，这是一个错误的趋势。从这个角度来看，Haspelmath（2021）是希望通过精确分析普通语言学和理论语言学这对概念，来重新强调普通语言学的意义，这并不是仅仅为了理清某个术语的定义，更为深层的目的是批判生成语言学为代表的理论语言学模式，呼吁学界应当采取他所倡导的语言学研究方法。无论我们是否赞同 Haspelmath 的观点，我们认为 Haspelmath 通过概念的辨析来探讨一个学科的研究门径，是值得重视的。而这样的研究范式的讨论，也正是普通语言学关注的核心之一。因此，我们在全书的第一章延续 Haspelmath 的讨论，进一步分析普通语言学和理论语言学这对概念。和 Haspelmath 一样，我们希望概念的辨析能够帮助读者对语言学研究路径进行反思。

我们首先讨论第一个问题：研究单一或少数的语言特征，能否对语言普遍属性的探索有所贡献？Haspelmath 对此持否定态度。而我们则持不同意见。理由如下：假设语言具有普遍的属性（这是 Haspelmath 和生成语言学家都赞同的，至于这个普遍属性的本质是什么我们暂不讨论），那么任何一个具体语言必然是这些普遍属性的具体化表现。也就是说，任何一种人类语言的表象背后必然具有抽象的语言普遍属性。所以，从逻辑上来说，由一门具体语言出发，从中抽象出语言共有的某些普遍属性不无可能。这里不是说单一的语言研究必然可以抽象出语言的普遍属性，也不是说抽象出的属性一定是可靠的。我们认为，基于有限语言的语言学研究要满足以下几个条件，才可能对探索语言普遍属性有所贡献。第一，研究者必须有探索语言普遍属性的目的。并不是所有的语言学研究都必须要为探索语言普遍属性服务。比如，如果研究汉语语法的目的是为了对外汉语教学，那么研究者需要做的便是精确归纳汉语语法的规律，并且以对外汉语教学实践为导向，在归纳中考虑如何呈

第1章 绪论：普通语言学的界定

现这些语法规律以更好地为学生理解、接受和应用。但是，如果研究汉语的目标之一是通过探索汉语语法来呈现某些语言普遍属性，那么研究者必然会提出一些和语言普遍属性相关的问题并尝试作出解读。比如，汉语为什么有量词？量词是否实现了某种普遍的语言功能？第二，研究者应该有比较的视角。即使不是基于大规模语料的类型学研究，也应该有比较的眼光。还是以汉语量词为例，我们可以问：为什么印欧语中没有量词？如果量词实现了某种普遍的功能，那么这个功能在印欧语中如何实现？这种比较的眼光，一方面会让具体语言的研究直接贡献于语言普遍属性的探究，另一方面也会有助于我们通过所聚焦的语言，发掘其他语言中被忽视的特点。第三，研究者应该有开放的心态。虽然我们认为基于有限语言的研究可以探索语言的普遍属性，但是和其他科学研究一样，研究的结论不是绝对的真理，需要通过持续的研究来验证、修正甚至否定。比如基于英语得出的某个普遍属性，在未来会因为汉语语料的分析而被推翻或进一步修正。语言学领域比较著名的例子是有关 wh- 移动的分析。Chomsky（1977）指出，英语 wh- 词的移动是基于语言的普遍属性：wh- 词需要移动到 CP 的标志语（specifier）位置给 C 的 wh- 特征赋值〔带来疑问算子（Q-operator）〕，同时 wh- 词移动后留下的语迹（trace）构成一个变量（variable），被疑问算子约束，从而带来疑问句的解读。但是黄正德（Huang，1982a，1982b）的研究将汉语问句纳入到疑问句的普通语言学研究视野中，对上述疑问句的普遍属性提出了挑战，因为汉语的疑问词（如"什么""谁"）并不需要移动到句首。这项研究尤其值得我们重视的是，某项假设受到新的语言现象的挑战并不必然代表这项假设完全错误，有可能是这项假设的内核基本合理，但需要进一步修正。比如，黄正德的研究表明 Chomsky（1977）有关 wh-问句的核心理论假设并没有问题，只不过 wh- 词的移动在不同的语言中会发生在不同的阶段。在英语等语言中，wh- 移动发生在句法推导阶段，而汉语的 wh- 移动则发生在逻辑式（Logical Form，LF）阶段，因此在语音形式上看不到移动。基于汉语的疑问句研究并非仅限于此。在前人研究基础上，蔡维天（Tsai，1999）认为汉语的 wh- 疑问句的特点来自 wh- 词的特殊属性：这些词项本身就是变量，因此不需要通过移动来制造变量。这类变量受各种可及的逻辑算子的约束，也即无选择性约束

（unselective binding）（Heim，1982），因此在不同的话语中可充当被疑问算子约束的变量（如"你喜欢什么？"），也可充当被其他逻辑算子约束的变量（如"你也没吃什么，怎么就饱了呢？"）。根据蔡维天的解释，我们依然可以了解到语言的普遍属性：疑问句需要变量被疑问算子约束，且不同的语言可以通过不同的方式实现这种约束关系。Saito（2017）对日语疑问句的研究在某种程度上正是沿袭了这种思路，他指出日语疑问句的变量与约束关系来自另一个机制——疑问词依然是逻辑算子，需要移动来创造变量；同时疑问词逻辑算子的具体内容未获得赋值，需要和相应的助词（particle）通过一致性操作（Agree）来获得。第四，研究者应该有语言学理论的储备。单靠语言现象的描述、归纳以及对语言普遍属性的关注，是无法通过单一语言的某个现象进入到抽象的语言属性分析的。以上文所列举的疑问句研究为例，如果没有一套有关句法移动、逻辑算子与变量的约束关系等相关的句法和语义（及其互动）理论，基本不可能从单一的语言现象中理出普遍的语言特征。再比如汉语的量词研究。Borer（2005a）基于一套有关谓词如何转化为可切分的实体的理论，指出汉语量词系统折射出了名词结构的普遍属性，即句法的功能结构中有一个负责切分（division）的节点，负责对谓词（此处为名词）进行切分。在此基础上，融入比较的视角，Borer指出这个节点的实现是普遍需求，但如何实现则具有跨语言的差异，如英语大部分情况下是以复数标记-s来实现。

我们接着讨论第二个问题：普通语言学和理论语言学的差异在哪里？前文指出，普通语言学的核心要素体现在"普通"，即强调对语言普遍属性的研究。理论语言学的核心要素显然应该体现在"理论"（theoretical）上。Adger（2021）在回应 Haspelmath（2021）的文章中指出，理论语言学的目标应该是构建语言学理论，包括对现有理论的推进。为什么需要构建理论？我们认为，这是为了实现语言学作为一门科学的目标：解释语言的本质，即解释语言的内在属性是什么，人类为什么具备语言能力等问题。和其他科学研究领域一样，构建解释性的理论必然要涉及抽象化和形式化的过程（Adger，2021），因此任何语言学理论必然具备抽象化的特点，这是由科学理论的特点所决定的，并不是语言学的特例。我们在此不展开解释为什么科学理论必然高度抽象化[1]。从这个视角来看，我们可以说理论语言学隶属于普通语言学，因为普通语言学关注语言的普遍属性，包括关注理论语言学的研究目标，这一点在索绪尔的《教程》中有非常明显的体现。但是普通语言学也可以包括不关注理论构建，而聚焦语言描述层面的普遍特征或趋势的研究，如类型学研究[2]。因此，普通语言学和理论语言学这两个概念经常被混用并非没有道理。也正是由于这个原因，本书范围涵盖了理论构建的研究。

1.3 语言的普遍属性研究

1.3.1 语言普遍性：类型学的视角

语言普遍性是语言类型学（typology）的核心议题，其开创性研究是 Greenberg（1963）。类型学的研究目标是探索不同语言背后所共有的普遍属性，因此，类型学研究都可以归为普通语言学研究。类型学研究的一大特点是基于多种语言的比较，在此基础上归纳语言的共性。如 Greenberg（1963）的研究所涉及的语言有 30 种。在语言种类搜集方面最为全面且具有代表性的类型学研究是 Dryer & Haspelmath（2013）编辑的"在线世界语言结构地图集"（The World Atlas of Language Structures Online）。该地图集涵盖了上千种语言，归纳出了音系、语法、词汇三方面的上百种特征。对语言普遍属性的归纳是基于广泛的跨语言比较而得出的。类型学研究所归纳出的语言普遍属性往往具有关联推导性（implicational）。关联推导性指的是人类语言的一个普遍属性，即某个语言只要具备属性 A，则也具备属性 B。我们以 Greenberg 的普遍属

---

1 在语言学领域，"过于关注理论""理论过于抽象复杂"等批评并不少见。我们认为，和任何当代科学一样，核心的语言学探索必然需要抽象化和复杂化的理论框架，这是探究语言内在属性不可或缺的，并且关注理论与关注语言本体并没有本质上的冲突。当然，这类批评也并非全无道理，为了让理论显得高深复杂而增加不必要的抽象技术，这是完全不可取的。

2 此处并不是说类型学研究没有理论视角，而是说这类研究的重心在于对语言现象的描述和归纳，往往不拘泥于某个特定的理论框架。

性第27条（Universal 27）为例：

> 如果某个语言总是使用后缀（exclusively suffixing），则该语言的介词在宾语之后（postpositional）；如果某个语言总是使用前缀（exclusively prefixing），则该语言的介词位于宾语之前（prepositional）。（Greenberg，1963：57）

除了比较各种语言以归纳出语言的普遍属性，类型学研究也会对普遍属性作出解释。类型学对普遍属性的解释往往基于功能因素，认为这些普遍属性或者倾向性是各种功能因素的压力所致。例如，Greenberg（1963）和Hawkins（1983）都强调人类使用语言时具有"和谐性"要求，并且这种和谐性是超越单一语类的。因此在同一个语言中，往往要么核心词都在前（如助动词在动词词组前、动词在名词和介词词组前、介词在名词词组前等），要么核心词都在后。另外一个功能因素是语言处理（parsing）中的投入。某个特殊的语序之所以会打破和谐准则，可能是因为这个语序对于使用者来说在语言处理中更为省力。Hawkins（1994）的"直接成分尽早原则"（Principle of Early Immediate Constituents）是这类类型学解释的代表。Hawkins认为，为了减少语言信息处理过程中短期记忆的压力，应该选用可以让使用者尽早获得一个结构中的直接成分信息的方式，这个原则可以通过直接成分数量与非直接成分（即单个词）数量之间的比例来表示。比例越大，表示对于语言使用者来说该结构越容易处理。我们以下面的例子来说明问题。例1（a）的结构初步分析见于例1（b）。

> 例1（a）I gave the valuable book that was extremely difficult to find to Mary.（Hawkins，1994：59）（我将这本很难找到的极具价值的书送给了玛丽。）
> （b）I [$_{VP}$ gave [$_{NP}$ the valuable book that was extremely difficult to find] [$_{PP}$ to Mary]].

从gave开始到全句结束的所有成分都属于动词词组VP，这个VP的直接成分包括动词gave、名词词组NP和介词词组PP。语言使用者

第 1 章 绪论：普通语言学的界定

在处理这句话时，必须要读到介词短语的第一个词语 to 才能够了解到所有直接成分的信息。在这个处理过程中，直接成分的数量是 3，而非直接成分数量是 11（从 gave 开始到 to 的单词总数），这样直接成分数量与非直接成分数量的比例是 3 比 11。如果将这句话的语序稍变，这个比例数值就可以大幅增大（见例 2）。

例 2　I [VP gave [PP to Mary] [NP the valuable book that was extremely difficult to find]].

在处理以上句子时，读到 NP 的第一个词 the，即可了解这个 VP 的所有直接成分的构成，此时直接成分数量与非直接成分数量的比例是 3 比 4，远大于例 1 的 3 比 11 的比例。因此，例 2 的语序对于语言使用者来说更省力，也是更能被接受的语序。通过以上的简单介绍，我们可以看出类型学视角下的语言普遍属性研究有两个特点：（1）功能因素是其解释的核心动力；（2）因为功能因素并不是非黑即白的，所以语言普遍属性并不一定是绝对的，而更多只是一种趋向或者语言使用者的偏好。

当我们提到语言共性时，往往想到的是生成语言学的普遍语法（Universal Grammar, UG）。类型学和生成语言学虽然都使用 "universal"（普遍属性、共性）这个概念，但二者差异很大。其中最大的差异在于，类型学的语言共性是具体的描述性语言特征，如词缀的位置、介词和宾语的位置、名词短语内的语序等；而生成语言学的语言共性或者普遍语法指的是人类认知中负责语言（主要是句法结构）的机制，其内容并不是以具体的语言描述呈现出来的，如 Hauser et al.（2002）认为递归性合并（recursive merge）是人类语言机制的主要内容，这并不涉及具体语法规则[1]。生成语言学的相关要点可见第 2 章的具体讨论。

1　生成语言学的具体研究并不认为语言机制只有这一个要素，详见本书第 2 章。

1.3.2 语言普遍性:"普遍语法"的争议[1]

如前所述,普通语言学的核心是探索人类语言的普遍属性,因此语言学家们很自然地会关心这样的普遍属性究竟是什么,我们应该采取什么样的研究视角来看待语言的普遍属性。有关这个问题的讨论,最具有代表性的是 *Behavioral and Brain Science* 在 2009 年专刊发表的 Evans & Levinson(以下简称 E&L)的长文,该文旗帜鲜明地反对生成语言学的语言共性观。同期,当今生成语言学以及功能语言学流派的代表人物(如 Baker、Croft、Goldberg、Pesetsky、Rizzi 等)也分别发表了评论文章;2010 年,*Lingua* 又刊登了多位著名语言学家(如 Hudson、Longobardi、Roberts、Neeleman 等)的回应。

我们认为,此次争论可以反映有关语言共性研究有争议的核心议题,也有助于我们理解普通语言学的关键词"语言普遍性"(linguistic universal)在学界的状况。因此,本节将对这一争论进行概述和评价,以此了解不同流派的语言学家如何看待语言共性的问题。

1. E&L 对语言共性论的反对

E&L 的文章重点之一在于指出生成语言学的语言共性假说并不成立。两位研究者认为,多样性的语言形式背后并不存在普遍的语法原则,语言在各个层面都具有明显的多样性,这些层面包括语音与音系、形态、句法和语义。两位研究者进一步指出,生成语言学派多年来研究的普遍语法含糊抽象,这也是为什么两人的标题将语言共性比作"神话"(myth)。两位作者用毗邻条件(Subjacency Condition)和约束原则(Binding Principles)举例,指出这些原则适用于某些语言,但常常为新语料所违反,因此原则需要被不断修正,这导致了该理论不可被证伪。根据毗邻条件,移出的 wh- 疑问词与其原始位置必须毗邻,否则 wh- 移动会导致句子不合语法。所谓的毗邻,大致可以这样理解:对于一个移动的成分,原始位置 A 和移动后的位置 B 之间只能有一个语障

---

[1] 本节内容主要来自于胡旭辉(2013),已征得《外语教学与研究》编辑部同意,笔者在此表示感谢。

第 1 章　绪论：普通语言学的界定

（barrier），比如一个 TP（Tense Phrase，时短语）结构。也就是说，A 和 B 不能离得太远，必须要毗邻。这个条件的核心信息是：长距离的移动往往不是一步到位的，而是循环式的移动（cyclic movement），一步步进行，每一步移动的路径只能涉及一个语障。

例 3 [1]（a）Where did John say that we had to get off the bus?
（b）Did John say whether we had to get off the bus?
（c）*Where did John say whether we had to get off the bus?

例 3（c）句不符合语法是因为移动而出的 where 与其原来的位置之间还有一个 wh- 词 whether。根据前面所说的毗邻条件，where 的移动不能一步到位直接到达句首位置，而是首先要移动到 say 后面的 CP（Complementizer Phrase，标句词短语）的标志语位置（即，Specifier of CP），但是这个位置本身已经被 whether 所填充了，所以 where 的第一步移动没有落脚点，导致句子不符合语法。

例 4　*Where did John say whether we had to get off the bus ____?

E&L 指出，尽管以上原则适用于英语，但并不适用于意大利语和俄语，并据此认为，生成语法常常依赖某一种语言得出一个原则，并假定此原则适用于所有语言。

约束原则也有同样的问题。约束条件 A 要求回指代词（anaphor）〔如自反代词（reflexive）和相互代词（reciprocal）〕必须在管辖范围内被约束；约束条件 B 要求普通代词必须在管辖范围内处于自由状态（即不受约束）。这些条件适用于英语，如例 5 所示，(a) 句满足约束条件 B，(b) 句满足约束条件 A，而 (c) 句则违反了约束条件 A。

例 5（a）John$_x$ saw him$_y$.
（b）John$_x$ saw himself$_x$.
（c）*Himself$_x$ saw John$_x$/him$_x$.

---

[1] 本节的例子如无特殊说明，均来自 E&L 原文。句子前的星号 * 表示该句不符合语法。

但在古英语中，以下解读是允许的¹：

例 6   He$_x$ saw him$_{x,y}$.

按照约束原则 B，代词 him 必须处于自由状态，不可与主语 "he" 同指，但在古英语中这样的同指是允许的，因此 E&L 认为约束原则也不是一个普遍原则。

另一方面，两位作者直接对生成语言学中最为著名的三大语言共性提出了质疑，即：语法关系（如主语、宾语的语法关系）、成分性（constituency）和递归性（recursion）。他们认为，主语是一个比较松散的术语，可以有不同的功能，包括话题（topic）、施事（agent）等，有时候则是一个枢纽（pivot），兼有几种语法功能。例 7 两个并列句中，英语的第二个并列小句省略的主语与第一个小句共用同一个主语；而在 Dyirbal 语中，第二个小句省略的主语则是第一个小句的宾语。两位学者以此进一步表明，在不同的语言中，主语和宾语的功能也有差异。

例 7（a）The woman slapped the man and ø laughed.（英语）
〔女人扇了男人一个耳光，（女人）大笑〕
（b）yibinggu   yara   bunjun ø   miyandanyu（Dyirbal 语）²
The woman   the man   hit   laughed.
〔女人扇了男人一个耳光，（男人）大笑〕

E&L 用古拉丁语的例子，证明生成语言学中的成分结构也不具备普遍性：

例 8   Ultima   Cumaei   venit   iam   carminis   aetas.³
Last(Nom) Cumae(Gen)   came   now   song(Gen) age(Nom)
The last age of the Cumaean song has now arrived.
（库迈歌曲的最后时代到来了。）

---

1 例 4 中，E&L 是用现代英语来呈现古英语的结构。
2 Dyirbal 语原文来自 E&L 第 440 页，原文没有英文逐词翻译，此处为笔者添加。
3 拉丁语原文和英文逐词翻译来自 E&L 第 441 页。

第 1 章　绪论：普通语言学的界定

例 8 句子中，相互依存的语法成分如 ultima（last）和 aetas（age）属于一个成分结构，但二者分别处于句首和句末，似乎表明成分结构在拉丁文中并不存在。

E&L 还用几种语言现象来否认递归具有普遍性。递归现象在语言中主要体现为成分的重复内嵌（embedding），如宾语从句可以无限嵌入宾语从句，介词短语中可以无限嵌入介词短语等（如 John thinks that Mary said that it was raining; The height of the letters on the cover of reports from the government.）（Zwart，2011：44）。E&L 使用的反例之一是 Bininj Gun-wok 语言，他们指出这种语言几乎不存在递归现象。如表达英语的 [They stood [watching us [fight]]]，该语言不采用嵌入从属成分的方式，而是使用独立的小句 "they stood/ they were watching us/ we were fighting each other"。

如果接受以上对语言共性论的反驳，那么生成语言学的整个基石都难免要坍塌，我们需要新的理论体系取而代之。正是基于这个逻辑，E&L 提出了一套自己的语言观并简要指明了未来语言学的发展方向。

2. E&L 的语言观：语言多样性与"文化—生物"双轨进化机制

E&L 的语言观可以用"文化—生物双轨进化模式"来概括。作者认为语言是生物—文化综合体（bio-cultural hybrid），是几千年来基因和文化共同进化的结果。我们分别从文化和生物两个方面来阐述 E&L 的语言观。语言是文化的产物，多样性的语言是多样性文化的体现。文化包括宏观的社会文化因素和相对微观的交际因素，这些因素会影响语言形式的各个层面。生物性这一概念相对复杂。E&L 的语言生物性包括两个方面：一是指语言作为文化的产物受到生物机制的制约，包括发声机制、信息处理能力、交际体系制约等；二是 E&L 将语言的变异与进化类同于群体遗传学（population genetics）中的生物基因的变异与进化。两位研究者借用了生物学上的综合进化论（evolutionary synthesis）和群体遗传学的概念，认为语言的多样性与生物物种的进化和多样性类似。需要注意的是，两位作者并未对这两个重要的生物学概念作具体解释，也没有明确说明如何用群体遗传学来研究语言学多样性（尽管全文的主旨确是以此为基点）。

3. E&L 对语言研究新体系的总结与建议

E&L 的重点是推翻现有的主流生成语言学体系，用新的体系取而代之。E&L 并没有给出一个全面细致的理论体系，而是总结了七条语言研究的重点。笔者总结如下：

（1）语言多样性是语言最重要的特征，研究方向：绘制全球语言图谱。

（2）语言多样性的成因与历史文化和地缘特征有关，在这些因素的影响下，语言特征的出现是受相关选择机制的筛选。研究方向：参照群体遗传学的方式研究语言特征存在的各种变体；全面综合地考察选择机制如何生成具体的语言。

（3）语言多样性的特征不是生成语言学框架下符合普遍语法的可能语言（possible languages），而是通过原型和变异形成。

（4）各种形态上的变异分布是各种选择机制选择语言的结果。进一步的研究应针对选择机制如何生成语言。

（5）语言进化的双重轨道。语言一方面受社会、文化因素的影响，一方面受功能认知因素的制约。需要研究人类早期文化与认知因素如何相互作用生成语言，同时也需要研究在同一生物背景前提下，语言如何变异。

（6）语言的生物机制不应该与类似蝙蝠的回声定位生物机制相比，后者经历了漫长的进化历史，而人类语言出现的时间在生物学上不算漫长。因此不应该认为人脑中有专门的针对语言的机制。

（7）两大挑战：第一，语言及其各种变异如何在各种认知学习机制的制约下进化为社会文化产物；第二，儿童在同等认知水平基础上如何能够习得各种语言，成人如何能够使用各种语言。

4. 生成语言学者的回应

生成语言学者都赞同 E&L 提出的重视语言多样性的观点。除此以外，各学者对 E&L 的文章基本持反对意见。我们将这些观点概括如下：

第 1 章 绪论：普通语言学的界定

在具体问题的技术层面，生成语言学者对 E&L 有关句法原则和语言共性的批评基本都作出了逐条回复。Freidin（2009）指出，E&L 尽管全面反对生成语言学理论，但真正提到的生成句法的原则只有两条，即毗邻条件与约束原则 B，并且 E&L 对于毗邻原则的理解有误：Chomsky（1973）毗邻条件的原意是任何移动都不能将一个成分移出多于两个的界限区域（bounding domain）；界限区域包括 NP（Noun Phrase，名词短语）、CP 和 TP。Rizzi（1978）已经发现了 E&L 指出的违反毗邻条件的现象，并指出界限区域在不同语言中有参数的变化，如在英文中是 TP，而在意大利语中是 CP，并据此开启了至今意义重大的"原则与参数"（Principles and Parameters）研究。针对约束原则的批评，Rizzi（2009）首先承认众多语言所体现出的与指代相关的变异还远未获得彻底的了解，但同时也指出，语言变异并非杂乱无章，比如所有语言中的指代依存关系（referential dependency）都与体现阶层结构性关系（hierarchical relation）的"成分统领"（c-command）有关。Reuland & Everaert（2010）对 E&L 有关约束原则的批评做了详细回复，指出许多违反约束原则的语言（包括缺乏反身代词的语言）背后都有共性，即需要通过句法操作来实现指代，比如 E&L 提到的反例与古英语等语言中缺乏宾语的结构格（structural case）有关，其他语言则通过论元角色的"捆绑"（bundling）来实现自反代词的功能。限于篇幅，此处不再列举具体的讨论；所有相关回复都有一个中心，即指代依存关系需要句法实现是一个共性；语言间的差异与具体的语言特质相关，包括论元的实现方式、动词的形态特质、格位的有无等。

针对三大语言共性的批评，生成语言学者将注意力主要放在成分结构上。Baker（2009）引用其研究（Baker, 2001, 2010）指出，爱尔兰语虽然表面上是宾语和谓语动词分开（具有 V-S-O 语序），但是在无时态的情况下，谓语动词和宾语还是构成一个成分，V-S-O 语序是由于动词进一步移动到时态节点的结果。此外，Mohawk 语言中的名词融合（noun incorporation）现象也证明谓语动词和宾语是一个成分结构，因此宾语可以与动词融合，而主语名词则不被允许融合。Longobardi & Roberts（2010）则指出，古拉丁文中成分结构的打破是焦点化与话题化的结果，因此不能推翻成分结构的普遍性。他们还进一步指出，拉丁文的语序也有诸多句法限制，而非任意排列，这个结论在 Ledgeway（2012）中得到进一步的验证。

在这次讨论中，生成语言学家并没有就递归问题作出具体回应，但 Everett 提出的 Piraha 语言无递归性的著名论点，早已引发过大量讨论（Everett，2005，2009；Nevins et al.，2009a，2009b）。Longobardi & Roberts（2010）强调递归、成分结构、依存关系等即使不是普遍的语言特征，也不能否认所有语言背后都具有普遍的抽象结构关系，这与生成语法的精神是一致的。此外，Zwart（2011）在最简方案（Minimalist Program）的框架中采用分层次推导（layered derivation）的模式，也可以较好地解决某些无递归现象的问题。Chomsky（2013：35）在一处脚注中也提到递归性问题，他认为在理论上可能存在没有层层内嵌的语言，这可能是该语言的词库比较贫乏等原因造成，但这与 UG 并不冲突，也并不值得惊讶。原因在于，Chomsky 认为语言最核心的认知机制是递归性合（recursive merge），这并不是等同于层层内嵌。递归性合并的核心是，合并操作的输入产生的结果（即输出）可以进一步作为输入和另一个成分继续合并。我们用一个简单化的例子来说明问题，一个只有三个单词的词组 a big box（一个大盒子）的生成过程已经涉及递归性合并：big 和 box 作为输入，合并后输出一个成分 big box；big box 这个输出的成分继续作为输入成分与另外一个输入成分 a 合并，输出新的成分 a big box。

生成语言学者也未专门针对语法关系作出回应。笔者认为，原因之一可能在于生成学者不认为这个批评具有很大的威胁：首先，"主语"在生成语言学中并不是与某一个普遍功能直接相关的术语（比较简化的定义是在结构上处于 [Spec TP] 位置的都可叫作主语），这实际上与 E&L 的观点有类似之处。其次，Dyirbal 语中并列句的例子只能说明在作格语言中，格位的特殊性导致了种种特殊句法现象。E&L 用这个例子作为反例是假定生成语言学中主语和宾语有某种普遍功能，但正如前文所言，现阶段的生成语法并不认为主语或者宾语在各种语言中有某种普遍功能。

在理论层面，大部分生成语言学者（如 Baker、Pesetsky、Rizzi 在同期的回复）都认为 E&L 对语言多样性的理解过浅。他们指出，E&L

的一大问题在于忽视了表层多样性背后的抽象共性，这一问题使得 E&L 的语言模式无法进一步深入研究语言更深层次的本质特征。这些学者都指出，E&L 没有注意到语言研究中的语料需要进一步的深入分析；如果只关注研究对象的表面现象，任何科学研究中得出的抽象规则都会被轻易推翻。大部分生成语言学家回复中的相关语言分析都体现出典型的生成语言学派对语料研究的态度：比如上文提到的 Baker 有关爱尔兰语语序的研究，尽管爱尔兰语很多结构的表面现象确实是谓语动词和宾语名词被主语隔开，但是深入分析会发现，语序的变化与动词移动以及时态节点的相关特征有关；Longobardi & Roberts（2010）有关拉丁文语序的研究也不仅仅满足于表面看似混乱的语序，而是注意到相关的信息结构对语序的影响；Reuland & Everaert（2010）注意到了语言中情况各异的指代现象背后的阶层关系以及格位特征等。

除了语料分析方法外，Longobardi & Roberts（2010）对 E&L 有关语言学方法论的观点作出了更为全面的回应。他们认为 E&L 对于理论研究抽象性的反对站不住脚，因为科学研究总是不可避免地需要建立抽象原则。如果排斥这种研究方法，也就意味着放弃对语言深层本质的研究。他们承认生成语言学（也包括其他科学领域）的方法论确实会使某些研究者在得出错误的深层规则后还能继续研究相当长一段时间，但这样的方法至少可以使得了解深层本质成为可能。即使这种研究方法很差，但最差的结果也不会比从一开始就排斥研究深层本质的研究方法更差。两位学者相关的进一步理论阐释可参考 Longobardi & Roberts（2011）。有必要指出的是，虽然这次争论的焦点没有大量涉及汉语现象，我国学者在 20 世纪 90 年代已经开始用汉语作为主要对象来探讨生成语言学视角下的语言共性问题，最为典型的代表是程工（1999）的著作《语言共性论》。该书从生成语言学的核心理论出发，结合汉语一些看似特殊的句法结构（如"把"字句、反身代词的指代等），指出汉语实际上同样体现出语言的诸多共性。

5. 小结

E&L 的文章虽然批评的是生成语言学的语言共性观，但是两位作者基本上是按照类型学中的语言共性来理解生成语言学的概念的，这从上文的介绍以及生成语言学者的回应中也可以看出。不过，这样的基于一定程度的误解而进行的批评和来回论战并非没有意义。

　　虽然 E&L 对生成语言学的语言共性概念理解有所偏差，但这并不妨碍这篇文章对功能学派的普通语言学语言观的全面展示。可以说 E&L 文章所引发的学术辩论反映了普通语言学的范式之争，这样的范式之争涉及两大核心问题：语言本质的基本假设和语言学研究的方法。有关本质，E&L 代表的功能主义认为语言形式的出现本质上是功能和社会文化因素共同作用的结果，不能假定有专司语言的普遍语法，因此在进行语言学研究时，不能将语言共性当作既定的前提。从这个角度来看，E&L 代表的功能主义的普通语言学观点是：人类语言并没有真正的普遍属性，每一种语言都是具体的功能和社会、地缘、文化因素共同促成的，如果一定要说共性，只是人类具有共同的普遍认知机制（不只针对语言），但这样的普遍性只是一种倾向，而不是强势的硬性规定；此外，不同社会文化也会导致一些思维习惯的差异，按照功能主义的观点，这样的差异也会内化到语言中，带来某种语言的独特性。也正因如此，这类普通语言学的研究不再将追求语言共性作为研究目标，而是探索各种功能因素如何合力带来语言的各种特征。基于这样的语言观，我们就可以理解与之配套的语言学研究方法。这类普通语言学的研究将人类的普遍认知机制、社会文化、地缘等因素都考虑在内，希望构建一个融各种要素于一体的语言理论。我们可以想象，这样的理论目标实现起来是很难的，也正是因为如此，E&L 只在文中列出了这种范式的要求，并未给出精准的研究框架。与之相反，生成语言学明确将探索人类语言的生物机能作为自己的研究目标。生成语言学研究并不排斥语言的文化、历史等因素，只是强调这些因素与普遍语法原则不在同一层面上，因此生成语法原则基本不涉及文化等因素。例如，最简方案下的历时语言学研究中，触发语言变异的因素并不是普遍语法原则，而是其他外部因素，如语言接触、儿童习得过程中的认知因素等（Roberts，2007）。

　　E&L 所引发的论战，也恰好提供了一系列具体生动的案例来说明我们在上一节所讨论的普通语言学与理论语言学的关系，我们可以发现，生成语言学家们更关注超越具体语言现象的抽象共性，而功能学派的学者则更关注具体语言的特点。

1.4 各章内容安排

本书的目的是介绍和梳理近十年来我国外语学界在普通语言学领域做出的成果。根据上文对普通语言学的基本概括，本书分领域梳理可以归于普通语言学范畴的研究，梳理的标准是该研究并非局限于某一特定的语言，而是对语言普遍属性、语言学理论或语言学学科的范式提出见解。本书梳理的视角包括生成语言学、认知语言学、系统功能语法、索绪尔研究以及实证研究中的普通语言学研究，梳理的范围主要集中在近十年我国外语学界语言学研究。后续章节具体安排如下。

第 2 章综述近十年生成语言学视角下的普通语言学研究，聚焦理论构建方面的代表性研究，包括句法制图理论、格理论、词库和生物语言学，并在此基础上展望未来句法理论发展的几个可行方向。

第 3 章回顾近十年认知语言学视角下的普通语言学研究，对基本理论、跨学科研究、对比研究三大领域中的主要成果进行了梳理和反思，内容涉及哲学观和具身认知观、认知识解理论、主观性理论、"基于使用"的语言观、宏事件理论、社会认知语言学、认知语料库语言学、认知音系学、认知类型学，及以认知语言学为基础的汉外对比研究等。

第 4 章综述近十年系统功能语言学框架下的普通语言学研究，在梳理系统功能语言学重要概念的基础上，从词汇语法及语法隐喻、语篇语义、语类、语言习得等方面总结了具体的成果，并探讨了在研究方法方面的新进展。

第 5 章综述普通语言学视域下的索绪尔研究。该章首先回顾了索绪尔研究在中国的历史和近十年来国内索绪尔研究的主要形式，然后依次以索绪尔语言学思想研究、索绪尔语言理论的思想探源研究、理论对比和后世影响研究以及《普通语言学手稿》的研究四个向度展开研究回顾，最后总结了近十年来国内索绪尔研究的特色，展望了未来研究的发展方向。

第 6 章对近十年国内外语学界普通语言学实证研究的成果进行回顾综述。该章从语言习得和语言加工处理两个角度出发，围绕儿童语言习得、第二语言习得、词汇加工、句子加工等热点研究话题，展示学界在实证领域的普通语言学研方面究取得的主要成果。

前文已经提到,当前语言学研究很少明确强调普通语言学的属性,因此要界定哪些研究属于普通语言学本身就成为本书的一大难题。这样的界定和梳理工作很难做到面面俱到,也很难保证满足不同读者对普通语言学的理解。由于作者能力有限,梳理过程中难免有所疏漏,恳请读者和同行专家批评指教。

第 2 章
生成语言学视角下的普通语言学研究

2.1　引言

　　本章的研究回顾主要集中在近十年来我国外语界在生成语言学领域所做的普通语言学研究。生成语言学的创立者 Chomsky 本人的论著都可以归为普通语言学的范畴，从 20 世纪 50 年代开始至今，其核心的语言学论著均围绕两大议题展开：(1) 语言的本质；(2)（生成）语言学理论的具体技术架构。尽管如此，主流生成语言学研究的典型模式仍是针对具体语言现象的分析。主流的生成语言学文章的特点是以生成语言学的语言观和理论技术为框架，研究某个具体的语言现象，这个特点从 *Linguistic Inquiry*、*Natural Language and Linguistic Theory* 等代表性期刊的研究性论文也可以看出。这些研究性论文往往是从具体语言现象入手，解释这些现象背后的深层机制，在解释的过程中也会推动对语言本质的理解，完善语言学理论的技术细节。如 Baker & Souza（2020）分析的是两种帕诺安语（Panoan languages）中的指代问题，这两种语言中内嵌句的主语或者宾语可以和主句的主语同指。是否有这样的同指，以及选择主语还是宾语同指，取决于内嵌句末尾所带的一个标记（文中称为 SR 标记），但同时 SR 标记与主句主语并没有在人称、性、数特征（即 Φ-特征）上表现出一致关系。两位作者不仅对这个特有的语言现象作出了全面的解释，同时也进一步推进了生成语言学"一致性操作"（Agree）理论：除了传统框架下的 Φ-特征拷贝（copy），一致操作也可以仅仅是将一个名词性的限定词词组（Determiner Phrase，DP）与一个功能核心词关联，从而在逻辑式上实现共指。黄正德（Huang, 1982a, 1982b）的研究探索了汉语不像英语等语言那样经历特殊疑问词移动的现象，其结论也丰富了生成语言学中有关逻辑式的论述。

和国际期刊的情况一样，国内生成语言学近十年的研究主要也是针对具体的语言现象展开的，这方面的研究在研究思路、技术手段上都已经和国际研究基本同步。为了和本书主题——普通语言学——保持一致，此类研究暂不一一具体介绍。本章将主要重心放在与普通语言学核心议题相关的研究上，这些议题包括：生成语言学最新的理论动向、相关理念的批评性反思、方法论的总结和反思。在介绍这些研究之前，我们首先简要介绍生成语言学的主要概念，为后文的研究综述提供必要的理论背景，同时也希望这样的介绍可以帮助读者更好地理解生成语言学的核心理念和概念。

2.2 生成语言学概述

2.2.1 起点：语言的特殊性

生成语言学的研究起点可以简单归纳为：语言有什么特别的地方？从 Chomsky 的最早期研究至今，生成语言学研究的目的之一都是回答这个问题。语言学家的任务是面对习以为常的语言现象，从中发现令人困惑不解的"谜团"，并由此出发对这些现象作出解释，从而不仅逼近语言本质，也揭示人类特有的语言认知能力。生成语言学研究中著名的语言特殊现象是"柏拉图问题"（Plato's Problem），即，语言系统如此复杂，为何儿童在普遍认知能力不发达、语言输入不成系统的前提下，却能早早掌握一门语言[1]。儿童并没有接受父母的系统训练，而且父母或者周边人群所给的语言刺激往往都是碎片式、不成体系的，这就是所谓的刺激贫乏（poverty of stimulus）；可是就在这样的环境中，心智完全不成熟的儿童在 3 岁左右便基本能熟练讲自己的母语。这时候的儿

---

[1] 这里的"掌握"主要针对语法系统，不包括语言使用的适当性。例如，4—5 岁的儿童基本可以用准确的语法结构来组织语言，但是往往会说出不合逻辑或在语义／语用上令成人啼笑皆非的句子。

第2章 生成语言学视角下的普通语言学研究

童语言可能发音幼稚,讲话的内容也往往不着边际,但是他们的句子都是符合语法的,这也是为什么我们能听懂他们的句子。以汉语为例,一个简单的例子是,儿童可以熟练使用各类虚词,这些虚词的使用规则非常复杂,至今仍是语法学界争论的焦点,父母更不可能系统地教给儿童虚词的用法,但是儿童却能自然而然地掌握。更为重要的是,儿童讲出的话往往不是重复父母的话语,而是具备高度的创造性。这有力地推翻了以Skinner为代表的行为主义(Behaviourism)对儿童语言习得的看法。行为主义认为语言习得遵循"外界刺激—个体反应—强化—形成习惯"的程序。这套程序无法解释上述儿童语言习得的特点。另一个相关的事实是,虽然世界语言差异巨大,但是儿童习得的时间段却是一致的,这也说明人类的语言知识的内在本质是超越个体语言表象的内在先天(innate)机制。

语言的另外一个特点是注重阶层(hierarchical)而非线形(linear)关系。如下面的例子:

例1(a) Who do they think like each other?(他们认为谁相互喜欢对方?)
(b) Can the people who sing well also dance?(唱歌好的人是否也能跳舞?)

在例1(a)中,虽然each other在线性距离上和代词they靠得更近,但是却必须与线性距离更远的who共指;而在例1(b)中,虽然sing和can在线性距离上更近,但是与can有语义联系的却是动词dance,也就是说,这句话中"能"指向的动作是"跳舞"而非"唱歌"。如果支配语言的能力完全来自普遍的认知能力,大脑解读句子时将会倾向于寻找线性距离最近的点以尽快完成认知处理(如以上例子中的指代、情态动词的动作限定),但是以上例子却表明,语言机制选择了在普遍认知能力上看似更复杂的基于阶层的运算。这些语言的特殊性并非来自晦涩难懂的语言现象,而都是基于看似平常的现象,深究后才让人感到困惑,而这样的困惑正是Chomsky为代表的生成语言学家的研究起点。也正是因为如此,Chomsky(2013:37)强调,"能够让自己感受到困惑是一个需要培养的极具价值的能力"(The capacity to be puzzled is a valuable one to cultivate.）。对以上语言现象的一个解释是，除了普遍的认知能力，人类还有一个负责语言的特殊认知机制，这个机制是人类先天具备的，并且是将人类与动物区分开的重要因素。这个解释是 Chomsky 所开创的生成语言学的基本假设，下文将通过介绍生成语言的一些重要概念来进一步介绍这个假设以及生成语言学的基本理论要素。

2.2.2 核心概念：普遍语法、语言官能和 I- 语言

普遍语法（UG）是生成语言学的核心概念，也是经常引起误解的概念。误解有两个原因，一是术语"普遍语法"中的"语法"让人自然联想到这个概念对应的是传统的"语法"概念，其内容应该是和主语、谓语、宾语、时态、主从句等语法术语有关；二是 UG 和生成语言学中其他概念如"语言官能"（faculty of language）、"I- 语言"（I-Language）等内容有重叠之处，因此容易引起混淆。Chomsky 将 UG 定义为有关人类语言的生物天赋的理论，这里的语言生物天赋特指人类基因所带的特有能力，这个能力使得人类产生及使用语言成为可能。此外，UG 也可以单指这种人类特有的语言生物天赋。很显然，这样的生物天赋和传统意义上的语法有明显的区别，比如人类的生物机能不可能包含具体的主语、宾语、时态等要素。不过 UG 确实也和"语法"有关，因为它是人类具备语法能力的生物基础，正是因为有了 UG，人类才具备生成具体语言的语法能力。UG 所代表的语言生物天赋包括通过递归性的合并生成阶层性的结构（hierarchical structure）。根据最简方案（Chomsky, 1995, 2000, 2001），UG 应该包括最基本的特征与特征赋值（feature valuation）机制，这个机制在一定程度上使得两个成分可以合并到一起。

我们需要注意的是，UG 并不包括人类语言的全部要素，而只是提供了一个基本的语言生物机能，这种特殊的认知能力与其他认知、生物要素一起运作才使得人类的语言成为可能。这些要素一起构成了广义的人类语言官能（faculty of language in the broad sense，简称 FLB）（Hauser et al., 2002），广义的人类语言官能还包括负责声音、听觉等

第 2 章　生成语言学视角下的普通语言学研究

能力的感知—运动系统（sensory-motor system）和负责语义、语用推理等能力的概念—意向系统（conceptual-intentional system），这些生物机能和认知能力在其他动物身上或多或少也会有所体现，因此并非人类特有。而狭义的语言官能（faculty of language in the narrow sense，简称 FLN）则仅包括人类特有的语言能力，这种能力是基于人类独有的递归性合并能力的语言运算系统[1]。Chomsky（2005）进一步指出，仅靠 UG 并不能获得人类语言，因为人类语言的设计需要三方面的要素：第一要素为语言的生物天赋（UG）；第二要素为语言使用的经验（具体语言的输入）；第三要素为并非专属于语言的优化、运算策略（如数据分析能力、提升计算效率的能力等）。根据这个论述，人类之所以能习得一门语言，首先在于儿童出生时即具备了最基本的语言天赋，这个天赋需要和后天的语言使用经验，尤其是具体的语言输入相结合。在满足 UG 以及具备足够语言输入的基础上，其他的认知原则也会介入语言生成的过程，这些原则是人类普遍的认知能力，并不是仅仅为语言服务的。这三大要素的融合促成了人类具体语言的习得。从这里也可以看出，生成语言学和其他学派的差异并不在于是否承认功能因素，而是在于是否认为在功能要素之外，需要具备独特的语言生物天赋才能使得人类语言成为可能。生成语言学认为这个生物天赋虽然所含内容非常有限，但却至关重要，不仅让语言成为可能，也将人类与动物区分开来。生成语言学的这个普通语言学理念也给语法研究提出了新的研究任务：当我们面对一个语言现象时，我们不能假设所有的解释都能归因于 UG，而是首先需要厘清语言现象背后的内在动因中哪些属于 UG，哪些属于第二、第三因素，以及它们是如何相互作用的。目前，生成语言学领域内不少比较句法和历时句法研究都采用了这个模式，分析儿童语言习得过程中的第三因素如何带来了跨语言的差异和语言的历时变化，代表性的研究可参考 Roberts & Roussou（2003）、Roberts（2007，2019）。

上文概述了 UG 和语言官能的基本内涵。通过这些概述，我们可以理解为什么生成语言学经常和生物语言学（biolinguistics）相联系。这

---

[1] 生成语言学中的 UG 和 Hauser et al.（2002）一文的狭义语言官能有所区别，尽管二者都指人类特有的语言能力，但后者只包括递归性合并，而前者应该包括上文所说的特征赋值等要素。二者的关系有待进一步的研究。

是因为，对于生成语言学来说，语言（尤其是语法）能力的基础是基因自带的生物天赋，因此研究 UG 就是在研究生物语言学[1]。

在生成语言学文献中也经常出现语言能力（competence）、"I- 语言"等术语，这些术语和 UG 有千丝万缕的关系，往往会让人觉得 UG 和这些概念或多或少是等同的，但事实并非如此。UG 是语言官能的初始状态，也就是说儿童出生时候即无差别地带有这一生物天赋。有了 UG 不代表会说话，如刚出生的婴儿具有完整的 UG，但显然没有完备的语言能力。完备的语言能力需要基于整个广义的语言官能，这样的能力就是 Chomsky 所说的语言能力（competence）。Chomsky（1965）提出这个概念是与语言表现（performance）相对应的。语言能力指的是成人的语言官能结合第三因素之后获得的语言知识，将这种知识用于实际的语言过程可称之为语言表现，如演讲、辩论、文学创作、日常会话都是语言表现的具体例子。"I- 语言"则和语言能力、UG 都有交叉之处。"I- 语言"指的是个体的内在语言，假设韩梅梅是一个母语为汉语的人，她的 I- 语言指的是她所拥有的一套内在的抽象的汉语语法体系，这套语言体系可以让韩梅梅产出具体的汉语，她所产出的具体汉语就是"E- 语言"（E-language）。Chomsky（1995：13）指出，I- 语言的 I 代表了三个单词：individual（个体的）、internal（内在的）、intentional（内涵的）。I- 语言属于个体，因此每个人都有自己的 I- 语言，而且从本质上来说，或多或少每个人的 I- 语言都会有差异，这也是为什么做语法研究的学者往往发现，同一种语言的使用者对于某些结构的语法判断并不总是达成一致。同一个语言社群的人之所以能够沟通，是因为个体所拥有的 I- 语言差别不大。I- 语言是"内在的"语言，因为这与个体的大脑、认知状态相关。内涵性质指的是基本属性，这些基本属性构成了某个概念的定义。一门具体语言所对应的内涵也就是这门语言成立的充分、必要条件，这些充分、必要条件构成了这门语言的抽象基本属性，也即 I(ntentional)- 语言。与 I- 语言相对应的是 E- 语言，后者指的是语言这个概念的外延（extension），也就是我们所看到的语言的具体形式。以

---

[1] 当然，这个说法反过来并不必然成立，研究语言的生物机能可以包括非 UG 的要素，如发音、听觉系统、语用推理能力的生物机制等。此外，即使研究语法的生物机制，也并不需要假设 UG 一定存在，这只是目前生成语言学的主流观点，其他学派的观点见本书相关章节的介绍。

第 2 章　生成语言学视角下的普通语言学研究

韩梅梅为例，她的 I-语言具备汉语"给"字句的原则，而这条原则会生成各种具体的"给"字句。同时，由于韩梅梅的 I-语言中"给"字句的原则与李雷的 I-语言不同（假设前者来自东北方言区、后者来自吴方言区），很有可能韩梅梅认为下面这些话完全能接受，但李雷却不能接受：

例 2（a）墙给倒了。
（b）哎呀对不起，我刚刚给睡着了！[1]

以上例子可看作韩梅梅的 I-语言生成的 E-语言。由于李雷的 I-语言在"给"字句方面与韩梅梅有差异（可能是方言差异导致的），导致他无法产出这样的 E-语言，因此认为以上句子不符合语法。

生成语言学开启的语言学范式被称为"乔姆斯基的革命"，这并非因为这个理论中的所有要素都是全新的，而是因为这个理论将语言学的学科属性从描述转到解释，从语言本体转向基于语言本体的生物语言学研究，极大地提升了语言学的学科意义。通过上文基本概念的介绍，我们希望展示生成语言学的一些基本宏观假设和语言观。生成语言学的研究并非停留在这些基本的概念基础上，而是以此作为基本的立场和观照，将具体语言现象作为研究的主要对象，探索语言现象背后的内在机制，以此探索 UG 的具体内容。在生成语言学发展的半个多世纪里，各种理论框架和细节层出不穷，Chomsky 自己也不断推陈出新。在 1995 年正式提出最简方案研究模式后，虽然生成语言学理论的思路基本保持了稳定，但是各种具体技术甚至系统的理论框架仍然在不断涌现，如 Borer（2005a，2005b，2013）提出的外骨架理论（Exo-Skeletal Model，简称 XS 模式）以及以 Halle、Marantz 等人为代表的学者开创的分布式形态学（Distributed Morphology，DM）（如 Embick，2010；Embick & Noyer，2015；Halle & Marantz，1993；Marantz，1997，2007 等），将构式的概念系统地融入生成语言学框架，逐步成为生成语言学重要的理论取向。此外，Chomsky（2013，2015a）也在最近几年提出了新的标签算法（labelling algorithm），为句法生成过程中的合并

---

[1] 感谢郑芳华提供本例的语料和语法判断。

(包括移动)的动因提出了新的理论假设。在这个过程中,不少海内外的华人学者做出了贡献。由于本书的范围限定在普通语言学领域,本章下文所回顾的生成语言学不涉及最常见的具体句法分析论文,而是集中在超越具体语言现象分析的理论探讨。

2.2.3 论元结构的研究

论元结构(argument structure)指的是一个事件的核心信息在句法结构中的表征,这包括谓词和事件参与者(论元)的关系以及论元的角色,即论旨角色(theta role)。在任何句法理论中,论元结构都占据重要的地位,因为命题(proposition)的起始点是事件,在此基础上通过"体"赋予视角,通过"时"赋予时间流的锚定,才能表达一个完整的命题信息。论元结构在生成语言学不同阶段的研究中都占据了重要的地位,因此本节简要介绍生成语言学研究中的论元理论。

句法理论的目标之一是探究各句法成分之间组合的内在规律。这首先需要解决的是,最基本的事件信息是通过什么组合方式来编码的?我们需要回答以下几个具体问题:(1)谓词和事件参与者的关系是如何建立的?(2)是什么决定了论元的句法位置?第一个问题涉及我们如何通过句法解读出谓词和论元的语义关系。第二个问题更为直观,比如:为什么施事论元一定能在主语位置(被动句除外)?生成语言学的论元结构理论经历了不同阶段的变化。在理论发展早期,如 Chomsky (1965),论元结构信息主要来自词库。这是我们所说的词库论的源头:词库包含大量的句法信息,包括语类(lexical category)、词的次范畴化(sub-categorisation),如英语 want 后面不能接句子,但是 hope 可以。动词的论元结构信息也同样是词库信息的一部分,即一个动词在词库中不仅具备动词语类信息,也包括了带几个论元、论元的角色是什么。比如 give 这个三元动词之所以是三元动词,是因为在词库中即具备论元数目:三个;论旨角色:施事、受事(patient)、目标(goal)或者接受者(recipient)。这样,词库论就回答了第一个问题,因为论元和动词的语义关系在词库中就已经设定好了。这个设定对于生成语言学早期的理论框架非常重要，因为论元结构的句法表征构成了底层结构（Deep Structure）。在词库论视角下，一个动词的论元增减与句法没有关系，而是由词库完成。这也就意味着，词库论下的词库是一个具备各种规则系统的动态储存装置，不仅包含构词的规则，也包含谓词配价（valence）变化的规则。比如 break 既可以是及物动词，也可以是不及物动词，这是词库中某个论元增删规则带来的结果。基于词库论的观点，论元结构的句法表征在 X–阶（X-bar）的体系内，通过 Baker（1988）的论旨指配统一性假设（Uniformity of Theta Assignment Hypothesis，UTAH）得以在句法结构层面获得更为精细和统一的解释。根据这个假设，同一个谓词和论元的关系在句法底层结构永远对应同一个结构表征。根据这个假设，进一步的设定是：每一个论旨角色的底层结构位置都是固定的，其最终的表层结构是由其他句法制约带来的。这就为以上的第二个问题提供了答案。

我们以下面简单的例子来说明这个假设：

例 3（a）A vase broke.（花瓶破了。）
　　（b）John broke a vase.（约翰打破了花瓶。）

在上面两个句子中，谓词 break 和 vase 的论旨关系是不变的，vase 都是 break 的主旨论元（theme），因为花瓶经历了从完好到破碎的状态变化。按 UTAH 假设，break 和 vase 在两个句子的底层结构中的结构关系应该是一样的。比如 vase 是作为内论元（internal argument）处于 VP 内部。最后，底层结构之上的句法制约导致了这个名词表层位置的不同（主语和宾语）。在例 3（a）中，vase 处于主语位置是因为扩展投射原则（Extended Projection Principle，EPP）的要求，即在没有结构上更高的名词填充主语的前提下，a vase 作为唯一的论元移动到主语位置；当然，移动后也满足了格过滤（Case Filter）的要求，因为可以获得主格。例 3（b）中，vase 同样处于底层结构的 VP 内论元位置，而 John 则处于更高的外论元（external argument）位置，这个位置也是给施事角色设定好的。由于 John 处于更高的句法位置，因此优先移动到主语位置。

一直到 20 世纪 80 年代，词库论一直是生成语法研究的共识。在这个阶段，有关词库的不同观点主要是词库中的规则究竟应该是怎样的，有多少现象可以由词库原则来涵盖。但是在此之后，词库论的观点开始受到挑战。这个挑战终于汇成一股理论潮流，即生成语言学中的构式理论（constructivist approach）（Marantz, 2013）[1]。这个潮流的动因是多方面的，我们在此简要分析最直接相关的要素。以下例子可以说明生成构式理论对词库论提出挑战的理由之一：

例 4（a）John walks (every day). （约翰每天散步。）
　　　（b）John walks his dog (every day). （约翰每天遛狗。）
　　　（c）John walked his shoes ragged. （约翰走破了他的鞋子。）
　　　　　　　　　　　　　　　　　　　　　　（Marantz, 2013: 155）

在上面三个句子中，同一个动词 walk 出现在了不同的论元结构中，如果按照词库论，那解决的方法只有两个，要么认为词库中有不同的动词 walk，它们分别带有不同的论元结构信息，要么认为词库中有特设的论元增删规则，可以让 walk 在进入句法推导之前获得对应的论元结构信息（Horvath & Siloni, 2010, 2011; Reinhart, 2002, 2016 等）。生成构式流派的学者认为，这样的解释不仅给词库增加了许多没有源头的规则（且这些规则不属于句法原则），而且还带来了理论内部的冗余。生成构式学派摒弃了词库的生成性属性，认为词库不包含任何论元结构的信息，只包含动词词根的基本概念意义。论元结构的解读来自句法结构，动词只是嵌入带有某个事件信息的句法结构，如果词根与句法表征的事件信息兼容，则符合语法，否则要么句子不符合语法，要么动词要因此发生压制（coercion）改变部分语义。编码事件信息的句法结构是一个功能结构（functional structure），不同的论旨角色的获得是因为论元放置到了不同的功能节点的标志语位置[2]。这个流派代表性的研究框架包括分布式形态学（Embick & Noyer, 2015; Embick, 2010; Halle & Marantz, 1993; Marantz, 1997 等）、Borer（2005a, 2005b,

---

[1] 这个取向的理论也被称为新构式主义理论（neo-constructionism）（Borer, 2005b: 10）。该构式理论和国内学界更熟悉的构式语法（Construction Grammar）（Goldberg, 1995, 2006）有诸多差异，具体比较可参考胡旭辉（2012, 2021）.

[2] 当然，也有非核心论元放置到介词的补足语位置，具体见 Borer（2005b）、Hu（2018）、Ramchand（2008）的具体论述。

第 2 章　生成语言学视角下的普通语言学研究

2013）的外骨架模式以及 Ramchand（2008）的第一语段句法（First Phase Syntax）。

我们以 Borer 的外骨架模式为例来说明生成构式流派的基本要点。Borer（2005a，2005b）融合 Davidson（1980）和 Parsons（1990）等人的事件语义学研究，认为每个小句都表达一个事件。事件通过功能结构 EP（event phrase）得以表达，这个功能结构大致如图 2-1 所示：

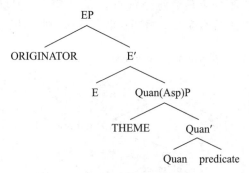

图 2-1　外骨架模式下的事件结构

以上结构中，谓词（predicate）位置是动词的位置。在事件结构中，论元的解读来自句法位置：在 [Spec QuanP] 的是默认的事件参与者（default participant），大部分情况下等同于传统研究中的主旨论元，在 [Spec EP] 位置的是事件的触发者（Originator），包括致使者（Causer）、施事（Agent）等。核心词 Quan 指的是 Quantity（数量核心词），负责事件的终结性（telicity），由于终结性是一种内在体（inner aspect），因此 Quan 也可以标记为 Asp 或者更为精确的 Asp_Q。简单来说，如果有明确的数量值给 Quan 核心词赋值，则事件具备终结性；如果事件是非终结性（atelic）的，则这个位置的核心词是 F^s，相关细节此处不再进一步展开。特别需要明确的是，这个理论模式和前文所介绍的词库论有一个根本的差异，即论旨角色不是动词指配的，也不是动词在词库中携带的信息，而是功能结构 EP 赋予的。

大部分生成构式理论的一个理论动因来自于谓词分解（predicate decomposition），尤其是将谓词的信息分解为致使（CAUSE）、状态变化（BECOME）和状态（BE），这应该说要归功于 Dowty（1979）、

Parsons（1990）等学者的语义研究。将这类研究融入句法分析中，则可以为句法结构提供不同的"虚化"的〔或者功能性的（functional）〕轻动词，从而将相关的论旨角色的指配捆绑到句法结构中的轻动词上。比如 John opened the door（约翰开了门）这句话被分析为一个复杂的事件，包括一个致使事件，致使者是 John，致使带来的结果是一个内嵌的事件"门由关闭到打开的状态变化"。这两个事件句法表征的核心是两个核心词，第一个是致使轻动词 v_{CAUSE}，第二个是状态变化轻动词 V_{BECOME}。图 2-2 的结构反映了谓词/事件分解的典型思路：

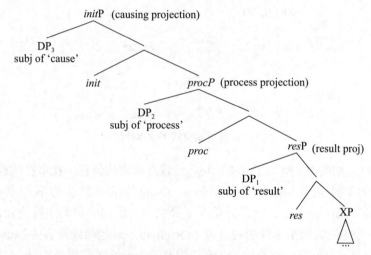

图 2-2　第一语段句法理论中的事件结构（Ramchand，2008：39）

这是 Ramchand（2008）对事件结构的分析。她认为所有的论元结构可能性都包含在这个功能结构中，包括一个"发起短语"（initiation phrase，initP），放置在 initP 的标志语位置的论元获得发起者（initiator）角色（涵盖施事、致使者等角色）；init 核心词选择过程短语（process phrase，procP）；最后结果短语（result phrase，resP）内嵌在 procP 中。也就是说，最复杂的事件包括的信息是：发起者发起一个事件的过程，这个过程带来一个结果。当然，有的事件可能没有发起者，也可能只有结果没有过程。总之，这些事件的类型都涵盖在了这个统一的句法结构中。这个句法结构一方面明确了事件、论元结构中论旨角色的来源，同

第 2 章　生成语言学视角下的普通语言学研究

时也取消了词库中动词指配和增删论旨角色的地位。

需要说明的是，词库论和构式理论在当下研究中都是主流理论，后者并没有完全取代前者（见袁方、魏行，2016；朱佳蕾、胡建华，2015；Hovath & Siloni，2016）。词库论和构式理论虽然有明显的理论取向的差异，但是这并不意味着一方必然全错而另一方必然全对。这是因为无论采用哪种理论模型，都必然涉及词汇语义和句法结构如何互动从而精准编码事件信息的机制。以构式理论为例，虽然功能结构是论元结构得以句法编码的决定性因素，但是词汇意义也是必须要考虑的要素，因为词汇意义如何与功能结构兼容、在什么情况下词汇意义会被功能结构排斥以及在什么情况下词汇意义会因功能结构的压制而发生变化，这些都需要对词汇语义进行非常精准的分析，也必然需要从词库论的研究中吸取养分。胡旭辉在生成构式理论的框架下探讨了词汇意义与功能结构融合的具体机制（Hu，2018），在此基础上进一步认为真正负责论元指派的是有限的功能核心词，从而解释了功能结构中的位置为何可以决定论元角色以及复杂谓词的构成机制（Hu，2022a）。

2.2.4　参数[1]理论

在生成语言学的框架下，参数理论（parametric theory）负责解释跨语言差异的内在机制。跨语言差异的研究在生成语言学领域的重要性不断增强，本质原因和生成语言学的理论构想直接相关。前文已经指出，生成语言学的核心观点是语言能力来自于 UG，UG 是人类语言生物机制的内在属性，这是所有人类语言可以产生的根本条件。我们可以说，按照生成语言学的观点，人类语言应该没有差异，其本质是一致的，即 UG。那为什么人类语言却具有千差万别的差异呢？要坚守 UG 的基本假设，就必须要回答这个问题。这正是生成语言学参数理论发展的起点和动因。Chomsky（1981）正式全面构建了参数理论，即"原则与参数"。Chomsky 的基本设想是，UG 理论必须同时满足两个条件：一方面，必须与语言的语法多样性兼容；另一方面，则需要对各种可能性设置严格

---

[1] "参数"概念在此之前已经论及，见 Chomsky（1977）。

的限制，也就是说，UG 理论需要精确限制什么是可能的语言，什么是不可能的语言，并且这种严格的限制能够让儿童通过有限的语言输入即可习得。这与之前的结构主义语言学所持的观点有明显的差异，后者认为语言差异的产生完全无法预测。在"原则与参数"这一理论模型中，UG 包含有限的"原则"，这些抽象的原则被设定不同的"参数"后实现为具体的语法现象，而参数的设定则是儿童语言习得过程中通过有限的语言输入来完成的。这样，有限的原则和不同的参数设定，以及不同原则之间的互动，必然带来语言的参差多变。我们用早期的经典例子来具体说明这个理论模型。第一个例子是 Chomsky（1981）给出的"X–阶参数"（X-bar parameter）。按照 X–阶理论（X-bar theory），任何语类的词组 XP 都呈现同一个句法阶层关系（如图 2-3）：X 是核心词（head），其补足语（complement）为 YP，在结构上 X 与 YP 为姐妹关系，二者一起构成 X'(X–阶)，后者继续与标志语 ZP 构成姐妹关系，最终形成 XP：

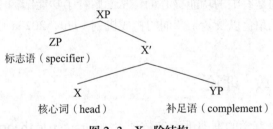

图 2–3　X– 阶结构

X– 阶模式在生成语言学发展中起到了非常大的作用，包括统一了各个语类短语的句法表征，通过 X' 的引入为更细致的阶层关系提供了形式化的依据等。具体到原则与参数理论，X– 阶参数指的是，UG 明确了 XP 的内在阶层关系和涉及的要素（如中心语、标志语、补足语），但是中心语是在补足语之前还是之后，则取决于不同的参数值，由此带来的结果是，有的语言中心语在补足语之前，有的则是相反。另外一个著名的例子是空主语参数（null subject parameter），简单来说，有的语言给这个参数选择正值，则该语言呈现空主语的情况，如果是负值，则不允许出现空主语。这个例子最核心的解释力在于，一个单一的空主语参数，带来一系列的参数属性，如果空主语参数为正，则不仅允许空主

第2章 生成语言学视角下的普通语言学研究

语,也会随之带来一簇的语法特点,如允许动词自由放置到动词词组后、限定性动词屈折变化丰富等(Chomsky,1981:240ff;Rizzi,1982:117)[1]。

原则与参数理论的提出极大地推动了生成语言学的跨语言研究,使得比较句法学成为生成语言学重要的研究领域,并且这个理论也被广泛应用到儿童语言习得研究中,如 Hyams(1986,1992)基于空主语参数的研究。到了最简方案阶段,参数理论发生了重大的变化,其中最明显的变化体现在"Chomsky-Borer 假设"(Borer-Chomsky Conjecture)(Baker,2008;Borer,2013)中。这个假设的基本观点是:参数差异源自词库中功能核心词的特征差异。这个转变带来的结果是:跨语言的差异来源是词库内容的差异,并且这些差异都是由某个微小的差异(或者几个微小差异综合)带来,也因此,这个理论秉承的是"微观参数"(micro-parameter)理念,与"宏观参数"(macro-parameter)理念相对。限于篇幅,此处扼要介绍两个例子。前面提到的"空主语参数"可以视作一个宏观参数,因为这个参数告诉我们,一个语言是否有空主语,是否有相关的一簇属性。如果秉承这一理念,那我们无法进一步问:是什么内在的因素导致了空主语及相关属性?按照早期的参数理论,我们只能说,因为 UG 有这么一个参数存在。微观参数理论则将这些宏观的语言差异视作表象,从词库中特征属性的差异来寻找更为深入的原因。如 Roberts(2010)的研究指出,至少罗曼语(Romance languages)等印欧语中的空主语现象取决于核心词 T 是否带有不可解的 D 特征,这个单一的差异带来了一系列的表层语法差异。另一个例子是认知语言学家 Talmy(1985,1991,2000b)提出的卫星框架语言(satellite-framed language)和动词框架语言(verb-framed language)的划分。这两类语言最核心的差异在于运动事件(motion event)中的路径(path)信息究竟是由"卫星"成分(如介词短语)还是由动词表达。英语等诸多日耳曼语基本属于前者,而罗曼语则属于后者:

---

[1] 人类语言并不能简单划分为空主语和非空主语语言,因为空主语语言本身也呈现不同的属性,可以进一步细分为不同的类型,Roberts & Holmberg(2010)对此有详细的描述和研究综述,想更深入了解此问题的读者可以参考。

例5（a）The bottle floated into the cave.（这个瓶子飘浮着进了洞穴。）

（b）La botella entró flotando en la cueva.（西班牙语[1]）
The bottle entered floating in the cave.
（这个瓶子飘浮着进了洞穴。）

在例5（a）英语句子中，主动词float表达的是方式，路径信息由"卫星式表达"，即由介词短语into the cave表达，因此属于卫星框架语言的表达方式。而在例5（b）西班牙语中，主动词entró表达的则是路径而非方式。例6句子表明，动词框架语言无法用卫星框架语言的方式来表达运动事件，因此属于动词框架语言类型的加泰罗尼亚语（Català）无法用主动词表达进入房间的跳舞方式。

例6（a）John danced into the room.（约翰跳着舞进了房间。）

（b）*Ella ballà l'habitació.（表达动趋意义）（加泰罗尼亚语）
she danced at the room.

（Acedo-Matellán，2016：80）

Snyder（2001，2012）是生成语言学内基于宏观参数视角对此现象进行解释的代表性研究。Snyder的基本观点是：语言中有一个"复合参数"（The Compounding Parameter，TCP）。如果TCP为正值，意味着这个语言允许两个成分α、β组合（在句法结构中为姐妹关系），其中α表示某一种"类"（kind）〔可以大致理解为"属性"（property）〕，β的语义构成对α的修饰（修饰关系可以通过各类语用推导完成），α、β构成的γ的语义是α表达的"类"的子类（sub-type）。α、β的组合可以是词根与词根的组合，也可以是动词与形容词短语、介词短语的组合，由此带来了语言中的构词和句法层面的特点。在构词层面，这类语言中存在能产性很高的词根复合词（root compound）；在句法层面，存在能产性很高的动结式（resultative construction）以及卫星框架类的运动事件结构。Snyder的研究反映出目前宏观参数研究的典型特点：TCP是一条宏观的参数，因为这条参数不是基于词库某一个微小的特征，而是在

---

1 感谢宋扬、曾玥珂帮助笔者核对西班牙语例子。

第 2 章　生成语言学视角下的普通语言学研究

宏观层面限定某个语言是否允许某种组合操作，这个操作涉及构词和词组，涵盖词根、动词、形容词、介词等成分。该研究也反映出宏观参数下跨语言研究的一大特点：基于一个参数，解释一连串的语言特征。

　　该研究也反映出宏观参数存在的潜在问题：TCP 参数从哪里来？UG 不应该包含如此具体的参数信息。所以我们一方面可以认同 TCP 的总结，但同时要进一步探究，是否有更深入的原因触发了 TCP 的出现。按照这个思路，必然走入"微观参数"的研究路径。比如 Acedo-Matellán（2016）认为，卫星和动词框架语言的差异可以归因到词库中一个非常小的因素，即核心词 Path 的形态特征。Acedo-Matellán（2016）认为运动事件的句法结构涉及几个关键的节点，由低到高分别是 Place（方位）、Path（路径）、v。这个结构适用于所有语言；也就是说，在句法层面，所有语言的运动事件没有任何差异，最终带来表层差异的因素是实现 Path 特征的语音形式是否具有独立性，亦即是否能够单独成词。如果能，则可待在原位不动，如英语中表示路径的 to。此时表示方式的词根可以嫁接到 v 节点，获得方式动词。这样就形成了卫星框架语言。相反，如果 Path 特征的语音形式没有独立性，则需要与另一个核心词相邻，二者熔合（fusion），以一个单一词汇的形式出现，因为 Path 以上的节点是 v，熔合后的语音形式即为表示路径的动词，表现出动词框架语言的特点。我们这里只是粗略概括，相关细节参见 Acedo-Matellán（2016）的专著，胡旭辉（Hu, 2018, 2022b）对此也有相关论述。这些研究体现出微观参数的特点：参数差异来自词库内的一个微小因素。

　　应该说，微观参数研究更能接近深层的动因，但是采用微观参数也需要面对一个问题：过往将近 30 年的宏观参数研究，包括类型学的研究，确实也表明语言会有宏观层面的差异，这也是宏观参数模式仍然受到重视的原因。Roberts（2019）提出的参数层级（parameter hierarchies）理论模型对这个问题作出了回应。Roberts 的基本观点是，表面的宏观参数，是某个特征在不同句法区域的体现。比如只存在于句法某个节点、存在于少量节点或者存在于所有节点，会带来不同范围的参数差异。在 Roberts（2019）的模型中，按参数涉及的范围大小，分别有如下参数：纳米参数（nanoparameter）、微观参数（microparameter）、中型参数（mesoparameter）、宏观参数（macroparameter）。Roberts 认为，绝对的宏观参数非常少，我们直觉上观察到的宏观参数往往是中型参数，具体的跨语言研究见 Roberts（2019）。尤其值得注意的是，Roberts 的这个理念也应用到了对汉语参数属性的研究中，他和黄正德（Huang & Roberts, 2017）的合作研究融合了黄正德（Huang, 2015）有关汉语分析性参数（analyticity parameter）的研究，为汉语的跨语言参数研究提供了一个研究范本。

2.3 生成语言学视角下的普通语言学研究回顾

2.3.1 理论介绍

生成语言学在 20 世纪 70 年代末开始在中国学术界产生影响，最早全面介绍生成语言学的文章应该是方立、胡壮麟和徐克容 1978 年在《外语教学与研究》发表的文章，该文介绍了当时生成语言学的渊源与主要概念。此外，也有一批中国学者通过翻译相关研究来介绍生成语言学，尤其是翻译出版了 Chomsky 的一系列著作，如《句法结构》（*Syntactic Structure*）（黄长著等 1979 年译本）、《句法理论的若干问题》（*Aspects of the Theory of Syntax*）（黄长著等 1986 年译本）等。除了介绍理论，学者们也关注生成语言学的汉语研究。宁春岩等学者于 1983 年将黄正德（Huang, 1982a）的博士论文翻译成中文，直接引进了当时生成语言学在汉语研究方面最前沿的动态，而黄正德 1988 年在《中国语文》发表的论文（黄正德，1988）则是中国学界期刊中首篇以生成语言学为理论框架研究汉语现象的论文，这些早期的生成语言学本土化的文章以及相关的理论介述在石定栩（2018）中有具体的介绍。在国际生成语言学领域，海外华人学者如黄正德、李艳慧、李亚非、郑礼姗以及国内的徐烈炯等学者则是将汉语的句法分析推进到生成语言学的主流研究中，在生成语言学最主流的期刊如 *Linguistic Inquiry*、*Natural Language and Linguistic Theory* 等刊物发表重要研究，不仅展示了生成语言学分析汉语的可行性，也展现了汉语研究对生成语言学理论发展的重要性。这方面的综述研究可参考吴义诚和杨小龙（2015）、石定栩（2018）和熊仲儒（2019）。

第 2 章　生成语言学视角下的普通语言学研究

近十年我国生成语言学研究的一大特点是基本做到了与国际主流研究保持视野上的同步。由于国际交流的频繁、学术资源的普及等多方面因素，我国学者可以较为方便地获得最新的一手研究资料。尽管如此，在中文学术平台引进和介绍国际主流理论依然必不可少，优秀的介述性研究事实上有着很高的要求，既要求学者对主流理论的动向有把握，也需要对其有深入的了解，在此基础上，还需要有本土意识，用合适的视角和切入点来系统介绍相关理论。在系统理论介绍方面，徐烈炯（2019）的著作《生成语法理论：标准理论到最简方案》延续了 1988 年版的特点：文字深入浅出、核心理论把握精准。2019 年的新版吸纳了 20 世纪 90 年代以来生成语言学的重要理论和概念，这一时期正好是生成语言学理论日渐成熟的阶段，因此这本新版的教程为中文读者提供了翔实且权威的介绍。邓思颖（2010）的著作《形式汉语句法学》则是将生成语言学的主要理论直接用于汉语分析，以此一方面向读者介绍核心的生成语言学理论，同时也系统展示了生成语言学与汉语结合的研究模式。正如黄正德在该书前言中所述：该书的其中一个特点是按照以朱德熙（1982）的《语法讲义》为代表的传统汉语语法学框架系统介绍相关的概念，因此"受传统中文系训练的读者应该更容易接受，读起来比较亲切"。

除了系统介绍生成语言学的教材，在近十年中，我国外语类期刊也发表了一系列介述文章，这些文章不仅介绍了相关的概念，而且往往对其出现的理论背景、理论意义以及应用价值作出具体的评述。这些评述文章涉及生成语言学研究的方方面面，包括生成语言学的哲学观、词库理论、格理论、生物语言学视角等。虽然读者直接阅读英文原著的能力在不断提高，但是用中文来分析和评述一些重要的学术概念对中文读者来说仍有不可取代的意义，这与直接阅读一手英文文献也并不冲突，二者结合，未尝不是一个更好的方法。毕竟母语对任何读者来说都有独特的感受，母语的视角也总会激发出不同的灵感，因此，我们认为，阅读中文评述文章与阅读英文原版研究相结合，或许是中国学生和学者入门生成语言学的理想模式。

如前所述，生成语言学的研究不仅仅是提出宏观的语言观和哲学观，也注重理论框架的构建，这其中具体的技术手段必不可少，生成语言学的发展很大一部分也是来自学者在具体研究中对技术手段的不断完善，如X-阶操作发端于Chomsky（1970）对名物化（nominalization）的研究，Jackendoff（1977a，1977b）对此做了进一步的发展。Kayne（1994）的线性对应定理（Linear Correspondence Axiom，LCA）则为阶层性结构的句法推导如何带来音系层面的线形结构提供了一套方案，Baker（1988）基于核心词移动限制（Head Movement Constraint）和镜像原则（Mirror Principle）等原则分析了形态丰富的语言中构词的基本技术操作，Larson（1988）基于双宾语结构研究提出的VP壳（VP shell）至今都是动词短语结构分析的重要手段，并被延伸到其他短语层面的分析中，而且直接影响了最简方案中轻动词假设的提出。Chomsky除了推进研究的宏观思路，同时也是最主要的技术手段的开发者，最简方案的核心词强弱假设、特征、特征核查和赋值、标签算法等重要技术手段都是在他的不同研究中发展而来的。最近十年，我国学者在评述生成语言学的技术细节的同时，也对相关的技术问题进行了反思和修正，这些反思和创新能够帮助读者更好地了解生成语言学的最新动向，也反映了我国学者在"引进来"的同时做出批判性创新的努力。本章无意一一罗列近十年我国生成语言学领域的各项理论反思，而是聚焦涉及生成语言学整体理论体系的研究，以此展现我国学者在普通语言学范畴下所做的生成语言学研究，同时也希望能够帮助读者对生成语言学的理论体系及其发展空间有更好的了解。

2.3.2 句法制图理论研究

句法制图理论（Syntactic Cartography）是生成语言学领域重要的理论框架，句法制图理论与生成语言学的宏观理念完全一致，其特点之一在于更关注将具体而微的句法成分在句法结构中绘制出来。如左缘（left periphery）结构在一般句法中由CP这一层涵盖，而Rizzi（1997）将CP进一步分裂为TopP（话题短语）、FocP（焦点短语）等，为生成语言学研究中的信息结构研究开创了新局面。Cinque（1999，2010）的两项研究分别系统"绘制"了句子层面（TP）和名词层面（DP）详

第 2 章　生成语言学视角下的普通语言学研究

尽的功能词及其排序，从而为副词语序和形容词语序及其语义关联提供了全新的理论分析视角。我国句法制图理论的代表性学者有北京语言大学司富珍、香港中文大学邓思颖、台湾清华大学蔡维天等，他们各自将制图理论应用于汉语研究，取得了丰硕的成果。由司富珍组织的国际句法制图研讨会自 2015 年以来已经在北京语言大学举办了四届，成为句法制图理论领域影响最大的国际会议之一，极大地推动了句法制图理论在中国的发展，同时也成为我国形式句法学者展示和交流最新研究的重要国际性学术活动。本节主要回顾句法制图理论领域的普通语言学研究，因此有关具体句法现象的探究不在该讨论范围之内。

司富珍（2013，2019）的系列研究（以下简称"司文"）是比较典型的句法制图理论视角下的普通语言学研究。司文不仅梳理了国际句法制图理论的缘起、发展历程和主要理念，也在方法论上分析了句法制图理论与最简方案的兼容性。句法制图理论给人的第一直觉往往是为了刻画所有成分而将树形图构建得极为"烦琐"，司文则通过对"简约性"的分类讨论，提出对于理论简约的追求不应该排斥事实表象的复杂，句法理论的简约应该基于理论内部的考量。结合 Kayne（1994）、Rizzi（2004，2017）等学者的观点，司文指出，在制图理论体系下表面上核心词数量的猛增背后是局部句法运算的极简化。句法制图理论放弃了多重标志语的操作，坚守一个核心词的投射只有一个标志语、一个补足语，这对于以该核心词为中心的短语的句法计算来说是最为精简的，因为这意味着不需要为多重标志语寻找动因，线性化（linearization）[1] 操作也更直接，无须设置多余的假设。这样的假设在深层的理论层面上是满足精简标准的，而且也满足生成语言学的另外一个标准，即描述的充分性。虽然 UG 是生成语言学的核心对象，但对 UG 的研究需要基于具体的语言，因此，跨语言的句法研究是生成语言学研究的重要任务，而这样的研究必然会带来新的句法信息，根据局部精简性原则，这又必然会促使学者提出新的功能词（或将原先的某个功能词分裂为几个功能词），这就带来了表象上的"烦琐"，其本质实际上是理论简约与描述充分的合理结合。司文用"缩放镜"形象说明了这种简约与描述充分结合的关系：

---

[1] 线性化是指将句法推导过程结束后处于阶层结构中不同层面的词汇拼读出来，这个拼读的结果是线性的，不同于句法推导的阶层性。

如果要从宏观视角来看，则很多具体的功能词可以被视作同一个涵盖各细节的单一功能词（如 C 和 Top、Foc 核心词的关系）；如果要精确了解某个细节，则又可以将一个宏观层面的功能词分裂为若干个具体的功能词。司富珍（2015，2018）提出的"轻动词分裂假说"和蔡维天（2016）关于"内、外动词"的假设则是这种研究范式用于研究汉语的典型例子，感兴趣的读者可参阅这些文献。基于这样的方法论原则，句法研究中的跨语言视角就显得尤为重要，司文指出，在一个语言 A 中以显性形式存在的句法特征在另外一个语言 B 中可能就没有显性的形态/音系表现，此时 A 的显性特征对于了解 B 中的同样特征（但无形态体现）就显得尤为重要。因此，司文指出，"不必回避和惧怕'用印欧语眼光看汉语'，也应该'用汉语眼光看印欧语'"（司富珍，2018：33）。

除了在方法论层面对句法制图理论的合理性作出解读，司文也分析了在以上"缩放镜"思路下未来句法制图理论发展的三个维度。第一个维度是左缘（即传统的 CP）和核心区域（传统的 vP、TP、DP、PP 等）的图谱绘制。根据司文的方法论精神，不同节点的功能词可以进一步分裂成更精细的不同功能词，这样的"分裂"并非无的放矢，而是对语言深入了解和探索的必然结果。在左缘方面，经典的研究是上文所提到的 Rizzi（1997）的 CP 分裂假说。而在核心领域，比较典型的研究包括 Cinque（1999，2010）关于形容词和副词的研究，Svenonius（2006）、Koopman（2010）、den Dikken（2010）有关介词短语和空间属性意义的研究也都体现了这样的精神。在汉语领域，邓思颖（2018，2019a，2019b）的助词研究都可以看作是在 vP、AspP 以及词汇层面放大和分裂功能词的操作。随着未来对语言现象的进一步深入了解，类似的研究将会得到进一步的发展，如司文指出，"名词短语内部的功能中心语层级还有待于进一步理清。关于方位词短语、介词短语也有很多有趣的话题"（司富珍，2018：31）；此外，少数民族语言、方言和普通话也将会为这类研究提供丰富的语言资源。

第二个维度是复杂词的句法分析。司文指出复杂词的生成过程来自于句法推导，遵循句法原则，内部也必然包含不同的核心词，因此在未来的研究中，可以将制图理论方法论用到词汇（形态）层面，从而更好地分析形态句法的内部机制。虽然司文没有明说，但这个维度可以

第 2 章 生成语言学视角下的普通语言学研究

看作是制图理论与分布式形态学（Distributed Morphology）（Embick，2010；Halle & Marantz，1993；Marantz，2007 等）的交叉。分布式形态学认为词汇的构成过程遵循与短语构成过程一样的句法制约，也就是说从构词到成句的内在机制是一样的，词汇和词组在形态上的差异在很大程度上是音系因素造成的。在这个思路下，如果同时结合司文所介绍的"缩放镜"方法论，就意味着我们需要通过细微的观察明确词汇构成过程中涉及的各类核心词。可以说正是基于这样的思路，司富珍（2018：33）指出，"从句法制图理念出发考察汉语的词内结构，这方面的未来发展大有可期。"

司文指出未来研究的第三个维度是超越传统左缘的语用层研究。传统左缘结构可以看作是句法与语篇发生连接的区域，左缘所包括的话题和焦点都与语篇、语用直接相关。因为这样的结构涉及语篇中的新旧信息、说话人的预设等，这些结构也因此被称为信息结构。这样的功能很容易引发一个可能的方向，即探索其他语用要素（司文称之为"大语用"）是否也可以通过左缘结构在句法中得到表征。司文认为这是未来句法制图理论进一步发展的可能方向。邓思颖（Tang，2020）是这类研究的代表，该文结合广东话的语气词分析了言语行为如何在左缘的功能核心词上得到表达。笔者认为，探索语用信息在句法上的体现尤其需要避免泛化句法结构，将句法结构变得包罗万象，导致一些不属于句法层面的要素也被简单绘制到树形图中。在这一点上，司富珍和邓思颖两位学者的研究都提供了较好的正面范例，两位学者都将语用信息与具体的句法表现相结合，并且在语义分析和句法论证上给出了可靠的分析。

与司文相辅相成的制图理论的普通语言学研究是蔡维天（2019）的理论综述研究。该项研究不仅介绍了制图理论的核心要点，也提纲挈领地展示了汉语语法研究与制图理论的结合。"三分天下""内外有别"是这篇文章使用的关键词。所谓"三分天下"，指的是词汇层（负责论元结构，对应传统的 vP）、屈折层（传统的 TP/IP 层）和左缘层，"内外有别"则指同一个成分在这三个不同的层级区域会带来不同的语义效果，这在汉语语法中得到了系统的验证。如疑问状语"怎么"和"怎么样"在不同的位置会有不同的解读，以下例子（例 7 和例 8）的句子和解读均来自蔡维天（2019）：

例7（a）阿Q怎么要去县城？！（助动词前表反诘、起因）
　　　（b）阿Q要怎么去县城？（助动词与动词之间表工具、途径）
例8（a）阿Q要怎么样去县城？（助动词与动词之间表工具、途径）
　　　（b）阿Q这件事办得怎么样？（动词后表整体评估、结果状态）

　　基于以往的多项研究，蔡维天（2019）指出汉语的反身状语、轻动词、焦点都有内外之分。从普通语言学的视角来看，这项研究扩展了制图理论的研究范围，推进了理论的发展，为汉语语法研究提供了新的研究视角和思路，同时也为通过汉语语法研究推进语言学理论发展提供了很好的范例。类似的研究还有蔡维天（2016），虽然该研究不是纯粹的理论探讨，而是聚焦汉语现象（论元结构与名词移动），但其研究结论具备普通语言学的意义。该研究采用制图理论的视角刻画汉语内外轻动词的句法图谱，分别对应动作层次的与事性（comitativity）和事件层次的使事性（causality）。这个分析如果合理，则是用制图的视角，从汉语出发，绘制出了语言结构中轻动词句法语义的普遍特征。如果读者希望了解更多蔡维天应用句法制图理论系统解决不同汉语现象的研究，可参考蔡维天（2015）的专著。

　　制图理论作为生成语言学视角下的理论模式，在多大程度上与最简方案兼容？陆志军（2017）论述了这个问题。该文从最简方案和制图理论的理论动因和来源、研究历程、研究理念三个方面做了对比分析，在此基础上指出虽然二者之间有一定的差异，但这样的差异带来的张力并不构成矛盾，而是呈互补兼容的特点。二者的差异主要体现在一些技术问题和功能结构的描述上，前者包括范畴选择等问题，后者主要体现在最简方案的极简要求往往不会呈现出典型的制图理论中复杂精细的功能结构，也不会出现大量的功能词。我们赞同该文有关互补和兼容性的观点，前文分析的司富珍所提出的"缩放镜"实际上为功能结构的极简与复杂、功能词的多与少提供了具体的解释。另外，最简方案并不是一个具体的理论框架，并没有规定具体理论技术必须是怎样的，也没有规定功能结构必须是怎样的图景。最简方案尤其关注如何仅依靠UG、第三因素（运算精简性要求）来探究语言的本质，解释柏拉图问题，因此包括制图理论在内的理论本质上确实是可以和最简方案兼容的。我们甚至可以说，任何生成语言学框架下的理论发展，都需要将最简法案的理念作为宏观的标准来检验理论的合理性。

2.3.3 格理论研究

格理论在生成语言学的发展中占据至关重要的地位，尤其在管辖约束（Government and Binding）阶段（Chomsky，1981），格理论成为多种句法操作的动因。格理论之所以如此重要，并不是因为格标记（case marking）在语言中广泛存在，而是因为这个理论试图解决一个核心的句法现象，即名词的句法分布，包括名词究竟应位于主语还是宾语位置、名词究竟有没有语音形式等。格理论起源自 Vergnaud 在 1976 年写给 Chomsky 和 Lasnik 的一封信，在这封信中，Vergnaud 提到了他的一个发现：在拉丁语这样形态丰富的语言中，格标记与名词的分布直接相关（如动词和介词的宾语有宾格标记），而这样的名词分布模式在英语等格标记不丰富的语言中也同样存在。因此，一个合理的假设是，所有的语言都有格，名词为了获得不同的格而分布在不同的句法位置，跨语言的差异在于格标记是隐形的还是显性的。基于这样的格理论的要求，任何名词都必须要获得格，否则句子将不符合语法，这就是著名的格过滤。主格和宾格被称为结构格，除此之外还有非结构格（non-structural case）。非结构格又包括词汇格（lexical case）和内在格（inherent case），前者的出现只和少数特有的动词关联，后者则通常与一些特定的论旨角色有关，例如，双宾语结构中的间接宾语获得的与格（dative case）就是一个内在格。到了最简方案阶段，格的核心地位有所下降，Chomsky（2001）的看法是，格是一个不可解的特征（uninterpretable feature），当一个核心词（如 T）与名词结构（DP[1]）发生一致性操作，即前者有不可解的 Φ 特征（人称、性、数特征的总称），后者有可解的 Φ 特征，并且二者在结构上处于成分统领关系之中，一致性操作得以顺

---

[1] 生成语言学目前的主流看法是，所有的名词性论元都是一个限定词词组 DP，即实词 N 上面还有功能投射 DP（以及更多内部结构）。因为本章的讨论不涉及 DP 结构的细节，为了方便讨论，我们还是将 DP 称为名词结构。

利完成，DP 给 T 的不可解 Φ 特征赋值（value）[1]，这一过程同时删除了 DP 上的不可解的格特征。此时，DP 已经不再活跃，不可以再参与任何新的一致性操作[2]。我国学者中，戴曼纯（2011）重新审视了 Chomsky 在最简方案中的格理论，认为格理论应该首先区分不同的格的种类，格过滤的条件也应该修正，修正后的条件包括[3]：(1) 如果存在赋格的核心词（"赋格者"），则必须有名词短语获得这个格；(2) 赋格和受格成分必须有结构关系（主要是局部的成分统领关系）；(3) 如果没有赋格者，潜在的受格者可以不受限于格过滤原则；(4) 在有赋格者的情况下，有显性格标记的名词短语必须通过格过滤的允准。这项研究是对现有句法理论技术细节的修正，这种思路在生成语言学研究中也比较常见。这项修正是否合理，还需要未来更多的理论与语料支持，我们在此不进一步延伸。

格理论对于汉语研究来说有特殊意义，因为汉语没有任何显性的格标记。海外华人句法学者中，李艳慧（Y. A. Li，1985，1990）是在汉语格理论方面做得最为系统和最具有代表性的。这两项研究完成于格理论处于绝对核心地位的管辖—约束阶段，因此也不难理解其核心观点中提到：汉语同样具备格并且接受格过滤的限制，汉语的名词允准问题依然与格直接相关，只不过汉语的格没有语音形式，具体的讨论可以参考 Li（2008）的回顾。由于汉语缺乏显性的格标记，很自然的一个假设是，格可能并不是普遍存在的，Markman（2009）就持这种观点。Diercks（2012）以班图语（Bantu）为分析对象，也认为格是一个参数，有的语言有格，有的则没有。在国内学术界，胡建华（2006，2007，2010）

1　该过程在最简方案早期的术语是"核查"（checking），后来更多使用"赋值"这个概念。

2　在这里已经可以发现，格理论的提出有着先天的不足。比如，为什么名词结构天生就带有一个不可解的格特征（Diercks，2012：225）？这个特征本质到底是什么？这在目前的最简方案的理论中并没有具体的说法。在笔者看来，在跨语言视角下，格只能看作临时的一个标签，其内在的属性有待进一步的探究。但这并不是说格理论不应该提出来。对于尚未了解最深层本质的现象，暂时提供一个标签，并逐步探究与这个标签相关的语言现象，如句法学家发现的很多与"格"相关的语言特征（尤其是名词分布的规律），一方面可以帮助我们不断了解语言的本质，另一方面也为未来更深层的本质研究提供基础。

3　以下条件基于戴曼纯（2011：12），表述上稍有修改。

第 2 章 生成语言学视角下的普通语言学研究

明确提出汉语没有格。胡建华系列研究的视角不同于 Markman（2009），后者认为汉语基于非常严格的语序来完成论元的解读，这显然不符合汉语实际，因为汉语的语序在很多方面相当灵活。胡建华研究的无格假设是基于这样的研究结论：汉语没有时态投射、没有有定/无定的区分、汉语名词没有显性的"数"特征。胡建华（2010: 4）提出了以下的格值确定原则：

a. 如果某一语言中的名词可以给动词形态的 Φ 特征（人称、数特征）确定值，那么该语言中的动词形态也可以给相关的名词的格特征确定值。

b. 如果某一语言中的某些名词有显性格标记，那么该语言中没有标记的名词也有隐性格标记。

根据以上原则，胡建华（2010）认为汉语没有格值，并将这个特点与汉语的论元指派以及论元的句法分布联系起来。以下引自胡建华（2010: 3）的例子可以说明这个理论要点：

例 9（a）这个问题我解决不了。
（b）我这个问题解决不了。
（c）这个问题解决不了。

例 10（a）This problem I cannot solve。
（b）*I this problem cannot solve。
（c）*this problem cannot solve。

例 9 和例 10 中的几个句子表面语序一样，但句子合法性存在明显差异。胡建华（2010）指出其本质原因与格及其相关的语言特征有关。因为英语有 T 投射，T 具有不可解的数特征需要获得赋值，而名词具有不可解的格特征，因此 T 和名词短语需要进行局部性的句法操作，确保 T 的 Φ 特征可以获得赋值，同时名词短语的格可以获得格值。这样的语言特征使得英语成为一种"局部性条件优先"的语言。从论元解读的角度来看，按照胡建华（2010）的观点，英语的格值确认操作使得名词的句法属性（如句法中的位置）与题元属性混在了一起，如例 10（b）和例 10（c）中，因为 this problem 处于动词前的位置，在句法上是一个外论元，这个句法属性需要和题元关系建立直接联系，即将外论元与施事角色相匹配，从而导致解读的失败（因为 this problem 需要获得的是受事的角色）。

由于汉语的动词没有形态特征（没有不可解 Φ 特征）、没有 T 投射、以及名词没有格赋值的要求，所以胡建华（2010）认为汉语中名词的句法属性可以和题元角色分离。英语的题元特征与格特征"唇齿相依"，因为格特征是活跃的，需要尽早删除，所以英语中的题元特征也是活跃的，而且依赖格特征删除的过程。而汉语没有格特征，题元特征不活跃，因此汉语无法通过英语那种局部操作来直接联系名词的句法属性和题元特征。要"激活"汉语的题元特征，只能求助于其他机制，这个机制就是胡建华（2010）所说的"显著性计算"。显著性计算包括一系列的显著性等级，如生命显著性等级：人类 > 非人类（高级生命 > 其他生命）> 无生命 > 抽象体。

为帮助读者更好地了解胡建华（2010）的观点，此处附带说明一下这项研究所基于的基本假设，这些假设在文章中没有明说，因此非本领域的读者可能不太了解。首先，该研究假设每个动词都有自己的论元结构，包括这个动词需要指派几个论元，每个论元的角色分别是什么。比如"吃""解决"这样的动词一共有两个论元，分别承担施事和受事的角色。其次，这些动词自带的角色必须要和句子中具体的名词建立连接。

胡建华的研究认为，与英语这样的有格语言相比，汉语的论元结构解读具备两个特点：(1) 对名词题元角色的解读可以不受限于名词的句法位置；(2) 题元角色在显性的句法中可以不被激活，而是以隐性论元的角色出现。我们以例9（b）和例9（c）为例来说明，在例9（b）中，虽然"这个问题"处于外论元的位置，但是由于其语义属性与施事不符，因此施事可以越过这个名词继续寻找更高位置的"我"，由于"我"符合施事的语义属性，因此被确认为这个论元结构中的施事[1]。根据显著性原则，由于论元"我"在生命显著性等级上高于"这个问题"，因此"我"和施事角色建立的连接不会被其他同等显著或者更显著的名词短语所阻断，其解读符合所有原则，因此句子符合语法。例9（c）中，"这个问题"

---

[1] 胡建华（2010）是基于 Reinhart（2002）的题元系统（Theta System）理论来定义题元角色的语义属性。题元系统理论将传统上的论元角色进一步分解为原子性特征，如施事的特征是 [+C, +M]，其中 C 代表的是致使，M 代表的是心理状态。

第2章 生成语言学视角下的普通语言学研究

获得受事角色的原因与例9（b）一致，而动词"解决"的外论元（施事）在句中无法找到语义匹配的名词短语，因此这个题元角色就只能获得隐性论元的解读。通过这些分析，我们可以理解这样的题元角色解读在英语中是无法实现的，其根本原因如上文所说，就是英语有"格"，题元的实现与"格"的赋值要保持一致。因为格是强制出现的，所以题元角色也一定要得以"释放"（也即需要找到一个名词承担这个角色）；同时，由于格的赋值基于局部的句法操作，因此题元与名词的连接也需要依赖这种局部的句法关系。

应该说，这项研究提出了新颖的理论假设，并且这个假设较好地捕捉到并解释了汉语论元分布的特点以及英汉在论元分布上的差异。最简方案下，格究竟是什么、赋格的机制如何运作不断引发学者的思考。Pesetsky & Torrego（2001，2004）将格特征与时特征（T feature）相关联，Baker（2015）基于Marantz（1991）等研究发展出的依存格（dependent case）理论认为一个名词的格的形态标记不是依赖某一个功能核心词（functional head），而是取决于该名词相对于其他名词的句法结构，比如作格（ergative case）分配给处于格分配区域内位置更高的论元，宾格（accusative case）分配给更低位置的论元。与格也被分析为一个依存格（dependent case），分配给同一区域内三个名词中处于中间位置的名词。图2-4 相关的结构说明来自 Yuan（2020：938）：

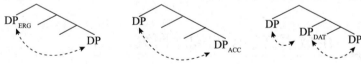

图2-4　依存格相关结构（Yuan，2020：938）

可以看出，虽然理论要点各有不同，但是这些研究都假定了格的普遍性。胡建华（2006，2007，2010）的系列研究跳出了这样的思路，以汉语无格作为起点，以此探讨汉语的论元结构问题，对一系列汉语的相关问题作出了新的解释。我们之所以将胡建华（2010）放到普通语言学范畴中来解读，是因为这项研究并不仅仅针对某一个句法结构，而是结合句法理论中的格、动词与名词的形态、题元连接等重要问题提出了一个系统的假设，这是比较典型的生成语言学框架下的普通语言学研究。无论这项研究的结论是否完全精准，这样的研究思路对于汉语句法研究极为重要，即以汉语现象为出发点，但并不是简单地将生成语言学的技术操作直接应用于解释这些现象以证明这些技术的正确性，而是基于基本的理念和汉语的特点，通过解释现象对理论作出推动。这样的研究表面上看似乎在质疑生成语言学的某些传统理念，但本质上却是在彰显生成语言学的研究价值，即通过不断的理论创新来引导我们重新审视语言现象的特点，同时从某个具体语言现象出发的理论构造又反哺语言普遍属性的研究。事实上，从汉语句法研究早期开始，在国际学界发表的研究都具备这样的特点，如黄正德早期对逻辑式和疑问句的研究（Huang, 1982a, 1982b）, 李亚非对论元结构的研究（Y. Li, 1990, 1995）等。近期，黄正德基于汉语分析性提出的分析性参数（Huang, 2015; Huang & Roberts, 2016）, 李亚非（Li, 2022）基于汉语连动结构（serial verb construction）等现象提出的生成语言学与象似性（iconicity）相结合的研究，潘俊楠（Pan, 2022）基于汉语句末虚词以及语段等句法理论重新反思核心词方向性参数的研究，胡旭辉（Hu, 2022b）基于汉语趋向结构的研究探索词根的形态特征带来的跨语言参数差异，这些研究都呈现了这样的研究思路。可以预见，越来越多的汉语句法学者参与到生成语言学的研究大潮中，一定能够基于汉语为生成语言学理论带来创新，从而推动普通语言学研究的发展。

2.3.4　生成语言学中的词库研究

词库在生成语言学的句法操作中占据重要地位，因为词库中的成分是句法操作的"原材料"。生成语言学的句法理论在技术层面的本质就是解释如何将两个成分合并，形成一个新的成分，新的成分继续和其他成分合并，如此反复，即所谓"递归性合并"。对于这样的操作，我们有必要了解的是，句法机制选择合并的最原始的成分是什么？有一点是明确的，即原始成分储存在词库中。那么，词库中的原始成分具备哪些特质？对于这个问题，不同的回答代表了生成语言学的两个取向，即词

第 2 章　生成语言学视角下的普通语言学研究

汇主义取向（lexicalist approach）和句法构式主义取向（constructivist approach）（见 Borer，2005a，2005b，2013；Hu，2018；Marantz，2013 等）。词汇主义取向认为，合并的原始成分是词，词在词库中已经具备词类、语义（包括语义的论元结构）。根据这个理念，词汇相关的词法（如构词、词类以及相关的特殊表现）不属于句法运算负责的范畴，而应该单独属于构词的领域。这个取向自 Chomsky（1970）起一直都是生成语言学的主要理念。但是，21 世纪以来，句法构式主义取向逐渐成为主流（Manrantz，2013），这个取向下的研究认为不应该区分词法和句法范畴，无论是词汇的构成还是短语的生成，都由句法机制统一负责；也就是说，词汇构成和短语构成的规则一致，都来自于合并、特征赋值、移动等操作，都受到区域性（locality）等制约的限制。根据这一理念，词库中并没有词，因为词也是句法运算的结果。该研究模式的代表性理论主要是 Halle、Manrantz 等人创建和发展的分布式形态学和 Borer 创立的外骨架模式。在我国，分布式形态学的研究得到了广泛的应用[1]（如程工、李海，2016；程工、杨大然，2016；胡旭辉，2019a）。

在分布式形态学的视角下，程工（2018，2019）对词库的解读非常具有代表性，可以看作是普通语言学范畴下的理论研究。这项研究不仅介绍了分布式形态学框架下的词库特点，同时也将分布式形态学的句法构词放置到更大的理论背景（尤其是生物语言学背景）以及历史脉络中，如与结构主义语言学的词库理论的对比，凸显了词库理论的普通语言学意义。程工（2018）首先提出，最简方案一方面与 Chomsky 所提出的生物语言学方案契合，但另一方面主流最简方案框架下的词库理论违背了生物语言学的基本精神。Chomsky 所持的生物语言学（Berwick & Chomsky，2016；Chomsky，2016）的基本理念是，语言官能是在进化过程中突发产生的，而不是经过渐进演化的，突发的动因来自于基因突变，由此带来人类特有的生物天赋，人类具体的语言则是基于这个基

---

[1] Borer 的外骨架模式也逐渐引起国内学者的重视，如胡旭辉（2014，2016，2019b，2023）、王晨（2019）分别将该理论应用到英语致使结构、英法中动结构、终结性（telicity）与词汇和语用的关系以及汉语虚词的研究中。胡旭辉的英文专著（Hu，2018）系统发展了这一理论模式，将其应用于包括汉语在内的多个语言的动结式、双宾语结构、动趋式等结构，并初步考量了该理论在生成句法理论大框架下对横向的跨语言研究和纵向的历时句法的解释力。

本的能力发展而来。由这样的突变而产生的语言天赋必然只包括有限的内容,如递归性合并。但是,具体的最简方案理论采用的是词汇主义的模式,词库包含了极其丰富的内容,这些内容包括生成性、自主性、多模块和多层次以及投射性(程工,2018)。如果词库确实如此,也就意味着语言的生成实际上要依赖两套系统,一套是以合并为手段的句法系统,另一套则是包含各种具体规则、信息的词库系统。这样的词库理论显然违背了生成语言学的生物语言学基本假设,首先,这意味着人类的语言机制实际上包含两套生成系统,而生物语言学的观点是语言官能本身的内容非常有限。其次,如果词库系统具有如此多的层次和具体内容,就很难想象这是突变而来,而不是长期演化而来的。再次,虽然词库丰富的信息看上去似乎减轻了句法的负担,但带来的结果是句法推导似乎依赖词库,这显然不符合最简方案和生物语言学的基本假设。

如果我们赞同最简方案和生物语言学的基本假设,那就必须要改变最简方案具体操作中有关词库的理论假设,正是从这个视角出发,程工(2018)认为以分布式形态学为代表的词库理论是一个最佳选择。首先,词库应该是非生成的,从而确保只有一个单一的句法生成系统。这就需要将词和短语等量齐观,都看作单一的句法系统生成的结果,因此词库本身没有专门的构词规则,而只具备原子性的语素和词根,这些原子性的成分是句法操作的起点。这样,句法合并最初选择的成分并不是词库中的词汇,而是语素以及词根,词并不存在于词库中,而是和短语一样,都是句法合并生成的结果。程工(2018:26)特别指出,这意味着"放弃从结构主义语言学到当代一直坚守的一个信条,即把语素定义为最小的音义结合体",因为语素本身并不一定有固定的语音和意义,程工(2019)对此给出了具体的证据和分析,此处不再赘述。程工(2018)指出,引入最简方案中的语段(phase)概念,认为一个成词的句法推导形成一个不可穿透的语段,获得特殊的语义和音系特征,可以很好地解释短语和词组的表层差异:语段的不可穿透性导致后续的句法操作不会影响已经构成的词的形态,进而确保词内部的稳定性。另外,一个导致词和词组在形态上有明显差异的因素是语素的形态(音系)特点:如果几个语素都具有黏着性,在句法推导中都移动到同一个节点,最终在同一个节点上获得语音实现,就会形成所谓的复杂性核心词(complex

第 2 章 生成语言学视角下的普通语言学研究

head），即构成一个词；相反，如果语素都分布在不同的节点各自实现，则形成词组。总之，按照分布式形态学的观点，单一的句法引擎生成词和词组，词不再是原子性单位，词库不再是独立的系统，可以使得生成语言学系统下的语言生成变得更为简约，也更符合生物语言学的精神。

程工指出，分布式形态学的词库理论中迟后填音（late insertion）的操作也同样符合生物语言学的理念。迟后填音的基本含义是，参与句法运算的语素本身并无语音，在句法推导完成后，词库中的词汇项（vocabulary item）作为语素所带特征的音系实现形式填充到语素所在的节点。根据 Chomsky 所持的生物语言学的基本看法，句法推导过程本身是一个大脑运算的过程，在这个过程完成后，需要将运算结构外化（externalisation），因此才需要语音形式（以及线性结构也因此才产生），迟后填音的操作显然更符合这一假设。此外，论元结构移出词库同样具有重要意义。将论元结构当作是词库中谓词语法信息的一部分不仅要面临实际的语言分析问题，比如同一个谓词可带有不同的论元结构（具体见 Borer，2005b；Marantz，2013），而且也带来运算系统的冗余：一方面词库信息决定了一个动词可以带几个论元，另一方面句法系统又需要对论元的数目和句法位置作出限定；另外，为了能够解释一个动词可以出现在不同的论元结构中，往往还需要为词库提供一套论元删减的额外规则。这都在很大程度上违背了生物语言学的基本原则，使得最简方案希望呈现的普遍语法中有限的规则生成无限语言形式的目标大打折扣。

胡伟（2020）同样从生物语言学的视角出发审视词库，指出最简方案存在不足，该研究认为，最简方案应该吸收分布式形态学的词库理论方案，尤其是抽象语素的方案。胡伟认为狭义语言官能必然涉及词库中的词项，这就要求词项具备生物意义。按照胡伟的观点，分布式形态学中的词项具备两个特点：一是原子性，这满足了 Poeppel & Embick（2005）所强调的计算原子粒度必须最小化的要求，使得语言学研究和神经科学研究的互动成为可能；二是无论词根还是功能语素，本质上都是抽象且同质的，真正满足了无限合并的要求，同时又受制于界面条件的制约。

2.3.5 生物语言学研究

前文的分析和综述已经表明生物语言学是生成语言学研究的重要视角。近十多年来,国际生成语言学界对生物语言学视角的阐发也明显增加,尤其体现在跨学科视角的研究中。这和 Chomsky 在这方面的着力有着直接的关系,他与 Hauser、Fitch 在 *Science* 发表的论文集中体现了生成语言学视角下的生物语言学观以及跨学科的视野(Hauser et al., 2002)。近年来,Chomsky 在这方面的代表作包括和 Berwick 合作的专著《为什么只有我们:语言与进化》(*Why Only Us: Language and Evolution*)(Berwick & Chomsky, 2016)以及相对通俗的独著《我们是怎样的生物?》(*What Kind of Creatures Are We?*)(Chomsky, 2015b)。学者们也从实证研究出发,阐述生物语言学的基本理念,如 Chomsky 作为作者之一的研究(Friederici et al., 2017),基于脑成像的实证研究论述语言的神经机制,指出脑成像的研究结果也表明语言的本质不是交际系统,而是可以生成无限数量的具有阶层结构表达的自主(autonomous)生物认知机制。我国外语界在近十年对生物语言学的新进展保持了同步关注,从上一节有关词库论的综述可以看出,我国学者已经将具体的句法理论模型与前沿的生物语言学视角相结合。在本节,我们聚焦生物语言学的研究。

毛眺源(2019)(以下简称"毛文")较为全面系统阐述了近期生成语言学视角下的生物语言学研究,尤其是将生成语言学的基本理念与生物、神经科学相关的研究相结合,呈现出当代生物语言学前沿的图景。毛文的特点在于论述的综合性和全面性:以 Chomsky 为代表的生成语言学家相关的一手文献作为起点,结合了神经、认知等生物学领域、习得研究以及语言哲学领域的论述,系统综述了生物语言学研究在神经、生物基因等领域的证据。Chomsky 有关语言演化最为核心的一个假设是人类语言的生物机能来自基因突变,Friederici et al.(2017)的研究综述指出,脑成像的研究证实了布罗卡氏区(Broca's area)中后部布罗德曼区(posterior portion Brodmann area,BA44)负责合并运算,由此表明生成语言学的基本假设具备坚实的神经基础。毛文也从生物多样性与语言丰富表型之间的一致性的视角出发,分析最简方案中参数理论

第2章 生成语言学视角下的普通语言学研究

的合理性。最简方案下的参数理论将跨语言的表层差异归因于词库,尤其是与特征相关的词项属性。毛文引用 Jacob(1977)、Jenkins(2013)、Sherman(2007)等相关学者的论述,指出有机体的表型(phenotype)差异的变化往往不是基因本身生化结构的变化,而在于一些调节机制的微小差异。生物学对生物形态学多样性的解释与最简方案下的参数理论有异曲同工之妙,符合生成语言学超越充分解释性的理论目标。儿童语言发展中的"特定型语言障碍"(specific language impairment,SLI)是该研究所列举的另外一项实证的证据。相关研究表明,儿童语言发展中的某些障碍与普遍的认知、环境因素并无关系,而是某个特定的生物性状出现问题导致句法习得出现障碍,这似乎表明,句法习得的机制源自某个特有的语言生物机制,从而表明人类语言的核心表现背后有着明确的生物基因基础。

　　毛文的另外一个特点是系统阐述了语言演化的基因学阐释。语言演化是 Chomsky 近年来阐述较多的概念,其目的是指出生成语言学的语言观能够对语言的演化提供一个合理的基础。毛文以著名的 FOXP2 基因为例,介绍了个体之间的差异与共存演化分析(concomitant evolutionary analysis)在语言演化研究中的意义。毛文指出,自达尔文以来,演化研究聚焦分析和承认个体之间的差异,将此分析应用到语言演化研究,则需要研究某个个体的基因的差异如何影响个体间语言能力的差别,以及探索哪些语言能力差异与基因有关。毛文介绍了 FOXP2 基因发现的历程,指出该基因与多项"发展性言语运动障碍"(developmental verbal dyspraxia)有关,包括语音、书面语、音系的记忆能力等。毛文梳理了丰富的 FOXP2 相关研究并指出,这一基因并非核心的语言基因,而是与学习、运动技能直接相关,但同时也起着重要的调节作用,包括在语言外化过程中将句法运算获得的阶层结构以线性的语音形式输出。Berwick & Chomsky(2016)也认为,FOXP2 基因并不是负责 UG 的基因,而是负责感知运动系统(sensorimotor system)。他们打了一个比方:UG 可以类比为电脑的中央处理器(CPU),FOXP2 则是连接这台电脑的打印机(Berwick & Chomsky,2016:40)。Berwick & Chomsky(2016)的观点是,人类与其他具备语音学习(vocal learning)能力的动物在这方面的生物机能是一致的,二者的差异在于演化过程中人类发展出了语言的能力。毛文则基于相关研究提出另外一个与 Chomsky 等人观点不矛盾的可能，即，由于人类的 FOXP2 基因与动物 FOXP2 基因所负责的能力高度相似，可以考虑将动物与人类语言的研究连成一体综合考量，从而通过研究动物的相关特征来了解人类语言的特点。虽然毛文没有明确指出这样的考量如何与语言演化研究相结合，但似乎暗示，这样的研究模式可以通过观察动物相关的特征来了解人类语言演化早期的一些特征，从而为语言演化提供灵感。

杨烈祥和伍雅清（2018a）以生物语言学的视角为基础，重新考量生成语言学的原则与参数概念，并对此模型提出批评。他们认为这个模型是将语言的表型差异当作基因型差异，这与生物语言学认为 UG 的生物机制只包括合并相关的能力相违背，因为语言的生物机制是超越跨语言差异、为人类语言所共有的。两位学者同样对生成语言学最新的生物语言学理念进行了梳理和介绍，此处不再详述。此外，两位学者采用 Berwick 和 Chomsky 的相关论述（Berwick, 2016; Berwick & Chomsky, 2016），认为跨语言差异是后句法现象。毛眺源和戴曼纯（2019）的视角和论述有着相同的目标，但是结论有所差异。两位学者对各个阶段的原则与参数理论进行了梳理和澄清，并介绍了 Boeckx（2016）与 Roberts（2016）的参数理论：前者采用比较极端的假设，认为所有的跨语言差异都来自句法推导之后的（语音）外化；后者则认为跨语言差异是 UG、第三因素以及语言输入共同作用的结果，承认词库中（前句法）的相关特征和后句法要素都可能带来语言差异，并在此基础上通过参数层级模型将微观参数与宏观参数统一起来。基于这些研究的假设，毛眺源和戴曼纯（2019）提出了"自上而下"和"自下而上"两种参数设置的模式：前者假定 UG 提供了特征库，从中选择一定量的特征进入狭义的句法运算，不同的特征导致了语言之间的差异；后者则是根据具体语言的形态要求在句法运算结束后生成线性的句子，不同语言之间的形态特征也同样带来跨语言的差异。

在人工智能时代，语言学家经常会被问及的是，理论语言学是否可以直接应用于人工智能领域？甚至有人可能会以此作为判断理论语言学价值的标准之一。因此，非常有必要从学科属性和终极目标的高度出发来回答这些问题。探讨生成语言学和人工智能的关系，我们需要了解生成语言学研究范式的理论目标，这就必须要了解生成语言学的生物语言学属性。程工和邢富坤（2018）从理论模型、对语料采集的态度、理论背后的哲学取向、结构分析的方式（尤其是关注阶层性还是线性关系）、对待词库的态度等方面比较了生成语言学与人工智能的关系，指出二者在以上各方面都有巨大差异，分道扬镳必不可免，因此不必厚此薄彼。该文通过比较，详细展示了生成语言学的具体研究方式和核心关注，这对于领域之外的学者了解生成语言学有非常大的启发意义。在生成语言学与人工智能的关系层面，该文最值得关注的是两个领域的理论目标完全不一致，这是不能将生成语言学理论在人工智能的应用作为该理论评价标准的核心原因所在。我们认为，该文提到的具体的研究方法（如内省法）和对阶层而非线性的关注，都源于生成语言学的生物语言学属性和研究目标。生成语言学的学科属性与自然科学并无差异，核心目标是解释现象背后的机制，尤其是人类语言现象背后的生物机制，从而解释个体的语言知识究竟来自哪里。至于这个解释能否直接应用于人工智能或者其他工业领域，这并不应该是生成语言学或者任何语言学理论（以及理论科学）的理论目标，就像牛顿研究苹果为何往下掉，只是关心背后的机制到底是什么，至于这个机制未来如何应用到工业和工程，这并不是理论物理学家关心的核心问题。正是因为要解释个体背后的语言知识，所以必然需要采用内省法，因为生成语言学需要解释的是，为什么说话人天然直觉上可以立刻判断这句话符合语法而那句话不符合语法。同样，生成语言学关注阶层结构，这是因为生成语言学的研究得出的结论是人类语言的语法架构是基于阶层，线性关系只是一个表象（源于语言外化器官尤其是发音和听觉器官的要求）。至于使用大数据和线性关系是否在机器翻译、数据检索、机器理解方面更有效，这并不是生成语言学关心的问题，但毫无疑问这是解决实际问题的人工智能所关注的。因此二者服务各自的目标，都没有任何不妥当的地方，没有必要用一方的目标和标准来衡量另一方。此外，生物语言学的属性实际上也阐明了生成语言学本质上和脑科学、认知科学等有着共同关注的目标，因此我们应该期待生成语言学的研究对认知科学带来启发，也应该从认知科学获取灵感和证据。

2.4 评述与展望

正如本章开头所言,近年来,我国语言学界在生成语言学领域做出了丰富的成果,虽然和国际主流句法研究一样,这些成果主要集中在具体语言现象的研究,但是有关理论的评介和反思也同样值得关注。限于篇幅,无法面面俱到地介绍所有的理论探讨,只能将回顾集中在几个大的方面,包括具体理论技术构建(如格理论和论元结构理论的构建与应用)、理论框架的反思(制图和分布式形态学)以及语言观(生物语言学)。除此之外,也有研究对生成语言学的理论基础和哲学观(何宏华,2017;陆志军,2017;陆志军、曾丹,2020;宁春岩,2011;王和玉,2020;文炳、陈嘉映,2010)、逻辑式(宁春岩,2014)、语段(phase)(张连文,2018)、标签算法(陆志军、何晓炜,2017;潘俊楠,2019;杨烈祥、伍雅清,2018b)、句法特征(徐浩,2020)、原则与参数理论(杨烈祥、伍雅清,2018b)等方面提出了理论思考。

通过本章的回顾,不难发现,我国生成语言学的理论研究已经跟上国际学界的前沿,能够及时向国内同行介绍最新的理论动向,并且提出批判性的反思和新的理念。这是我国句法研究进一步走向世界的基础,我们期待在已有的基础上,我国生成语言学界能够继续在中文期刊发表前沿的理论介绍与分析,将理论的介绍、创新与本土化相结合,有了这样的基础,我们就不难在国际主流学术平台与国际学者对话、交流并对国际学界贡献中国学者的创新研究,反哺世界学林。

我们在第 1 章介绍普通语言学定义时提到,Saussure 在《教程》中展示了普通语言学研究的几个研究任务,其中包括明确语言学的研究对象、探索语言的普遍属性。该任务中第一点涉及的是语言学的学科定位,第二点则需要理论的构建。无论采用哪一种语言学理论的视角,这两点都应该是普通语言学视角下的任务。和索绪尔时代相比,在今天的国内外学界,语言学的学科定位已得到确立。但是,在当代交叉学科发展的背景下,我们需要不断审视和反思语言学的学科定位,这并非是要把语言学排除在交叉学科之外故步自封,而是必须理清语言学的核心研究对象和研究任务,才能为语言学本体研究以及语言学与其他学科的交叉研究打下基础。事实上,Saussure 在《教程》中就已经指出语言学学科

第 2 章　生成语言学视角下的普通语言学研究

定位面临的问题，这个问题的紧迫性可能在当下有增无减。那就是，涉及语言的学科林林总总，如社会学、人类学、文学、心理学，在当下语境当然还有生物学、认知科学、神经科学。是否只要和语言相关的研究都要纳入到语言学的学科领域？如果是这样，语言学将成为一门没有内在根基、缺乏明确系统的领域，看似无所不包，实则缺乏核心的学科定位。Saussure 正是基于这个问题，提出语言学首先要明确研究对象，这个研究对象就是"语言"，是具体使用的"言语"背后的抽象语言系统，Saussure 认为对"语言"的探究能够揭示人类语言的本质。可以说，某种程度上，《教程》正是以此核心理念作为基础构建了 Saussure 的普通语言学系统。

以此普通语言学的视角为参照，本章最后分析和展望生成语言学在未来的发展。我们首先讨论生成语言学的研究对象。生成语言学是把语言当作人类生物机能的一部分，这也是为什么 Chomsky 一直强调生成语言学研究本质上是生物语言学研究。生成语言学的核心研究对象是人类语言背后的生物机制，即语言官能，尤其是普遍语法的属性。在此背景下，我们也需要思考：是否生成语言学家们的研究只关心语言的生物机制本身，具体语言背后非生物属性的抽象特征是否不那么重要？如果我们以 Chomsky（1995）正式提出最简方案以来的论述为参照，那么语言的生物机制本质上就是递归性质的合并以及在此基础上的句法运算如何以最优的方式满足语音与意义两个外化系统的要求。如果仅仅是探索语言的生物机制，那么生成语言学的研究对象将是非常有限的，甚至可以说在短期内已经没有新的内容出现。很显然，这并不是生成语言学唯一的研究对象。我们认为，生成语言学的研究对象是在以上生物语言学的视角下，探索人类语言（尤其是语法）背后的普遍机制，这个普遍机制的生物基础是语言官能，我们需要进一步探索的是：有限的合并递归操作（及其与外化系统的接口）如何产生具体的语言？要回答这一问题，需要探索普遍抽象的语法机制。普遍的抽象语法机制不能和普遍语法画等号。普遍语法不包含任何与语法系统直接相关的内容，而纯粹是生物机能。这样的生物机能与人类其他普遍的生物机制以及人类现实世界的经验相融合，产生抽象普遍语法机制。放眼过去几十年生成语言学的理论发展，可以说主流的生成语言学都是沿着这样的思路在发展，构建了事件结构的理论（Borer，2005b；Hale & Keyer，2002；Ramchand，2008；Rinhart，2002，2016；Rothstein，2008）、名词短语的理论（Borer，2005a；Cheng & Sybesma，1999；Chierchia，1998；Longobardi，1994）、时制理论（Demirdache & Uribe-Etxebarria，2000，2007，2014；Stowell，1995，1996，2007等）、格理论（Baker，2015）、标签算法（Chomsky，2013，2014）、参数理论（Roberts，2019）等。

  展望未来，生成语言学的核心研究任务依然是探索普遍的抽象语法机制，推动包括上述理论在内的理论发展。这也是包括我国学者在内的所有生成语言学者的理论目标。对于中国学者来说，实现这一目标的路径之一是基于汉语展开跨语言的研究，这样的视角并非将汉语强行比附其他语言，也不是简单地以汉语为例来验证已有理论的合理性，而是从汉语和其他语言的对比分析中发现既有理论的不足，推动句法理论的发展。正如世界上其他语言一样，从汉语出发也可以关注到生成语言学理论的方方面面，这取决于研究者如何审视现象，探索理论。我们列举几个和汉语特点相关的理论问题供读者参考。第一是宏观的分析性参数特点。汉语的分析性表现在黄正德的分析性参数研究中有系统的描述（Huang，2015；Huang & Roberts，2017），包括高度能产的轻动词（如"打鱼""打球""打电话"中的"打"）、假性名词融合（pseudo-noun incorporation）（如"跳舞""走路"）、量词等。黄正德将这些看似不相干的现象放到一起考量，提出了统一的解释：汉语缺乏句法中的融合操作，这个单一的要素触发了一系列汉语的独特表现，也是汉语分析性特征内在的原因。放到普通语言学视角下，该分析所代表的研究将是否有融合操作视为参数之一。研究者可以进一步探索，融合的内在动因是什么？是否汉语的分析性特征还有其他体现？这些表现是否还有其他触发因素？以及，这些触发因素如何推动理论的发展？第二是汉语独特的构词特点对句法形态理论发展的推动作用。汉语的构词有非常明显的特点，导致了汉语是否有"词"这个概念都成为一个问题，更遑论语素等概念。"词""语素"是句法和形态理论的基础概念，这些概念是否具有普遍性以及如果具有普遍性又该如何定义，对这些问题的回答本身都需要我们重新反思理论的基础。第三是汉语语法标记的特点。汉语没有时标记，但是有丰富的体标记（如"了""着""过"），也有大量的句末

第 2 章　生成语言学视角下的普通语言学研究

语气助词（如"吗""呢""吧"），这些语法标记的范畴（category）是什么？回答这个问题不是仅仅用现有理论技术给一个标签（如 Asp、CP 左缘细化后的不同节点），而是需要考虑，是否这些语法标记并不能用现有的技术直接给标签就可以解释，是否有其独特的属性，而这些独特的属性背后可能是更为抽象的普遍语法特点。第四是汉语一致性标记（agreement marking）和格标记的缺失。目前的研究很少关注为什么汉语没有在动词上体现的性、数、人称等标记，也没有名词上的格标记。这并不是微不足道的语言事实，而是事关生成语言学的核心理论。在最简方案中，一致性操作是最为重要的操作之一，一致性标记则是这个操作的形态体现。如果假定一致性操作确实是所有语言句法运算中的核心操作，则不得不承认汉语是一个非常偏离常规的语言：一致性标记在汉语中也存在，只是语音形式为零。我们认为，如此核心的一个操作，在汉语中没有任何语音实现，这应该引起研究者谨慎的怀疑。如果进一步将这个问题延伸，则会发现一致性标记的句法地位本身就令人充满疑惑。例如，在动词上体现主语的人称、单复数等特征，对于语法结构来说似乎是冗余的，我们因此要问：为什么很多语言需要这样冗余的标记？其核心的功能是什么？如果确实是为了实现某个功能，在完全无一致性标记的汉语中，这个功能又是如何实现的？这一系列问题至今都没有令人满意的答案，现有理论技术也许并不足以回答这些问题，因此这些问题的答案很可能带来句法理论的发展[1]。当然，汉语的独特性远不止于这些，这里仅举几例以作说明。我们还想强调的是，汉语普通话之外，汉语方言的诸多特点对理论探索也具有重大价值。

无论是发现当下理论的不足还是推动理论的发展，仅依靠观察和分析语言现象是远远不够的。在生成语言学框架下，研究者必须对已有理论体系有精深的把握，同时也需要明确理论探索的前提：所有的理论发

---

[1] 笔者曾就这些问题请教过 Chomsky（在 2022 年 6 月 14 日北京航空航天大学邀请 Chomsky 所做的在线讲座的提问阶段），Chomsky 回复道（大意，非原话逐词翻译）：这些都是非常有趣的问题，这样的问题在过往百年的语言学研究中很少有人提出，但是在生成语言学研究范式下，我们提出这些问题，因为我们需要解释。当然，我们确实对这些问题还没有很好的答案。在随后与笔者的邮件交流中（2022 年 6 月 14 日），他也再次强调，这些问题"非常难回答但又令人着迷"（difficult and fascinating）。

展都必须符合人类语言生物机制的限制。

　　确认了生成语言学的核心研究任务，才能更好地展开跨学科研究。我们以生成语言学与认知科学的合作研究为例：生成语言学的终极目标是探索人类语言的生物机制，这与认知科学的目标是有一致性的，这一目标下的具体研究结论也需要得到认知科学的实证支持。对于生成语言学者来说，这类研究中的语言学有其独特的地位，而不仅仅是给认知科学的实证研究提供一些事实描述和术语。语言学的作用在于，基于语言学理论的结论，提出研究问题和假设，与认知科学家合作来提供答案和验证；认知科学在此类研究中的新发现也不仅仅是验证相关的语言学假设，而是可以提供新的视角，促发新的理论思考和发展。已有的相关研究可参见 Friederici et al.（2017）、Moro et al.（2001）等。此外，生成语言学（也包括其他语言学流派）与其他学科的合作也有必要通过合作双方相互沟通，为跨学科的研究设定一套双方都能接受的术语，为学科合作打通壁垒（如 Embick & Poeppel，2005）。

第 3 章
认知语言学视角下的普通语言学研究

3.1 引言

认知语言学自 20 世纪 80 年代末 90 年代初引入中国以来，对国内汉语界、外语界、心理学界均产生了深远影响。本章聚焦近十年来中国外语界在认知语言学视角下开展的普通语言学研究，旨在对其发展趋势及代表性研究成果进行回顾和梳理。认知语言学视角下的普通语言学研究须着力揭示语言背后的人类认知能力及其发展的共性和规律。因此，本章内容着眼于在理论层面具有普遍性意义的研究和探讨，暂不包括针对某一语言或现象的案例分析及理论运用。本章内容包括认知语言学领域概貌、国内外语界近十年的研究成果回顾、评述与展望三个部分。

3.1.1 认知语言学概貌

认知语言学（Cognitive Linguistics）主张以认知和身体经验为出发点，围绕概念结构研究以及语言意义和功能研究，探究语言现象背后的认知方式，并通过认知方式和概念结构等对语言作出统一的解释。认知语言学理论发端于 20 世纪 80 年代，经过四十年的蓬勃发展，已成为一门充分吸纳实证研究成果（涉及语言、心理、认知科学等众多前沿方向）颇具影响力的跨领域学科。

认知语言学中的"认知"指可精确研究的任何心智运作或心智结构（Lakoff & Johnson，1999：11）。理论研究实践中的"认知"包括人类的心理经验、认知偏好、概念化方式，以及由此产生的认知模型、知识与概念结构等诸多方面，这些构成认知语言学研究的基础，与认知心理学紧密相连。

值得注意的是，认知语言学理论并不是一个单一的理论体系，而是包括了一系列具有统一理念的不同理论主张和研究方法。理论和研究方法的多样性也正是认知语言学的活力之所在。Geeraerts 曾在他 2006 年编辑的《认知语言学：基础读本》（*Cognitive Linguistics: Basic Readings*）中这样形容认知语言学（Evans & Green，2015：D15）：

> 认知语言学就像一个群岛，散落其中的有隐喻岛、转喻岛、构式语法岛等众多岛屿，每个岛屿都有不同的美丽风景，整个群岛构成了丰富多样、多姿多彩的美丽画卷。

1. 认知语言学的两大承诺

Evans & Green（2006）对认知语言学领域中的众多理论和研究方法进行整合和梳理，将认知语言学的理论目标概括为两大承诺，即普遍性承诺（Generalization Commitment）和认知承诺（Cognitive Commitment）。两大承诺的提出均体现出认知语言学家对"模块论"（modularity）的反对立场，他们主张心智具有统一的组织，大脑整体认知能力不可分割。

1）普遍性承诺

人类语言中存在着适用于所有层面的普遍性原则，认知语言学以发掘和揭示这些原则为目标，即普遍性承诺。认知语言学认为心智具有统一的组织，因此人类语言的不同层面也共享特定且普遍的基础性组织原则。同时，认知结构和语言结构具有同构性。Evans & Green（2006：28–40）以范畴化、多义性和隐喻为例，证明了这三种组织特征在语言的不同层面普遍存在，以此表明截然不同的语言现象都能够共享这些特征。普遍性承诺为认知语言学统一描写和解释各层面的语言现象提供了理论基础。

2）认知承诺

由于语言系统的运作是人类一般认知能力运作的结果，大脑中并不存在只适用于语言自身的特殊性原则。因此，认知语言学理论要求研究者提出的每个语言结构原则都必须与其他认知科学分支（哲学、心理学、人工智能和神经科学等）对人类认知的已有认识保持同步，即认知承诺。Lakoff（1990）指出，对人类语言现象进行解释的机制必须契合我们关于心智和大脑的知识，不管这种知识是源自其他学科还是认知语言学本身。Evans & Green（2006）分别以注意力、范畴化和隐喻为例，论述了语言是如何遵循并反映以上三个一般认知能力的。

2. 认知语言学的基本假设

在两大承诺基础上，我们还需要了解认知语言学理论中具有基础性地位的几个理论假设。这些假设共同描绘出认知语言学的语言观、意义观，以及对人类语言的基本认识，主要包括具身认知（embodied cognition）假设、原型范畴（prototype）假设、百科全书式语义（encyclopedic semantics）假设、意象图式（image schema）假设、构式（construction）假设，以及"基于使用"（usage-based[1]）假设。事实上，认知语言学理论涉及的基础假设尚不止于此，限于篇幅，本节仅对将在后续章节进一步探讨的假设进行介绍。

1）具身认知假设

人们运用身体五官来体验和认知世界，语言与人的具身体验过程及认知结果密不可分，应当从人的角度解释语言。换言之，认知是包括大脑在内的身体的认知。身体的解剖学结构、身体的活动方式、身体的感觉和运动体验决定了我们怎样认识和看待世界，我们的认知和心智是被身体及其活动方式塑造出来的。例如，左右、高矮、冷暖等概念都是以身体的结构和特性为参照而建立的。同时，由于身体体验随着时间展开，认知加工活动也必然是随着时间展开的，因而认知活动具有实时性（real time）。Langacker（1987，2008）将随时间线性展开的认知加工过程称为"心理扫描"。

2）原型范畴假设

原型范畴理论主张范畴具有原型性。自亚里士多德以来，人们长期

---

[1] "usage-based"多译为"基于使用"或"基于用法"。

秉持经典范畴观，认为范畴有着明确的边界，范畴内所有成员的地位是相等的，一个成员只能属于或不属于某个范畴，不同范畴之间的界限是泾渭分明的。而认知语言学反对上述观点，认为范畴的边界是模糊的，范畴内有典型成员和边缘成员之分，同一范畴的成员之间具有"家族相似性"[1]。例如，在"蔬菜"这一范畴中，"青菜"是一个典型成员，"黄瓜"则是一个边缘成员。同时，人们对客观世界中基本范畴的归纳存在跨文化、跨语种差异。

3）百科全书式语义假设

词汇意义无法与其所指事物的一般知识截然分开，即语言意义的表征并非仅对语言系统意义的表征，还涉及对相关百科知识的通达，词汇形式在心智计算过程中可视为抽象符号，其功能是为激活词汇概念意义并为心智进入"开放型的知识网络"提供认知参照点。

4）意象图式假设

意象图式指在我们日常身体活动经验中反复出现的事件、关系、结构等概念在心智中形成的图式化的表征形式，是对概念以及身体体验的高度抽象和概括。常见的意象图式主要包括一些相对简单的结构、方位关系和运动，如容器图式、路径图式、力动态图式、整体—部分关系、中心—边缘关系，等等。意象图式是经由具身经验而形成的认知结构（Lakoff，2012）。

5）构式假设

亦称"象征性（symbolic）假设"，语法的基本构成单位是形—义配对体（form-meaning pairing），即象征结构（symbolic structure），或构式。词、词汇短语和句子形成一个由象征系统构成的词汇—语法连续统（lexicon-grammar continuum），意义在该系统中处于中心地位，不考虑语言意义的纯形式研究是没有意义的。

6）"基于使用"假设

大脑中的语言系统即语言知识。语言知识来源于使用，语言使用和

---

1 家族相似性：英国哲学家 Wittgenstein 提出的著名原理，一些类别中的成员就如同一家族的成员，每个成员都和其他一个或数个成员共有一项或数项特征，但几乎没有一项特征是所有成员都共有的，各成员之间以这样环环相扣的方式系联起来成为一类。

语言知识之间并无本质区别，可以认为语言知识就是关于如何使用语言的知识。高频率出现的用例能够通过人的认知机理形成一系列从具体到抽象的象征结构[1]（Langacker，2008）。语言知识是基于实际用法的知识，是在用法事件之上作出的概括性知识（Taylor，2002）。

3. 认知语言学的四大理论体系

经历数十年发展，认知语言学已逐步发展成为以概念隐喻理论（Conceptual Metaphor Theory）、认知语法及构式语法理论、认知语义学、心理空间理论（Mental Space Theoty）与概念整合理论（Conceptual Blending Theory）等四大理论体系为支柱的多领域学科。

1）概念隐喻理论

概念隐喻理论由美国语言学家 Lakoff 和 Johnson 在 1980 年出版的《我们赖以生存的隐喻》（*Metaphors We Live By*）一书中首次提出。该理论认为，概念隐喻是从始源域（source domain）到目标域（target domain）的跨域映射（cross-domain mapping），是人类借以建立概念系统的基本方式，是大脑认知能力的一部分。概念隐喻无处不在，我们总是借助一个概念来理解和建构另一个概念。举例来说，当我们讨论"论辩"的时候，可能会说"你的观点不攻自破""我摧毁了他的论据""他攻击我论据中的每个弱点"之类的语言表达，其中"攻击""摧毁""不攻自破"等词汇的运用体现出我们正借助"战争"这一概念域中的种种要素来理解"论辩"。因此可以说，这一系列用于讨论"论辩"的语言表达背后包含着"论辩是战争"这一概念隐喻。人类赖以思维和行动的一般概念系统在本质上都具有隐喻性。概念隐喻理论的提出被视为认知语言学的发端，它拓展了传统意义上作为修辞手段的"隐喻"的内涵与外延，认知语言学视角下探讨的隐喻均属概念隐喻。

2）认知语法及构式语法理论

认知语言学领域中的语法理论认为语言是构式性的，即规约性的形式与功能的配对，因此均可称为"构式语法理论"。其中，以

1　笔者注。此处象征结构即构式。

Langacker（1987，2008）为代表的认知语法（Cognitive Grammar）和以 Goldberg（1995，2006）为代表的认知构式语法（Cognitive Construction Grammar，亦简称"构式语法"）理论影响最为广泛。此外，还有以 Fillmore et al.（1988）、Fillmore et al.（2003）为代表的合一构式语法（Unification Construction Grammar）和以 Croft（2005）为代表的激进构式语法（Radical Construction Grammar）等，亦对认知语言学理论的前期发展起到了推动作用。这些语法理论均认同构式以及基于使用的语言观，而在理论体系及具体研究方法上则各有侧重。Langacker 的认知语法理论将语法看作象征性系统，主张通过认知识解、概念化过程以及概念的心智表征（representation）等解释语言和语法现象。Goldberg 则关注语言知识的形成和表征，主张在详细调查各构式的语法特征、使用环境和功能的基础上，提炼出它们的中心意义并描述各类构式所组成的关系网络。构式语法理论一方面将构式看作各语言共通的本质，另一方面也认可各语言都拥有各自的构式库藏（inventory），跨语种的构式差异之大有可能是超乎想象的。

3）认知语义学

认知语义学秉持非客观主义的意义观，认为语言的意义并非指向客观世界，而是指向脑海中的概念。认知语义学以百科全书式语义观和"语义结构即概念结构"的观点为前提假设。凡是基于上述理念来研究心智中的意义表征的理论框架或理论观点，均可认为属于认知语义学范畴。其中，Talmy（2000a，2000b）所创立的宏事件理论（Macro-event Theory）是突出的代表。在许多语言中，位移运动事件及其隐喻扩展事件总是连同其方式或原因事件，被共同表征为一个更大的单一事件，即宏事件，相应地，其语言表征是一个单一核心的小句。一个宏事件由一个框架事件（或主事件）和一个副事件组成。位移运动事件及其隐喻扩展事件往往充当框架事件，其方式或原因事件则充当副事件。宏事件理论的提出为不同事件词化模式的类型学研究提供了全新的视角。

4）心理空间理论与概念整合理论

心理空间理论与概念整合理论（合称 MSCB 理论）由 Fauconnier & Turner（2002）创立，旨在揭示人类自然语言中复杂意义的生成与理解

第 3 章　认知语言学视角下的普通语言学研究

过程。心理空间理论认为，在语言使用过程中，人脑会激活一系列语言和非语言的知识框架，由此构成心理空间，即人类在言语交际过程中所建立起的临时性的、动态概念的集合。概念整合理论则描绘了各个心理空间相互映射、发生互动，并进行整合、产生新的整合空间的过程。概念整合是一种无意识的、在线的创造性认知活动。语言意义的在线构建主要在于心理空间的整合。经过二十多年的发展，心理空间理论和概念整合理论已广泛应用于文学、文体学、语法研究、话语分析、神经语言学等诸多领域，用于阐释话语理解和话语管理的认知机制。

3.1.2　中国外语界近十年研究概览

近十年来，中国外语界对认知语言学领域的研究投入了大量关注。本节将对普通语言学范畴内的认知语言学研究进行梳理和回顾，回顾对象涵盖 2011—2020 年间中国外语界 CSSCI 来源刊物（含扩展版）[1] 刊载的学术论文共计 56 篇，所涉研究话题包括具身认知（7 篇）、认知识解理论（3 篇）、主观性理论（5 篇）、"基于使用"的语言观（4 篇）、宏事件理论（2 篇）、社会认知语言学（7 篇）、认知语料库语言学（2 篇）、其他交叉领域探究（11 篇）、认知语言学视角下的汉外对比研究（14 篇）以及综述和理论反思（1 篇）。研究主要涉及以下三个方面：

第一，对认知语言学基本理论的引介、反思与发展。内容涉及哲学观和具身认知观、认知识解理论、主观性理论、"基于使用"的语言观、宏事件理论等方面。相比之下，对认知语义学的意义观、概念隐喻理论、构式语法理论、心理空间与概念整合理论的普通语言学探讨较过去有所减少。此外，尽管概念隐喻、构式语法以及概念整合理论仍是近十年国内学术界聚焦的热门领域，但其成果多为理论辨析、运用以及个案分析，鲜有涉及普遍性观点的内容。这类研究不纳入本章讨论范围。

第二，对认知语言学跨领域交叉前沿的引介、反思与创新。相关研

---

[1] 包括《外语教学与研究》《当代语言学》《外国语》《外语教学》《外语教学理论与实践》《外语界》《外语与外语教学》《现代外语》《语言教学与研究》《语言科学》《外语研究》《外语学刊》《中国外语》等 13 种刊物。

究不仅涵盖了国际认知语言学前沿发展的几乎所有分支，同时结合国内对理论研究、理论应用的实际需求，推动建立并发展新的交叉领域，对认知语言学本体理论进行有益补充，是对普通语言学研究的重要贡献。其中，本章重点关注社会认知语言学、认知语料库语言学、认知音系学、认知类型学等领域。

第三，从认知语言学基本理念出发，以汉外对比研究为基础，构建并发展出适应汉语实际的语言研究理论体系。此类研究是对国外理论本土化的积极尝试，充分体现出国内学术界的学术实力与创新能力，亦是推动普通语言学研究的重要贡献。

3.2　认知语言学基本理论的引介与反思

近十年来，中国外语界对认知语言学基本理论的介绍与探讨多集中于语言哲学观与具身认知、认知识解理论、主观性理论、"基于使用"的语言观、宏事件理论等。探讨内容多为理论引介以及在此基础上的反思与批评，亦有许多对现有理论进行补充和完善的有益尝试。本节将逐一介绍。

3.2.1　具身认知

认知语言学大力倡导基于具身认知的语言观。具身性（embodiment）是认知语言学的核心概念之一，是构筑认知语言学大厦的重要基石。这一概念在汉语文献中可译为"具身性、涉身性、体验性、体认性"等，本章统一采用"具身性"这一译法。国内学界对体验哲学及具身认知等理念颇为关注。近十年来，王寅（2012a，2013a，2015，2019）分别阐述了基于体验哲学观的认知语言学对西方语言哲学传统的批判与继承，并在此基础上提出了将体验哲学本土化为"体认人本观"的倡议。

在西方哲学探索的长河中，人本观（Humanism），即关于人、人的价值的探讨，经历了曲折的发展过程。从古希腊形而上学时期到神本

第3章　认知语言学视角下的普通语言学研究

位的中世纪，人始终不在哲学的关注范围之内。随后而来的文艺复兴和启蒙运动尽管主张人性的解放，却依旧拘泥于"主客二分"的观点，将作为主体的人与其所生活的客观世界割裂、对立起来。17世纪法国哲学家笛卡尔提出"我思故我在"，将人的精神世界与人的客观实体分离开来，进一步发展出了"身心二元论"（mind/body dualism）的理念。此后，哲学及认知科学领域中便不乏将心智作为独立实体进行研究的理论与流派。在语言学领域，无论是以Saussure为代表的结构主义研究，Chomsky所创立的生成语法，抑或是自蒙太古语法发展而来的形式语义学，都与这一理性主义传统一脉相承。

直到20世纪80年代，Lakoff和Johnson在《我们赖以生存的隐喻》一书中首次提出了非客观主义"体验哲学"（Embodied Philosophy）思想，包含三条基本原则，即"心智的体验性、认知的无意识性、思维的隐喻性"，为认知语言学流派的兴起和发展奠定了哲学基础。王寅（2012a）认为，Lakoff与Johnson的"体验哲学"思想与建设性后现代哲学思想不谋而合，并进一步将其哲学思想命名为"体验人本观"。后现代哲学强调"颠覆、解构、消解"，而建设性后现代哲学则注重"破中有立、批中有建"。体验哲学一方面强调思维、概念、认知的体验性，具有"客观性"，同时又注重人对语言知识的主观加工，具有"主观性"。因此，"体验人本观"强调"感知体验"与"人本加工"的相互依存、对立统一，是后现代哲学视角下语言哲学的重要发展成果。

王寅（2013a，2015）在批判前人"身心二元"观点的基础上，进一步提出了"体认一元观"，其基本原理可以概括为"现实—认知—语言"模型，可以看作索绪尔语言学思想和乔姆斯基语言学理论的发展（如图3-1所示）。索绪尔语言学思想聚焦语言本身，强调从语言系统内部研究语言，虽确立了语言作为研究对象的独立地位，却忽视了语言与心智、语言与现实的关联性。乔姆斯基重视语言的心智属性，强调从语言入手揭示心智中语言官能的奥秘，但却依旧将语言官能看作独立于现实基础的心智模块。而基于"体认一元观"的认知语言学正是在二者基础上加入了现实要素，从而构成"现实—认知—语言"三要素模型。

语言：索氏
认知—语言：乔氏
现实—认知—语言：认知语言学

图 3-1　基于"体认一元观"的认知语言学模型（王寅，2013a：19）

在"体验人本观""体认一元观"基础上，王寅（2019）提出"体认语言学"（Embodied-Cognitive Linguistics，ECL）这一名称，用于概括近年来国内学术界对认知语言学理论的继承与发展。体认语言学具有"综合性、多层性、实践性"等特点，使之成为现在语言学研究的前沿方向之一。

牛保义（2016）结合实例详细阐释了认知语法的具身性的体现，即在语言和语法上都具有具身性。首先，语言具有具身性。Langacker（1991：511）认为语言是"最终可描述为反复出现的神经激活模式的一种认知加工活动"，是存在于说话者大脑中的心智实体，不可简单等同于语音、意义的符号，或是可观察的外部行为。我们通过具身体验来理解和加工语言。我们通过身体的属性（包括物理属性和社会属性）与构造、身体的活动、身体与环境的互动以及身体的感知—运动系统来体验，体验活动构成了语言理解和加工的基础。其次，语法具有具身性。语法的目标是"尽可能完整地描述构成语言系统心理表征的认知加工部分"（牛保义，2016）。由于认知加工具有具身性，因此语法天然地具有具身性。说话者的身体体验在语法结构中的投射形成语法构造。例如，身体体认得到的射体与界标往往在语法结构中投射为主语和宾语。由此，牛保义（2016）指出认知语法的"认知"并非仅仅是心智的、虚拟的，更是客观的、现实的，并在此基础上提出将其称为"具身认知语法"（Embodied-Cognitive Grammar，ECG）的倡议。

现有研究中对语言具身性的研究与探讨包括宏观界定与微观举证，多集中于对具身过程的阐释，即具身体验如何塑造语言及语言子系统，如句法、词汇、意义等。就此，林克勤和孟江（2011）指出，语言具身性研究的维度应当从四个方面进行拓展。第一，从身体对认知的实现和塑造作用来看，我们应当采取比较动物学的视角，探讨人身体构造与动物身体构造有何重大差异以及这些差异如何塑造我们的具身认知。第二，从认知的实时性、情境性、行动性来看，我们应探讨人在现实交际中究竟如何通过情景与环境塑造具身体验，并借此完成得体的言语表达；而对于脱离外部环境、非实时性的言语活动，具身认知又是如何起作用的。第三，从身体的社会文化内涵来看，对具身性的探讨不应局限于身体的自然维度，还应当关注社会文化环境是如何透过具身认知来塑造语言。第四，从大脑神经结构的内涵来看，人类一切认知活动的本质都是大脑神经活动，而与具身性相关的神经活动仍有待实证研究者进一步探究。

3.2.2 认知识解理论

我们运用认知能力对特定事物进行概念化，从而形成头脑中的概念意义，包括语言意义。不仅如此，认知语言学还认为，意义不仅与概念化的内容有关，还与概念化主体对这一内容的特定概念化方式有关（Croft & Cruse, 2004; Langacker, 1987, 2008; Talmy, 2000a, 2000b）。概念化方式即"识解"（construal）或"认知识解"（cognitive construal）。我们的语言能力与识解能力有着密切的联系。Paradis（2005）指出，在所有的语言使用场合中，识解过程都会作用于概念结构，影响意义的生成。Croft & Wood（2000: 57）、Croft & Cruse（2004: 45-69）等以心理学和现象学的认知过程完型、突显、比较、视角等要素为参照，对识解进行分类（刘芬，2013）。

Langacker 首先将"识解"这一概念引入语言学领域，他将语言现象背后涉及的识解过程定义为"以不同的方法构想和描述同一情景的能力"（罗纳德·W. 兰艾克，2016: 43）。以图 3-2 为例，S（SELF）为观察主体，即概念化主体，O（OTHER）为被观察的客体，即概念内容。S 可以通过多种不同的视角或侧面对 O 进行观察。不同的观察方式将会导致最终概念化结果的差异，尽管观察对象都是同一个客体。因此，概念化的最终结果总是一个既包含概念内容又包含相应概念化方式的综合成果。正是基于这一点，Langacker 提出了认知语法理论中最为核心的主张之一：意义即概念化（Meaning is conceptualization.）。

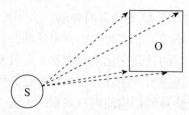

图 3-2　不同的识解方式（罗纳德·W. 兰艾克，2016：43）

　　Langacker 进一步给出了识解的四个维度：详略度（specificity）、聚焦（focusing）、突显性（prominence）及视角（perspective）（同上：96）。详略度指对情景描述的具体及精细程度。例如，在描述气温时，我们可以说"今天很热"，也可以更为具体地说"有 30 多摄氏度""大约 35 摄氏度""是 35.2 摄氏度"等。上下位词的选用也涉及表达的详略度差异，例如"舅妈"比"亲戚"更为具体。聚焦涉及如何选取概念内容，并按前景（foreground）和背景（background）的关系加以排列。前景与背景反映出认知上普遍存在的不对称性，充当前景或被前景化的事物是我们注意力聚焦的对象或中心，其余事物则成为背景。同时，聚焦是一个程度问题，前景与背景也是相对的，在特定条件下可以互换。突显性亦可称为"显著性"（salience）。被聚焦的事物相对于未被聚焦的事物具有突显性；前景相对于背景具有突显性；在同一范畴内部，典型成员比引申成员具有更大突显性；一些成对出现的概念之间往往有一方体现出更大突显性，例如具体—抽象、真实—虚构、显性—隐性，不一而足。在认知语法理论中，有两种特殊的突显性尤为重要，即侧显（profiling）和射体—界标联结（trajector/landmark alignment）。对于某个观察对象，观察者的注意力往往指向特定的次结构，称为显面（profile）。对于同一事物，不同的显面往往对应不同的语言表达式。得到侧显的概念内容可以是事体（thing），也可以是关系（relationship）。当某个关系得到侧显时，参与者角色可以得到不同程度的突显。其中最为突显的参与者称为"射体"（trajector，简称为 tr），是识解为被定位、被描述或被评价的实体。通常还有一个次要参与者会被突显，称为"界标"（landmark，简称为 lm）。例如，英语介词 above 与 below 指向同样的空间关系图式，而区别就在于不同参与者被赋予的突显程度。在表达式"X above Y"中，X 是射体，Y 是界标；在"Y below X"中则反之，Y 是射体，X 是界标。因此，是射体—界标联结的差异造成了这一组介词的语义差异。识解的最后一个维度是视角。由于概念化是对某一个场景的观察，选取的视角不同则构成不同的观察格局（viewing arrangement）。观察格局反映观察者与观察对象之间的关系。观察格局的差异造成了主观性识解与客观性识解的区别，这一点我们将在后续章节中进一步探讨。值得注意的是，文献中"识解"这一术语既用来指我们固有的心智能力，又指对意义进行加工的具体过程。

识解理论在 20 世纪末 21 世纪初期随认知语言学理论引介到中国，引起国内学术界的注意，并运用此理论对一些语言现象进行探讨，例如英汉同词反义现象、名词可数性、翻译主观性等问题（单伟龙，2017）。近十年来，学界对识解理论的探讨多集中于相关概念辨析以及跨学科比较方面。总体而言，对其关注与运用较之前十年有所减少。

单伟龙（2017）首先简要回顾了认知识解理论的起源与发展，后对其内涵及各维度进行了比较考察，并提出了补充及完善建议。他主张为识解增加"映射"（mapping）维度。"映射"发生于隐喻及转喻认知中。认知语言学认为隐喻和转喻帮助我们进行思维建构和开展认知体验活动。隐喻的本质是从始源域到目标域的跨域映射，转喻则是同一概念域中相邻成分之间的映射。因此，映射是大脑一般认知能力的重要部分，很有可能构成识解的第四个维度。例如，对于"银河/Milky Way"的命名，汉语借用"河"这一事物，英语则采用"路（way）"这一概念。二者均通过形状相似的特点来选取始源域，却由于始源域选择不同，最终造成了对同一概念对象的语言表达式的跨语种差异。由此可见，在视角、突显性、详略度之外，映射过程及映射关系同样可能导致识解结果和语言表达的差异。除此之外，识解维度研究仍有进一步探索的空间。

董保华和全冬（2015）通过对比"认知识解"（cognitive construal）和"语义构建"（semantic construal），从现实、载体、层次、范畴及主体等五个层面来探讨认知语言学与系统功能语言学两派的学理关系，并认为二者属互补关系，主要体现在四个方面。第一，两派对现实的理解存在互补性。认知语言学承认现实客观存在，但需通过认知的中介作用才能在语言上表征，遵循"现实→认知→语言"这一基本模式。系统功能语言学则反之，遵循"语言→意义→现实"的构建过程。现实虽客观存在但不可知，我们所知的是对现实的构建，即意义，而意义又来源于词汇语法的构建。两派所持观点表面上看相反，事实上恰好互补。认知学派侧重现实对语言的塑造作用，但并不否认语言对现实构建的影响；而系统功能学派更关注语言对现实的构建作用，同时也不否认现实仍在塑造着语言。两派研究的侧重点不同，但都承认语言与现实之间的双向影响，语言基于现实的同时又在构建现实。第二，载体的互补。从载体来看，认知语言学强调具身认知，系统功能语言学强调社会文化。同样地，二者侧重点不同，但并无本质冲突。具身认知观重视身体现实对认知和心智的塑造作用，但同时也认可社会文化对认知的影响。而系统功能语言学侧重社会互动和文化环境对语言的构建，恰与认知语言学互为补充。第三，层次上的互补。一方面，系统功能语言学认为及物性、语气及主述位系统网络没有完全构成语义层，只是意义潜势层，与词汇语法处于同一层级，从而混淆了语义层与词汇语法层（Fawcett，2008：43）。而认知语言学认为语义与语音的结合形成象征单位（Langacker，1987：58），以象征单位为参照，从而规避了语义层与词汇语法层混淆的问题。另一方面，根据认知语言学理论，百科知识性为识解现实提供了一定的潜势，但过于泛化，如采用系统功能语言学理论所提倡的三大元功能意义作补充，则更明晰。三大元功能意义是对语言意义的高度抽象与概括，体现了语言的普遍特征（Halliday，1985：xxxiv）。第四，范畴方面互补。认知语言学应当借鉴系统功能语言学理论中的人际基块，如 Martin（2000）提出的评价系统，以丰富认知识解过程。而系统功能语言学认为语言是选择系统，但忽视人对选择的作用，应当引入认知识解理论作为补充。第五，在主体方面互补。认知语言学的识解观仅关注作为认知主体的个体，个体识解视角的差异可能造成个体间的交流障碍，跨文化交流更是遥不可及。而系统功能语言学认为语言功能在社会交往中构建，为语言共同体所共享，但忽视构建过程中主体发挥的个体性作用。可见，两派理论如能互相借鉴、补充，就能够形成更为完整的理论框架。总而言之，识解理论中各个维度的划分以及归并仍有进一步探讨的空间。笔者认为，聚焦与突显之间联系紧密。聚焦涉及对场景中前后景的划分，突显则进一步对前景内容区分显面。二者事实上是否是相同认知能力的反复运用，有待进一步检验和细化。

赵彦春（2014a：43）亦指出了借鉴识解理论时应当注意的逻辑问题。Langacker 认为例 1 中的三个句子是不同的构式，表达三种不同的意义。而赵彦春指出，这三个句子或许存在识解上的差别，但这种所谓的差别在信息传递过程中恰恰是要忽略掉的。我们是否真的需要认为它们具有不同的意义？这种将确定的意义与不确定的理解之间画上等号的做法也是不可取的。

例 1（a）I found the bed to be comfortable.
　　（b）I found the bed comfortable.
　　（c）I found that the bed was comfortable.

3.2.3 Langacker 主观性理论

语言不仅能够表达客观命题，还与说话人主观立场、意识、情感、态度等密切相关，即语言具有主观性（subjectivity）。学术界对语言主观性的关注由来已久。法国语言学家 Benveniste（1971：224-225）称主观性是说话人将自己视作"主体"的能力，是自我意识的一种表象。早期的语言主观性研究多为静态研究，集中于对语言所表达的主观意义及功能进行静态描述，以 Benveniste（1971）、Buchler（1990）、Lyons（1982）等为代表。例如，Lyons（1982：102）认为"主观性"指的是自然语言结构及其常规表达为言语主体提供的表达自我及其态度与信念的方式，并指出指示词、评述类副词、认识情态动词等语言表达形式具有体现说话人立场、视角、评价的主观性意义。

Traugott（1989，1995）则从历时的角度探讨了语言成分如何获得与说话人相关（speaker-related）的意义，即话语意义的主观化（subjectification）问题，属于动态的语法化研究。该研究认为主观化是语义变化的主要类型，在很大程度上与早期语法化相关。语法化的过程可以看作是一种语用加强的过程，即具体的词汇意义减弱，说话人的主观立场加强（高莉、文旭，2012；Traugott，1995：31-54）。例如，情态动词、部分介词短语均经历了由表达客观意义到表达说话人主观信念、态度的转变。意义总是沿着从"命题性的"(propositional)到"表达性的"(expressive)的路线单向发展的,也就是说,话语的意义越来越依赖说话人的态度、情感、信念等,即越来越主观化了(Traugott & Dasher, 2002: 94)。

总的来说,无论是对主观性的静态研究,还是对主观化的动态研究,传统主观性研究均聚焦语言结构如何编码说话人的信念与态度。其后,20世纪90年代,认知语言学的兴起为主观性研究带来了全新的思路。

认知语言学领域中的主观性研究以 Langacker(1990)为代表。Langacker(1990)从概念化的角度对"主观性"及"主观化"等概念提出了全新的界定。由于"意义即概念化",概念化的方式与过程,同概念内容一样,在意义产生的过程中扮演了重要的角色。根据这一理念,Langacker 认为说话人(或听话人)与自己所建构的场景之间存在识解关系(兰盖克,2013: 134–135),可由图 3-3 表示。其中,S 为观察者或自我;O 为被观察的事物,箭头代表二者之间的感知关系;虚线圈内的范围则是观察者注意力的最大敏锐度区域,可以理解为观察者认知的注意范围。

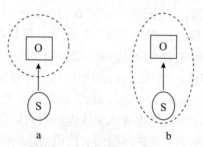

图 3-3　不同主观性识解模式(兰盖克,2013: 134)

当观察者的注意力仅集中在客观场景(objective scene),即客观场景与观察者注意力的最大敏锐度范围重合时,为优化型观察方案(optimal viewing arrangement),如图 3-3 中 a 部分所示。此时,观察者 S 对于自身作为感知者的角色毫无意识,具有最大主观性。而被观察事物 O 具有最大客观性,S 与 O 呈现不对称的最大化。图 3-3 中 b 部分描述的是自我中心型观察方案(egocentric viewing arrangement)。此时，客观场景扩展，将观察者与其相邻环境也包括了进来。观察者不仅是观察主体，同时也是被观察的客体，因此其主观性减弱，客观性增强，是说话人客观化（objectification）的过程。与此同时，客观场景的主观性增强，客观性减弱。

Langacker 用"舞台比喻"来解释识解关系的转变。客观场景就像是一个舞台，在优化型观察方案下，观察者位于舞台之下，并将自身注意力全部放在舞台之上，观察台上的事物。而当观察者逐渐走上舞台，融入台上场景，成为其中的一部分，识解关系也随之转变，说话人逐渐客观化。说话人在台下时具有最大主观性，而当说话人逐渐上台时，主观性逐渐减弱。现实语言表达中说话人的客观性总是以各种方式呈现，且程度各异。

例 2　There is a picture over the fireplace.
　　　壁炉上方有一幅画。
例 3　An old church lies just over that hill.
　　　一个古老的教堂就坐落在山那边。
例 4　There is a mailbox just across the street.
　　　马路对面有一个邮筒。
例 5　She is sitting next to me.
　　　她就坐在我旁边。
例 6　I am going to see my aunt tomorrow.
　　　我明天要去看望我阿姨。

上述例 2 至例 6 句中，说话人与客观场景处于不同的识解关系之中，主观性依次减弱。例 2 中说话人完全隐蔽于台下，具有最大主观性。例 3 中，说话人同样处于台下，指示词 that 的使用表明说话人在台下作为隐藏的参照点而存在，因此主观性弱于例 2。例 4 同理，across 所表征的路径须以说话人作为起点，此时说话人是处于台下的隐性参照点。而在例 5 中，说话人的角色由语言显性编码，表明说话人已走上舞台，成为台上场景的一部分，是显性的参照点，主观性进一步减弱。例 6 中，说话人不仅由语言显性编码，且充当了被观察场景中的活动主体，是场景的焦点，因此主观性最弱。

因此，Langacker 所定义的主观性是在概念化过程的层面，关注概念化主体与概念化客体之间的识解关系。所谓主观性强的语言表达，是指说话人在对客观场景进行识解时选取了主观性强的观察视角，即台下视角。进一步说，当说话人在观察与自身身体或处境均不相关的场景或事物时，其语言表达是相对更具主观性的。而当说话人的观察视野中包含其自身时，其语言表达也关涉、甚至聚焦其自身，此时语言表达则具有更强的客观性。由此可见，Langacker 对于主观性的界定并不关注概念化内容是否涉及说话人主观意志，这一点与以往的主观性研究大不相同。

近十年来，国内学者对认知主观性理论的探讨多集中于 Langacker 理论。黄蓓和文旭（2012）、高莉和文旭（2012）、赵秀凤（2010）在综述各类主观性理论的基础上，重点引介了 Langacker 主观性理论。黄蓓（2016）、莫启扬和文旭（2017）则对 Langacker 理论与语法化的关系进行了深入探讨。几位研究者均指出，Langacker 主观性理论与语法化的过程是相对应的。语法化的本质是意义的淡化，而 Langacker 主观化的本质亦是语义的弱化。词汇的语法化过程就是原有的概念意义逐渐褪去，而仅保留其识解方式的过程，即一个由客观识解转向主观识解的过程。以往主观化及语法化研究仅关注语言意义的阐释或意义的虚化，对虚化背后的认知理据却鲜有探讨。Langacker 的理论正为这一领域的探索做出了重要贡献。

与此同时，黄蓓（2016）亦指出了 Langacker 主观性理论的两方面不足。首先，在理论内部，该理论还面临着主观性的表征、参数的模糊单一的问题。其次，在理论外部，由于 Langacker 持一种前语言意义上的主观性观点，导致该理论对概念内容中的主观性的怠慢，对主观性的结构轴心的错失，以及对语言直觉的背离。

3.2.4 "基于使用"的语言观

在以 Saussure 为代表的结构主义的传统研究和以 Chomsky 为代表的形式语言学研究中，都存在"语言—言语""语言能力—语言运用"的二元对立。作为言语或语言运用的部分，语言的使用未能得到与语言

第 3 章　认知语言学视角下的普通语言学研究

和语言能力同等重要的本体论地位，因而并未得到研究者的重视。与之相对，功能主义研究者则将语言使用视作塑造语言系统、语言结构以及语言知识的根本要素之一，具有举足轻重的地位。正如 Bybee（2006）指出，语言使用与语言能力并非不可调和、非此即彼，实际上，二者密不可分。

基于使用的语言观可以追溯到 20 世纪 60 年代以 Greenberg 等人为代表的功能类型学（Functional Typology）研究，后经 T. Givón、S. A. Thompson、P. Hopper、J. Haiman 等人的大力发展，形成了颇具影响力的研究范式，并扩展到语法化研究领域，如 Traugott、Bybee 等（Bybee，2003；Givón，1979；Greenberg，1963；Hopper & Thompson，1984；Hopper & Traugott，1993）。

20 世纪 80 年代后期，随着认知语言学的兴起和发展，大批认知语言学家也纷纷加入了这一阵营，如 R. Langacker、G. Lakoff、J. Taylor、G. Fauconnier、L. Talmy 等。Langacker 在《认知语法基础》(Foundations of Cognitive Grammar) 一书中首次明确提出了"基于使用的理论"这一表述（兰盖克，2013：50），并用于阐明认知语法的核心特征。认知语法理论认为，语言知识的建构与运用一方面要求人的身体、生理基础和大脑基本认知能力作为内部条件，同时还需要大量的、反复出现的日常实际语言用例作为外部条件（严辰松，2010）。因此，认知语法必然是基于使用的。

近二十年来，随着大规模电子语料库技术与方法的成熟，语料库语言学、计算语言学等领域发展迅速。许多学者开始采用概率或随机方法考察大规模语料，并从中挖掘语言使用的倾向性特点、模式以及规律，如 J. Sinclair、D. Jurafsky、J. Pierrehumbert、R. Bod 等，他们的研究成果也都是基于使用的，均揭示了普通人语言经验的性质和范围（严辰松，2010）。近年来，"基于使用的语言研究"被学术界广泛地用于统括上述所有注重实际语言使用和功能的研究领域，包括但不限于功能类型学、认知语言学及构式语法、语料库语言学、以 Hopper 为代表的浮现语法（Emergent Grammar）、系统功能语言学领域中的盖然语法（Probabilistic Grammar）等。

总体而言，基于使用的语言研究都遵循如下核心理念：（1）认为语言存在的根本目的是为了交际;(2)任何自然语言总是在语境中使用,受到语境因素的影响;(3)语言是后天学会的,不存在先天的语言习得机制;(4)语言意义不仅来源于词项,语法结构本身也具有意义;(5)不严格划分句法、词法等语言层次和范畴,每个结构都有其独特意义(王初明,2011;Tyler,2010)。

语言使用与语言功能密不可分。以功能为导向的语言研究必然关注语言的使用情况,而基于使用的研究范式也必然涉及对语言功能的探究。因此,基于使用的语言观已被各类具有认知—功能取向的研究领域普遍接纳,成为基本共识。笔者认为,可以将其作为广义的功能主义阵营区别于形式主义阵营的主要标准。需要指出的是,高举功能主义大旗的各个学派尽管都认同基于使用的语言观,但在具体研究方法和路径上则不尽相同,各有千秋。

自认知语言学进入中国以来,国内外语界便对认知语言学视域下基于使用的语言观投入了不少关注。近十年来的探讨主要集中在对模型的引介以及对二语习得、语言教学领域的启示方面。本节主要介绍两篇相关研究。

王天翼和王寅(2010)概述了认知语言学及构式语法研究中常见的基于使用的模型的主要特征,并分析其理论意义和实践价值。其特征包括如下七个方面。第一,坚持实践体验观。语言主要是人们后天以身体经验为基础,与客观外部世界进行互动,再通过认知加工而逐步形成的。因此,基于使用的语言研究必须坚持从实践出发,遵循"实践—理论—实践"的进路,不能脱离实践空谈头脑中的语言。第二,奉行归纳法。心智中的图式或表征建立都是语言运用的结果,而不可能是先设的。因此认知语言学反对原则与参数系统,主张应当从语言的实际用法中归纳出其类型和特征,仅用演绎法解释语言现象是不全面的。第三,奉行"所见即所得"原则。在构式语法研究中,Goldberg(2006:10)提出"所见即所得"分析法(What-you-see-is-what-you-get Approach)。各个语言都拥有各自的构式库藏,几乎无法在不同语言中找到一个语法、语义、语用都完全相同的构式。因此,构式研究应当遵循就事论事、实事求是的做法,避免假设空范畴、零形式、深层结构等"看不见"的要素。事实上,只要承认原型范畴观,就能够看到语言形式范畴同样具有原型性,

第 3 章　认知语言学视角下的普通语言学研究

既有标准成员也有非标准成员，需要我们加以区分，而不是一味追求将所有结构都纳入一个统一的解释框架中。第四，力主图式分析法。认知语言学将大脑认知中的概念和意义理解为相对抽象的图式性表征。图式性表征具有很高的概括性，可以用较少的图式来解释较多的语言现象，遵循"语法节俭原则"（Grammar Parsimony）。同时，图式性构式较为灵活，既允许例示性详述，也允许必要的扩展或修改。第五，倡导回归生活世界。认知语言学认为语言知识与非语言知识难以截然区分。当我们从实际运用的角度来考察语言时，语言与场景、事件、身势、言语等往往交织为一体。回归生活世界的主张提示我们，人们通常对语言形式、语言意义、语用信息等形成整体的理解，而不是相互区分的意义单元。这一主张与Wittgenstein倡导的"语言游戏论"不谋而合。第六，依据频率审视构式。频率是构式的重要特征之一，Langacker（2008）、Goldberg（2006）等研究均十分重视频率对构式模式的重要影响。要形成某种固化的图式性表征或构式，频率是一个基要条件；要改变某一语言形式的意义，产生新的用法，也需要有一定量的频率。第七，符合二语习得规律。二语习得的过程同样无法区分语言能力和语言运用。认知语言学主张彻底打破"词法与句法""词库与句法""语义与语用""语言能力与语用运用""语言知识与非语言知识""词典与百科全书"等一系列的二分对立的界限，具有划时代意义。不过，王天翼和王寅（2010）最后也指出了对于现有模型的改进意见，包括采取归纳与演绎相结合、图式与规则兼顾的研究策略。

　　王初明（2011）阐述了基于使用的语言习得观。语言在交际使用的过程中习得。在体验中，人们最初以语块的方式逐一接触语言的具体实例，进而从实例体验中抽绎出带有规律性的语言模式（pattern）。这是一个渐进的抽象化过程，语言的规律性特征在此过程中自然浮现出来。在抽象化过程中，大脑存储的语言实例因反复使用而被强化，这些实例并未因被抽象的语言结构置换而消失，而是与之共存。同时，语言习得的机理还包括语言接触频率，可分为实例频率（token frequency）和类型频率（type frequency）。实例频率指一个语言表达式在语言体验中出现的次数，它能够决定该表达式的固化程度和被提取使用的流利程度；类型频率指一个语言模式在语言使用中的具体实例个数，它能够决定该语言模式使用的能产性（productivity）。两种频率均有助于语言能力的发展。

3.2.5 宏事件理论

宏事件理论作为认知语义学研究的重要组成部分，自提出以来亦逐渐受到国内学界关注。根据宏事件理论，单句表达的事件是宏事件（macro event），由框架事件（framing event）和副事件（co-event）组成，二者通过支撑关系（supporting relation）相连（如图3-4所示）。框架事件包含焦点实体（figural entity）、背景实体（ground entity）、激活过程（activating process）以及系联功能（association function）四大要素，其中系联功能又称为路径（path）。路径或路径与背景实体共同构成核心图式（core schema）。

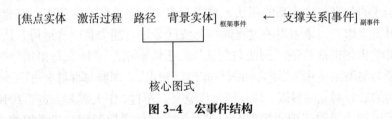

图3-4 宏事件结构

以位移运动事件为例，例7表达焦点实体的位移运动，the bottle（瓶）发生位移运动，因此是焦点实体；the cave（洞）为参照物，即背景实体；句中包含的激活过程为运动，而非静止或变化，可抽象地记作MOVE；路径则表达焦点实体相对于背景实体的运动方向，由into（到……里）编码。与此同时，句中副事件通过动词floated（漂浮）得到表达，表明焦点实体发生位移运动的方式，因此该副事件与框架事件之间的支撑关系为方式关系。由此，例7所表达的宏事件结构可记作例8。

例7　The bottle floated into the cave.
　　　这个瓶子漂浮着进了洞里。
例8　[the bottle MOVED into the cave] WITH-THE-MANNER-OF [floated]
　　　　瓶　运动　到……里洞　　以……方式　　　漂浮

第 3 章　认知语言学视角下的普通语言学研究

在此基础上，Talmy（1985，1991，2000b）进一步提出了动词框架语言和卫星框架语言的类型学划分。前者用主要动词表达路径，如西班牙语；后者则用卫星语素（如附属动词、介词等）表达路径，如英语。

这一理论激发了国际学界极大的研究兴趣，而国内外语界亦对其有所关注。国内学者研究话题主要聚焦特定事件类型的词汇化模式研究，以及汉语普通话和方言的类型学划分问题，较有代表性的成果有李福印（2015a）、李雪（2010）、罗思明（2007）、罗杏焕（2008）、任龙波和李福印（2018）、唐晓磊（2008）、严辰松（2005）、袁毅敏等（2015）等。此外，李福印（2013，2015b）从普通语言学视角对该理论的研究现状及其背后的语言观进行了探讨和反思。李福印（2013）撰文探讨了国内外宏事件研究中的两大误区。第一，研究范围过于狭窄，过度集中于对运动事件的考察，而缺乏对构成宏事件的全部五类框架事件的均衡研究。第二，研究方法不严谨，语料搜集过于随意，未能满足语料的口语化、使用频率及普遍性三方面要求。这两大误区的普遍存在，导致大量研究结论缺乏一致性。在此基础上，该研究提出要确定某种语言的类型划分，需逐一考察宏事件的每一个子类在该语言中的词汇化情况，方可得出结论。

李福印（2015b）探讨宏事件理论背后的哲学思想，指出 Talmy 始终贯彻两个观点。第一，语言是一种认知系统，与其他认知系统既有联系又有交叉。其他主要的认知系统包括感知系统、推理系统、情感系统、注意力系统、文化系统、运动控制系统等。第二，人类具有共同的心智工作原理，因此不同语言具有相同的深层表征，但表层表达各不相同。同时，该研究还探讨了 Talmy 对于认知语言学基本假设的看法，指出其语言哲学观在一定程度上介于主流认知语言学与 Chomsky 理论之间。首先，Talmy 认为大脑中的语言机制与其他认知机制一样，并不是独立或自治的。认知系统由特定的组织元素（organizing factor）组成，有些组织元素作用于几个认知系统，有些则作用于所有认知系统。至于大脑中是否存在专为语言演化而来的认知能力，Talmy 认为目前尚缺乏严格的实证证据，仅靠语言学家的知识结构无法回答这个问题。其次，关于语法的本质，Talmy 认为语法本身具有语义且与概念紧密相关，但仍存在一些形式特征，例如名词的数量可以用形态标记来表征，颜色却不可以。因此，他既不认同 Chomsky 的观点，即语法是纯形式化的；也不认同 Langacker 的观点，即语法仅是概念上的、是语义的一部分。最后，Talmy 认同语言知识来自语言使用，我们从语言使用中获取频率模式，同时建构抽象图式；任何语言表达都需要基于语境。

3.3 认知语言学与跨学科研究

数十年来，国内外认知语言学前沿领域均呈现出跨学科、跨领域发展的显著态势。究其根本，是认知语言学的哲学基础与基本假设决定了这一发展趋势。首先，如前文所述，在普遍性承诺与认知承诺的前提下，认知语言学主张心智具有统一的组织，语言能力同其他能力一样，均为大脑一般认知能力运作的结果。因此，语言能力与其他身体、心智能力一样，受到同样的神经生理及认知限制。语言学前沿研究成果如能揭示心智奥秘，就必然要与其他学科领域的心智研究进展保持同步。这便要求认知语言学家持续关注与心智研究密切相关的各个领域，如认知科学、神经科学、心理学、哲学、人工智能等，并对其前沿成果作出回应，运用其成果来解释语言的产生与规律。因此，认知语言学前沿研究对上述领域产生密切关注乃至呈现融合发展的趋势，可谓是认知语言学两大承诺的必然要求。

与此同时，在具身认知、"基于使用"的语言观影响下，认知语言学重视具身体验及语言运用对语言系统的塑造作用。语言研究不能脱离语言的使用者——人，也不能脱离人所生活的经验世界。在心智研究领域之外，对人与经验世界的研究亦能为认知语言学研究提供有益参考与启示。由此，认知语言学主张博采各学科之精华为己用，积极吸纳各类不同理论主张与研究范式，从而形成了一系列基于统一理论假设，同时又各不相同的理论与方法体系，而非单一的理论框架。可见，认知语言学前沿领域必然要走上跨学科、跨领域交叉发展的道路。因此，了解认知语言学的跨学科交叉成果，是理解和学习认知语言学的重要途径。

近年来，诸多交叉领域在国际上兴起并蓬勃发展，亦受到国内学术界的广泛关注和引介，其中以认知语言学的"社会转向"及"量化转向"为著，同时还有认知翻译学（范祥涛、陆碧霄，2019；王寅，2012b，2014；颜林海，2014；姚振军，2014）、认知音系学（赵永刚，2012）、认知文体学（贾晓庆、张德禄，2013）、历史认知语言学（王寅，2012c；谢翠平、刘承宇，2015）、批评认知语言学（张辉、杨艳琴，2019）、应用认知语言学（魏晓敏等，2018；文旭，2014）等。此外，国内学术界也不断积极尝试，致力于将认知语言学理念及理论应用到更广泛的研究领域中，由此催生了认知类型学（孙崇飞等，2018；于秀金、金立鑫，2019）、认知生态语言学（王寅，2018）、认知互动语言学（张媛、王文斌，2019）、新认知语用学（王寅，2013d）等多样化的新兴研究领域。

在各交叉领域中，认知语言学同时扮演了"引进来"和"走出去"的角色。一方面，认知语言学吸收借鉴其他领域的理念与成果，对认知语言学基本理论进行补充和发展，是交叉研究反哺本体理论的典型例证；另一方面，认知语言学为其他领域的研究提供新的研究视角和思路，促进其他领域的延伸与革新。围绕普通语言学研究的主题，本节将对第一类研究中，近十年来国内外语界关注与探讨较多的重点领域进行简要介绍，主要包括同时涉及理论与方法革新的"社会转向"和"量化转向"，以及认知音系学、认知类型学等对认知语言学核心理论体系进行补充与拓展的有益尝试。

3.3.1　认知语言学的"社会转向"

21世纪以来，国际认知语言学领域产生了鲜明的"社会转向"趋势。"社会转向"视角下的认知语言学不仅关注个体层面的认知、心理现象，同时兼顾考察语言背后的社会、文化因素，进而形成了"语言—文化—认知"三位一体的语言研究范式（Geeraerts et al., 2014; Kristansen & Dirven, 2008）。语言是文化历时发展的结果，即使是那些基于最基本的身体体验产生的范畴或意向图式也受到文化的塑造和打磨。由于对社会维度的侧重不同，认知语言学的社会转向促成了"社会认知语言学"（Sociocognitive Linguistics）和"认知社会语言学"（Cognitive

Sociolinguistics）两个分支学科的诞生。前者是认知语言学与社会认知理论的结合，重在研究社会认知如何影响语言的表征、习得、使用及演化等问题；后者则是认知语言学与社会语言学的结合，主要关注语言的社会变异等问题（文旭，2019），从属社会语言学范畴。社会认知语言学将社会文化维度纳入认知语言学研究，在大脑认知的具身性基础上，主张重视社会文化对心智和认知产生的影响，是对现有认知语言学理论的有益补充和拓展。本书此处将聚焦社会认知语言学研究。

近十年来，国内外语学界对认知语言学"社会转向"，尤其是对社会认知语言学这一分支的关注不断增加。《现代外语》曾在2019年开设专刊（第42卷第3期），对社会认知语言学进行了深入探讨，其中包含4篇该领域的标志性研究成果。文旭（2019）在引介并批判现有社会认知语言学理论的基础上，基于社会认知理论，为社会认知语言学赋予了全新的基本内涵和主要研究内容。认知语言学的"社会转向"发端于Tomasello（1999，2008）的研究，他强调人类运用语言进行交往，除了要理解自身与外部世界，还要达成彼此之间的理解。然而，仅有个人心智中的认知，不足以解释人类之间的相互理解以及语言社团获得的共同意义。因此，经典认知语言学的方法必须包括社会这一基本维度。在此基础上，Croft（2009）率先提出了迈向社会认知语言学的倡议，着重研究概念理解和社会现实之间的关系，致力于通过揭示意义生成和构建过程中所关涉的各种社会互动过程来研究"社会领域里的概念化"（Harder，2010：408）。

Croft（2009：412）理论遵循下述四大原则：第一，心智中的语法结构和过程是一般社会认知能力和个体认知能力的示例；第二，语法是由形式、意义和社区（在该社区中意义是规约的）所组成的符号三角构成的；第三，意义既是百科的也是共享的；第四，意义涉及为交际目的服务的识解。对此，文旭（2019）指出，Croft的思路本质上仍是基于认知语言学的基本原则，只不过融入了语言的一些社会维度，如共同行动、协作和规约等社会认知能力和社会交际，并未把认知语言学研究真正建立在"社会认知"（Sociocognition）的基础之上。"社会认知"这一理念与"具身认知"相对应，主张大脑认知不仅由具身体验塑造，也被社会互动及社会规约所塑造。真正基于社会认知理论的社会认知语言

第3章　认知语言学视角下的普通语言学研究

学，应当致力于从社会认知的视角，为认知语言学关注的问题（如概念结构、意义、语法）提供新的解释。由此，社会认知语言学要着重回答两个问题：一是社会认知功能在语言中的表征；二是语言习得、使用、演化等的社会认知机制。相应地，社会认知语言学的研究内容应至少包括四个方面：社会认知功能的概念化、语言习得、语言使用、语言演化。

姜灿中和匡芳涛（2019）从社会认知的角度探讨构式语法研究的新视角。他们认为，以往的构式使用研究大多从语用角度出发，探讨语境因素或焦点选择、百科知识等非语境因素对构式使用的影响，而未深入分析造成特定使用现象背后的动因。Fischer（2006）对德语一系列小品词的语料库研究发现，交际对象对小品词的使用频率有显著影响。与人相比，当交际对象是计算机时，说话人会明显减少表征礼貌行为和积极互动行为的小品词的使用，而增加表征不礼貌行为的小品词的使用。不仅如此，各类小品词的形式（发音）和意义也会随交际对象不同而产生变化。针对这一现象，该文认为其背后的动因植根于社会范畴化（social categorization）。社会范畴化指根据共性把人归入某群体的主观过程（Crano & Hemovich，2011；Dovidio & Gaertner，2010）。由于社会认知过程中自我处于核心地位，社会范畴化的直接结果是把范畴化对象归为包括自己的内群体和不包括自己的外群体。说话人在面对不同交际对象时，社会范畴化导致的内—外群体偏见促成了构式使用及形义的改变。可见，语言使用者对他人的认知和具身认知一样能够驱动语言使用。而对他人的认知正是社会认知关注的核心话题之一，也是社会认知语言学不容忽视的维度。社会认知视角与构式语法的结合为构式语法研究带来了新的突破口。

王馥芳（2019）从社会认知视角探讨社会话语建构问题。社会认知语言学理论认为话语构建的底层机制是社会认知模型。该研究以"人"这一概念的话语建构为例，提炼并总结出两个具有内在对抗性的重要底层社会认知模型：基于经典范畴观的"强区分"模型和基于原型范畴观的"弱区分"模型。由"强区分"模型所构建起来的体系性话语在很大程度上具有潜在的社会破坏性，例如从"人"和"动物"的强区分，进一步建构出"男人"和"女人"，"健康人"和"病人"，"西方人"和"东方人"等多组强区分,为权势集团制造种种社会不公提供话语支持,对社会的公平、公正发展设置人为的话语障碍等;基于"弱区分"模型所构建起来的体系性话语则在很大程度上具有潜在的社会有益性,例如从人和动物的弱区分发展而来的"互动人""生态人""环境人"等概念范畴,用以代替"自我中心者"或者"人类中心主义者"这类概念,能够为环保行动提供话语支持。

刘瑾和段红(2019)则从情感的角度,将社会文化因素与认知话语分析联系起来,构建了社会文化影响话语情感识解的社会认知语言模型。这一模型中,情感记忆和价值观体系作为核心社会认知结构影响情感话语的认知识解。社会文化因素通过社会对待过程、社会期望过程和社会学习过程"固化"于这些社会认知结构中。当这些结构与话语交互时,将通过同理心和社会归因两个关键社会认知过程分别产生两条具体语言认知通路,即"他心"和"我心"情感识解。

赵永峰(2013)从社会认知的视角出发,主张将概念整合理论修补为基于认知参照点的概念整合理论。人们在日常生活中选择特定的概念作为建立心智联系的参照点,即认知参照点(Langacker,1993)。认知心理学家 Rosch(1975)通过大量的实验证明:人们往往选取原型范畴成员作为认知参照点。认知参照点往往作为界标,而认知目标作为射体出现。概念整合则是一种普遍的认知过程。据 Fauconnier & Turner(2002)的观点,大脑认知加工过程中激活的各类信息形成心理空间,而将两个输入空间(input space)经由一个类属空间(generic space)相联系,最终整合为一个新创空间(blended space)的过程即概念整合。根据社会认知理论,认知受社会环境因素塑造,最终反映到语言中,语言必定承载社会文化信息。据此,赵永峰(2013)指出,认知参照点会随着时代的变迁而发生变化,具有社会时代性。而它的选择直接影响类属空间的形成,以及输入空间中哪些要素会被投射、哪些要素会被忽视。因此,将认知参照点纳入概念整合理论中进行综合考察,便能够更好地将社会认知理论与认知语言学进行融合。

此外,作为认知语言学社会转向的另一重要产物,认知社会语言学以传统的社会语言学为核心,主要关注语言变异、语言与社区的关系、语言政策与规划等问题,不属于普通语言学研究范畴;且近十年来国内学界研究多以引介国际研究成果及动向为主，尚未广泛开展本土化研究，因此本节不再赘述，有兴趣的读者可参看张辉和周红英（2010）、张天伟（2019）。

3.3.2 认知语言学的"量化转向"

认知语言学的"量化转向"主要指认知语言学理论和语料库研究方法的结合，是认知语言学理论创新、方法论完善和研究假设验证的需要，也是认知语言学"基于使用"假设的必然要求。自20世纪80年代起，认知语言学领域内一直有基于语料库的实证研究，但直到21世纪后才逐渐呈现增长趋势。2008年10月，德国弗莱堡大学举行了题为"认知语料库语言学：当前理论和方法论中的问题"的专题工作坊。此后，"认知语料库语言学"这一说法开始在文献中得到广泛使用。国内外语界对认知语料库语言学的关注尚处于起步阶段，近十年中仅有少量研究论及这一领域，探讨的话题也十分有限，主要以对国外现有研究的总结回顾或个案引介为主。

段芸等（2012）对国际认知语料库语言学的发展历程及研究现状进行了回顾，认为现有研究主要集中在隐喻和转喻、同义和多义现象、构式以及句式变异等方面，还有很多话题未涉及；在研究数量上亦远远不足。在当前从事认知语料库语言学研究的学者中，较具代表性的是两个研究群体：一是以美国加州大学圣巴巴拉分校的 Gries 和德国不来梅大学的 Stefanowitsch 及其同事为代表，研究范围涉及形态变异、整合构词、隐喻映射、小品词置位、与格变换、所有格变换等；二是以比利时鲁汶大学的 Geetaerts、Speelman、Grondelaers 及其同事为代表，他们的研究主要涉及社会词库、语体突显、形态变异、荷兰语的呈现构式、德语动词串的顺序、德语动词论元的顺序等。这两派尽管在研究问题、分析视角和统计方法等方面均有所不同，事实上完全可以整合为一个更完善的方法论框架。

论及认知语料库语言学的方法论模式，Tummers et al.（2005: 233）认为，基于使用的语言学，其实证方法论应该是螺旋式的，是一个不断通过实证数据验证和修订相关解释的过程。最初可以通过内省法提出假设，接着通过语料库数据对假设进行验证，对验证结果的解释使得我们能够修正最初的假设并提出更多的研究问题。经过修正的假设又可以通过实验测试或更多的语料来验证。

语料库与其他研究方法相比具有明显的优势，自然出现的语料丰富多样，能让研究者把理论假设或模型建立在更大范围的语言事实基础上，避免了内省法的主观性和局限性。不过，段芸等（2012）亦指出了现有认知语料库语言学研究中存在的三个问题。第一，在数据统计与分析方面，现有许多研究直接使用毛频率（raw frequency）数据进行分析。但毛频率往往具有欺骗性，毛频率高的项目不一定就是原型，不一定具有心理真实性。研究者还需要选择正确的统计工具来处理数据。例如，HIV、keeper、lively 三词在英国国家语料库（British National Corpus，BNC）中的出现频率都是每百万词 16 次，但我们不能就此认为在语言教学或教材编写中，这三个词的重要性是一样的。如果我们采用 Juilland 分布测试的话，它们的离差分别是 0.56、0.87 和 0.92。可见 lively 的重要性最高（Gries，2006）。第二，证据协同（converging evidence）问题。证据协同，即不同的研究方法和不同类型的数据是否能取得一致的结果是衡量一个结论是否可靠的最好标准。不同的数据类型和数据处理方法之间存在怎样的联系，如何运用好协同性证据，是仍待探索的重要课题。第三，研究程式问题。现有研究多为基于语料库实例的解释，仅将语料库当作任意提取例句的仓库，而语料库驱动（corpus-driven）的研究尚为少数。Gries & Stefanowitsch（2006）认为，基于语料库的研究应该达到以下标准：（1）语言分析是数据驱动的，语料为自然发生的语言，且是计算机可读取和计算的；（2）语料在研究所涉的语域、情态、语体等方面应该具有代表性；（3）分析应该是系统的、穷尽的，不仅要涵盖符合假设的语料，也要能够解释不符合假设的语料；（4）要使用统计方法，利用频率列表、词汇检索行和搭配进行分析。

Stefanowitsch & Gries（2003）在构式语法的框架下，对语料库语言学中的搭配分析法进行了革新，开发出了构式搭配分析法（Collostructional Analysis），通过比较构式槽位（slot）中的词素与该构式的关联强度，探寻构式意义。这是将语料库语言学与认知语言学的研究方法成功结合的有益尝试。在国内，胡健和张佳易（2012）率先关注到了这一创新研究方法，并对其进行了系统介绍和评析。构式搭配分析法在提出之后，又经过一系列发展与应用，已拓展为共现词素分析法（Collexeme Analysis），多项显著共现词素分析法（Multiple Distinctive Collexeme Analysis），以及互为变化的共现词素分析法（Covarying Collexeme Analysis）。三种方法各有侧重，适用于不同的研究目的。共现词素分析法通过计算单个构式某一槽位中的词素与该构式的搭配强度，找到与该构式槽位具有最大融合能力的词汇，以此来确定构式的典型语义。多项显著共现词素分析法通过比较两个或多个构式中，某一个槽位中出现的共现词素的不同语义聚类，考察两个或多个近义构式的差别。互为变化的共现词素分析法则通过比较同一构式中互相关联的两个槽位中词素之间的搭配强度，来揭示构式的语义特征。

值得注意的是，认知语言学研究方法近年来愈发呈现多样化发展趋势。除借助语料库语言学之外，多模态研究法、心理实验法、神经实验法均得到广泛的借鉴和运用。束定芳（2013）对21世纪以来国际认知语言学界广泛采用的研究方法进行了系统梳理与介绍，为国内研究的跟进与创新提供了良好借鉴。从传统的内省法到多样化的心理、神经实验法，研究方法的革新也意味着认知语言学研究层次的不断深入，从语言层面到心理层面，再到神经层面。

3.3.3 认知音系学

认知音系学作为认知语法的一部分，由 Lakoff（1993）率先提出，强调音系是一种语法子系统。赵永刚（2012）对这一研究领域进行了详细介绍。认知音系学试图把音系学理论建立在心理学基础之上，把音系学作为研究人类思维表征和心理表现的一个分支。因此，认知音系学的两大理论基础是认知科学中的联结主义（connectionism）和原型理论。联结主义指一种探索智能本质的多学科研究方法，涉及神经科学、心理学、计算机科学、哲学、工程学、物理学和数学。其基本假设是：智能是通过大量类似神经元的极其简单的处理单元的相互作用而出现的，并提倡将大脑的信息处理过程理解为许多相互联结且平行运作的单元所构成的网络。原型理论则认为人们并不对不同音素和词的形式特征进行抽象概括，而是将其作为单个事物进行记忆，这些分散性的符号形成大脑中的词汇，而这些词汇通常包含非常详尽的语音特征，甚至包括与说话人相关的语音资料，比如言语方式、方言等。在上述基础上，认知音系学用各种结构取代生成规则，再通过这些结构来对音系各层次的制约条件和跨层次的相互联结进行解释，是一种非线性音系理论。马秋武（2008）认为认知音系学理论与优选论（Optimality Theory）有许多相似之处。

3.3.4 认知类型学

语言类型学研究注重跨语种视角，着力发掘语言中的蕴含共性，是当代语言学中的一门显学（金立鑫，2006）。蕴涵共性是一种倾向性共同特征，例如，一个语言中如有元音 /o/，则一定也有元音 /a/，即元音 /o/ 蕴涵元音 /a/。蕴涵共性强调世界语言的差异会受到共同的限制，而差异或个性只是共同限制下的具体落实（金立鑫，2017）。在语言观上，类型学家多持温和的功能主义观点，与认知语言学相似，均属于广义的功能主义阵营；在研究方法上，类型学家多在田野调查、建立语种数据库的基础上，采取定性或定量的科学归纳法来探求跨语言的类型变量，这亦与认知语言学领域新近兴起的量化转向趋势相吻合。语言观与研究方法上的相似性为语言类型学和认知语言学的融合奠定了前提条件。尽管如此，于秀金和金立鑫（2019）指出，目前认知语言学和语言类型学融合得还不够。对于认知语言学而言，基于较大规模语种样本的认知研究尚有较大难度；而类型学更注重跨语言的形式分布描写，倾向于采用传统的功能解释，鲜少从认知或心理层面看待语言现象。由此，该研究主张将认知语言学和语言类型学相融合，建立"认知类型学"（Cognitive Typology）这一新的语言学分支领域，以顺应语言学理论发展的趋势和需要。

认知类型学应当秉承认知语言学的体验哲学基础，同样主张语言是

第 3 章　认知语言学视角下的普通语言学研究

大脑一般认知能力的一部分，而非独立的模块或机制。同时，认知类型学继承认知语言学的现实、认知、语言三角模型（如图 3-5 所示），强调语言形式和认知概念空间之间存在对应关系，即把认知概念空间视作位于现实世界和语言意义之间的中介层面，在现实与语言之间起到协调与联系的作用。在此基础上，认知类型学既要关注多语种在语言形式上的差异和共性，从认知角度对差异和共性进行解释，也应重视特定语言形式在认知概念空间上的差异和共性。在研究范式上，认知类型学可采取以科学归纳与认知解释为主的"自下而上"的研究进路，或以认知理论假设与演绎验证为主的"自上而下"的模式，充分整合认知语言学的认知理论假设优势和语言类型学的跨语言特定参数分布描写优势，从而更好地解释跨语种形—义对应关系上的特点与规律。

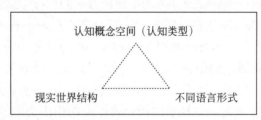

图 3-5　认知类型学理论假设（于秀金、金立鑫，2019：15）

3.3.5　对认知语言学跨学科研究的反思

在认知语言学的跨学科领域蓬勃发展的背景下，亦有学者对此提出反思与建议。束定芳和张立飞（2021）指出，多视角、多维度的研究在赋予认知语言学强大解释力和生命力的同时，也模糊了其内涵。认知语言学发展到今天，已涵盖了传统的语音、语义、语法以及语用等模块。在各模块内部，亦存在不同的流派和分支，如语义模块的分支理论就有隐喻、转喻、识解、概念合成、框架、理想化认知模型、意象图式、原型等；语法模块亦可分为的认知语法、认知构式语法、激进构式语法等。随着社会转向和量化转向的深入，认知语言学又吸纳了社会文化、认知心理、类型学、历时等不同维度，并在教学、翻译、文学、人工智能等领域均有应用。认知语言学是否应该有自己的边界？在此基础上，该研究主张对认知语言学"重新定义"，从而重新构建一个连贯、整体的理论模型，将神经、认知、功能、社会、使用均囊括其中。不过这一构想究竟如何实现，仍有待探索。

3.4　认知语言学视角下的汉外对比研究

值得注意的是，中国外语学术界长期致力于汉—外及外—汉语言对比研究。近十年来，以认知语言学为基本框架的汉外对比研究蓬勃发展。汉外对比研究的发展不仅为汉语言研究拓宽了视野，也充分体现出国内学术界在普通语言学研究及本体理论建构方面的积极尝试。

Whorf（1956:240）最早提出"比较语言学"（comparative linguistics）与"对比语言学"（contrastive linguistics）两种研究路向。对比语言学指对两种或两种以上的语言在语音、语法、语义、语篇等各个方面，以及语素、词汇、句子、篇章等各个层次进行比照，探究彼此的差异并作出解释的语言学研究。相较于比较语言学（尤指历史比较语言学），对比语言学更注重考察不同语言之间的差异性。刘宓庆（2006:v）指出："对对比语言学而言，揭示语言的异质性是其主要任务。"

王文斌（2017）指出，对比语言学可进一步区分为狭义与广义。狭义上的对比语言学属于语言内部对比，关注语言的不同方面和不同层次；而广义的对比语言学在内部对比的基础上兼顾语言外部的对比，主要包括但不限于与语言紧密关联的民族思维、民族文化、民族历史、民族心理等方面。刘正光和李易（2019）提出了认知语言学视角下的对比语言研究须牢牢把握三个层次：（1）形式入手——语义的体现有赖于语言的形式；（2）语义为本——变化多样的形式的内在理据；（3）思维为标——语义概念化的过程与方式体现了思维的方式与过程。其中第三个层次尤为重要。思维既以客观世界为认知基础，又受人类认识主观能动性的影响，既能反映出人类认识的基本规律或认知共性，同时又由于认知方式的差异，体现出认知的个性特征或民族语言特征。在此基础上，国内认知语言学领域涌现出了一批以汉外对比研究为基础，致力于揭示语言现象差异背后的逻辑、心理、思维方式，以及认知偏好差异，并以此为蓝本建构本土化的汉语语言学理论的探索，尤以沈家煊、王文斌、刘正光等学者的研究为著。

沈家煊（2012，2016，2020）在汉语界传统语法研究的丰硕成果之上，进一步提出了颠覆以往印欧语视角、适用于汉语的词类范畴观——"名动包含"观，以及汉语句构方式——对言格式。汉语在思维层面上不注重"物"和"事"的概念区分，这在语言上便表现为"名动包含"格局。英语中的名词与动词是二元对立关系，只有小部分的交叉（即名动兼类），属"类分立"（class distinction）格局。而汉语的动词和动词是包含关系，不存在"名动兼类"的词，动词全都属于名词（即大名词），属"类包含"（class inclusion）格局（如图3-6所示）。英汉语这一差异化的词类范畴格局反映的是思维认知的差异：对于"范畴"的理解，英语强调"甲乙分立才是两个范畴"，而汉语强调"甲乙包含就有两个范畴"。"名动包含"格局意味着，汉语的动词具有名词性，因此可以充当主宾语而无须发生形态变化；同时，汉语的谓语亦具有指称性，这是谓语的类型不受限制、也可由名词充当的原因。

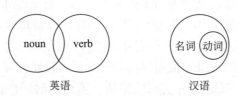

图 3-6　英汉语词类范畴（沈家煊，2020：6）

在词类观的基础上，沈家煊（2020）进一步发展完善了适应汉语实际的句构方式理论，主张汉语以"对言格式"构句。英语语法以主谓结构为主干，以"续"为主；而汉语语法以对言格式为主干，以"对"为本。对言植根于语言的根本特性——对话性。语言的原始形态即一问一答的对话形态，而后人类语言的类型演化出现了分叉，印欧语转而朝主谓结构的方向发展，汉语继续朝对言格式的方向发展，由此形成了今天的差异化格局（如图3-7所示）。英汉语构句模式的分道扬镳同样反映出思维方式的差异。中国人的思维模式自古以来就注重"成双成对"的概念，因此在语言使用上也始终遵循对言格式。这一理论的提出为汉语句法研究及语言教学带来了重要启示。

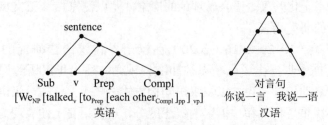

图3-7 主谓结构与对言结构（沈家煊，2020：11）

刘正光和徐皓琪（2019）从汉语造字法、时标记的缺乏、名词谓语句和无动词句、零句等现象入手，认为汉语的特性是"时空同态"，不同于英语的"时空分立"。时空同态指时间意义或关系可以用表达空间意义的标记或手段来实现。这一观点既为名动包含思想提供了认识论基础，又进一步超越了后者，为更大范围的汉语特殊语言现象作出了统一自洽的解释，也为全面理解汉语综合性思维特征提供了新的依据和思路。

王文斌（2013a，2013b，2015，2019）则基于对汉语与印欧语在词汇、语法、语篇、文字等诸多层面的对比，总结提炼其差异性背后反映的思维模式，概括为"时空性差异"，即印欧语母语使用者在观察事物时侧重时间维度，汉语母语者则侧重空间维度。这一差异的本质是由语言使用群体的思维习惯差异而导致的语言特质差异。因此，英语具有时间性特质，汉语具有空间性特质。英语的时间性特质体现为勾连性、延续性和不可逆性，表现出一维的时间性。勾连性指句构、语篇表达需借助关联词，使句中语言成分保持衔接关系；延续性指以主谓结构为核心，通过词的形态变化达成句内的一致关系；不可逆性指句子延续线性顺序扩展，紧密相连，展现出一维线性不可逆的特点。汉语的空间性特质则表现为块状性、离散性和可逆性，具有三维的空间性。块状性指独立的语言单位可相互堆叠，短语和小句交叉出现，允许句内某些成分隐去，句子和语篇呈现板块状的特点；离散性指句式松散，各语言单位间仅有语义关联，鲜有显性连接词衔接；可逆性指在语义统摄下，各语言单位位置常可调换，展现出可逆的组合关系（高航，2020）。汉语的空间性特质与其民族文化传统以及精神特质有着紧密联系，可见于汉字形态、名词重叠、词源、流水句、语篇回指等许多迥异于印欧语的现象。时空性理论的提出为语言对比研究提供了全新的视角（崔靓、王文斌，2019；罗思明等，2018；王文斌、何清强，2016；王文斌、宋聚磊，2020）。

3.5　评述与展望

认知语言学在体验哲学观、"基于使用"的语言观指引下，注重体验、实践、使用等诸多现实因素对语言系统的影响。因此，认知语言学研究不拘泥于心智中的语言系统，而是着重对使用中、交际中、实践中、社会中的语言系统进行解释。这就注定了认知语言学必将发展成为一门跨学科、跨领域，吸纳不同理论视角与研究范式的综合型学科。21世纪以来，这一发展倾向在认知语言学前沿领域已表现得尤为显著。

在这一趋势影响下，国内认知语言学研究也已迈上跨学科综合发展的道路。综观前文回顾的认知语言学三方面研究，近十年来国内外语界的认知语言学理论研究总体呈现两方面特点：第一，紧随国际学术界最新动向，包括对国际最新研究成果的引介、运用、反思与批评；第二，结合汉语实际，积极推动本土化理论建构，拓展理论外延，体现出一定的实用性和原创性。这两方面特点表明我国外语界的现有研究成果和研究能力均已达到较高水准。现将本章所涉研究的主要贡献以及创新点概括如下：

（1）诸多学者对认知语言学的哲学基础，即体验哲学和具身认知观进行了详细解读，并探讨其与建设性后现代哲学的关联，认为认知语言学的哲学观与后现代哲学一脉相承，应当被视为哲学领域的第四次转向。同时，王寅（2019）提出具身认知观的本土化版本"体认语言观"，并主张将其纳入中国后语哲理论体系的建构。

（2）外语学界对认知识解理论的探讨有增无减，近十年的讨论主要涉及对更多识解维度探索以及识解理论的跨理论比较。通过更广泛的语言事实提出新的识解维度仍是可进一步探索的研究方向。同时，系统功能语言学理论及方法也能够为认知识解理论提供有益的补充。

（3）主观性、主观化与语法化研究自21世纪伊始就已受到国内学术界高度关注，近十年中研究热度依旧不减。不过，近十年学界对主观性理论的关注逐渐从传统主观性研究转向认知主观性理论，主要是Langacker主观性理论。众多学者对现有理论体系进行介绍和阐释，指出其中的模糊与不完善之处，以及该理论与语法化过程的联系。同时，如何运用该理论进行语法化研究仍是一个值得探索的问题。

（4）"基于使用"的语言观在近二十年中广受学界重视。这一点也得益于大数据及计算机技术的飞速发展，使得"基于使用"的语言研究具备了更广阔的发展空间。近十年的研究除了对国际前沿成果、理论模型的引介与运用之外，最主要的特点是将"基于使用"的语言观运用于其他领域的研究，如二语习得与语言教学、对外汉语教学等。

（5）宏事件理论领域近十年研究较前十年有所减少，但涌现出了一些哲学观及方法论层面的探讨与反思，既指出了现有研究的不足，也提出了推动实证研究进一步发展的进路。

（6）在认知语言学的跨领域交叉领域，国内学术界紧跟国际前沿趋势，及时引介最新成果并进行评述和反思。其中，于社会学与社会语言学交叉领域中已涌现出优秀的前沿理论运用成果，如运用社会认知视角解释具体语法现象、研究话语建构等。而在与语料库语言学的交叉领域，现有研究以前沿成果引介和评价为主，在理论与方法创新方面仍有发展的空间。

（7）认知语言学视角下的汉外对比研究已涌现出许多原创性成果，如名动包含观及时空性理论。二者均从认知语言学的基本语言观出发，立足汉外语言对比，通过语言现象探索其背后更高层次的差异。

值得注意的是，名动包含观及时空性理论均主张语言的宏观差异能够反映语言社团思维方式的差异。此处"思维方式"泛指在历史与社会发展过程中逐渐形成并不断积累的、经语言社团代际传承的文化背景知识和传统，如沈家煊（2020）、王文斌（2013a）均有论及的中华民族传统的太极八卦思想、重视"物"和"成双成对"等概念的思维习性，等等。各民族的思维方式是维系民族身份认同的重要纽带，往往受到本民族的文化传统、社会规约、历史发展、风俗习惯，乃至文化心理等诸多

第 3 章　认知语言学视角下的普通语言学研究

因素的影响和塑造，其本质是社会性、文化性的。因此，对思维方式的研究有赖于对民族社会历史文化背景采取共时与历时兼备的、跨领域的考察。

这一点使得上述理论在两方面较之当前主流的认知语言学研究范式有所创新：首先，采取历时与共时证据融合、相互论证的视角。主流认知语义及语法理论继承 De Saussure 提出的共时与历时研究的区分，多将理论视角聚焦于共时层面的、为同一语言社团中所有个体共享的语言使用知识及认知方式上，而未曾关注经由历时发展和积累形成的、植根于民族文化的民族思维层面。其次，注重因社会文化差异导致的语言与思维认知差异。由于其强烈的社会文化属性，民族思维必然表现出跨文化、跨语种的系统性差异。可以说，差异性是不同民族思维的根本特征。而主流认知语言学理论注重发掘跨语言、文化的认知共性，对文化及思维方式的差异可能造成的认知后果鲜有论及。笔者认为，共性寓于差异性之中。在"名动包含"观及时空性理论基础上，我们如能对民族文化、民族思维与大脑认知机制和认知结构之间的联系做进一步发掘与探讨，必将为主流认知语言学理论提供外延拓展及有益补充。正如束定芳（2018）指出，中国学者应该充分利用汉语方言和少数民族语言多样性的优势，一方面揭示语言对认知方式和文化发展的影响，另一方面通过认知语言学的理论主张，对汉语语法背后的认知方式和文化背景进行深入挖掘，真正揭示汉语的语法和语用特点。

最后，需要指出的是，近十年来国内认知语言学研究尽管已经涌现出一定数量的理论批评，但多为内部批评，即在承认批评对象的基本原理正确性的基础上，对其进行建设性的理论思考，而缺乏对其基本原理进行质疑和否定的外部批评。事实上，在国际学界，认知语言学自诞生以来便受到来自各学科领域的诸多外部批评乃至全盘否定，而认知语言学者始终在为捍卫认知语言学理论大厦做出不懈的努力。王馥芳（2014）全面梳理了近三十年来国际学界对认知语言学理论和方法的外部批评以及认知语言学者的回应和反思，为国内学界进一步提升理论水准提供了有益思路。

总体而言，中国外语界近十年的认知语言学理论研究呈现较为鲜明的侧重点，理论探讨多集中于体验哲学观、"基于使用"的语言观、认知识解理论、主观性理论、宏事件理论等方面；同时，跨学科交叉研究和语言对比研究蓬勃发展。国内学术界在紧随国际前沿趋势的同时，亦能够立足汉语实际发展本土化理论，为普通语言学研究做出了重要贡献。

第 4 章
系统功能语言学视角下的普通语言学研究

4.1 引言

系统功能语言学发起于 20 世纪五六十年代，于 20 世纪 70 年代末 80 年代初由赴澳学习教师引入中国（黄国文，2018，2019）。国内早期的研究主要以理论引介为主，多涉及对核心概念的讨论，例如语法理论、语法隐喻等。随着研究不断深入，语言本体层面出现了更多的句法、语义研究。20 世纪末至 21 世纪初，加的夫语法（Cardiff Grammar）（黄国文，1995；张克定，1997）、马丁学派的评价理论（王振华，2001）也相继引入中国，Halliday & Hasan（1976）的衔接研究获得许多关注（黄国文，2007）。在 21 世纪的前十年中，系统功能语言学越来越强调"适用性"（appliable）（胡壮麟，2010，2012b，2016，2018），突出理论与实践的辩证关系，因此，语言解决实际问题的研究不断增加。在这一阶段，系统功能语言学一方面深入阐释理论、扩展描写框架；另一方面通过解决与语言相关的实际问题，丰富理论内涵，拓宽研究领域，多模态话语分析和语篇理论在不同领域的应用研究也逐渐增多（黄国文，2007）。

在最近十年间，理论概念及描写范畴的引介、溯源和梳理更加系统深入（如胡壮麟，1984，2012b，2016，2018；黄国文、辛志英，2012；李战子、陆丹云，2012；王文峰、张敬源，2018；肖祎、刘承宇，2014；辛志英，2012；杨雪芹，2015；张德禄，2018；朱永生、严世清，2012 等），词汇语法、语义层面的研究取得了可喜成果，例如重构及物性系统、扩展人际功能系统、修正或提出语篇分析框架等。对"适用性"的强调，促使理论不断在实践运用中得以修正和完善，不仅回应了一些尚有争议的问题，揭示了语言的规律，也为解决实际问题提供了解释依据。在研究方法方面，近十年依旧重视量化研究，例如借助语料库的研究方法，或搭建某些范畴专门的语料库；同时，融合多模态分析、批评性话语分析、积极话语分析以及认知语言学理论等也是近年研究中出现较多的视角。

本章聚焦国内系统功能语言学视角下普通语言学研究近十年的主要进展[1]。下文将首先介绍系统功能语言学的关键概念和理论发展，以梳理其与普通语言学的关系。在此基础上，本章将详细梳理上述相关的研究，探寻近年来系统功能语言学视域下的普通语言学研究所取得的进展及尚待探讨的问题等。

4.2　系统功能语言学：关键概念的提出和理论发展的脉络

作为普通语言学的理论，系统功能语言学为回答"什么是语言""语言是如何工作"等问题构建了一个理论模式（辛志英、黄国文，2011）。系统功能语言学理论一方面描写和解释语言从宏观到微观的各个层次，另一方面关注语言与语言使用环境之间的关系，继承了 Firth 的研究思路，强调语言的社会属性，关注社会文化和情景语境中的语言。

总体上，系统功能语言学将语言视为意义发生的资源，发生的意义形成抽象的系统（陈瑜敏、黄国文，2016；何伟、王连柱，2019）。语

---

[1] 本章梳理的文献主要包括 2010 年以来外语类 CSSCI 来源期刊及其扩展版来源期刊上发表的相关中文论文和部分重要的中文著作。所梳理文章主要来自《当代修辞学》《当代语言学》《汉语学报》《世界汉语教学》《外国语》《外语电化教学》《外语教学理论与实践》《外语教学与研究》《外语界》《现代外语》《语文研究》《语言教学与研究》《语言文字应用》《中国翻译》《中国外语》《解放军外国语学院学报》《外语教学研究前沿》《外语学刊》《外语研究》《西安外国语大学学报》《语言研究》《语言与翻译》《中国俄语教学》等 25 本期刊。2010 年以来，上述期刊还刊发了丰富的应用性研究，主要关注系统功能语言学如何解决如翻译、法律、教育、生态等领域的实际问题。在近 10 年中，这类研究成果丰硕，但由于与本书所定义的普通语言学的研究范围关联较弱，因此未纳入本章的回顾范围。

第 4 章　系统功能语言学视角下的普通语言学研究

言作为意义发生系统有两个特点：一方面，作为意义的资源，语言是人类在社会情境中制造出来的社会符号工具；另一方面，作为意义发生系统，语言是在社会情景中通过使用而形成的。

4.2.1　理论起点和核心概念

系统功能语言学为语言研究提供了一个整体性的框架，以语境中的语言为研究起点，以步步演进（evolutionary）而非阶段颠覆（revolutionary）的方式（Matthiessen，2005）不断细化研究的维度。系统功能语言学按照一定顺序将语言符号系统分成层级，分析每个层级以及各层级之间的关系。

在理论的早期，Halliday 在《语法理论的范畴》（*Categories of the Theory of Grammar*）（1961）中提出"阶与范畴语法"（scale-and-category grammar）理论并指出，"语法"由阶（scale）和范畴（category）构成。"范畴"是单位、功能、类别等语法理论中的范畴，其中，单位（unit）、结构（structure）、类别（class）和系统（system）是语法理论的四个基本范畴。这四个范畴相互关联，由抽象的"阶"的体系将其与语言材料联系起来。"阶"指的是语法理论中不同的阶层，包括级阶（rank）、说明阶（exponence）和精密度阶（delicacy）。"阶"使语言能够在不同层次（stratum 或 level）获得解释。

在"阶与范畴语法"中，语言被分为多个层次，这种抽象称为层次化（stratification）[1]。理论在这一阶段认为，语言的层次由三个主要层和两个中间层组成。三个主要层为"实体"（substance）、"形式"（form）和"情景"（situation）；两个中间层为"音系学和笔相学"（phonology and graphology）和"语境"（context）。在三个主要层次中，"实体"指语音和书写的语言材料；在"形式"层上，词汇语法（grammar& lexis，现称为 lexicogrammar）将"实体"组合成"意义"；"情景"主要指非语言现象（non-linguistic phenomena）。两个中间层中，"音系学和

---

[1] 从 Hjelmslev（1943）语言是分层级的符号系统以及 Firth 与伦敦学流派中的"分析的层级"（level of analysis）继承而来，Halliday（1961）对其进一步发展，强调层级之间的顺序。

笔相学"位于"实体"层和"形式"层中间,指的是语音形式和实体的关系、书写形式和实体的关系;"语境"位于"形式"层和"情景"层中间,表示形式与情景的关系,即语义学(semantics)的研究内容。语言的各层次之间是体现(realization)关系,例如,语义由词汇语法体现,词汇语法由音系体现。语言层次的划分使得系统功能语言学的研究能够深入到语言符号各个层面。

"意义"分为两种:形式意义(formal meaning)和语境意义(contextual meaning)(Halliday,1961)。形式意义指一个项目"在形式关系的网络中所起的作用",语境意义指"该项目与非语言特征的关系"(胡壮麟等,2005:30)。情景语境进一步关涉三个变量,即"语场"(field)、"语旨"(tenor)和"语式"(mode)(Halliday et al.,1964)。

在每个层次上,语言有不同精密程度的研究阶层,即级阶(Halliday,1961)。由此可见,"层次"是总体性的(global),而"级阶"是局域性的(local)。级阶反映了一个层级内部的组合———一个层级中有多个级阶,不同级阶之间是包含关系。例如,词汇语法层的内部组合单位包括小句(clause)—短语(phrase)/词组(group)—词(word)—词素(morpheme),其中,小句包含短语/词组,短语/词组包含词,以此类推。这样,"阶与范畴语法"的理论模型就可以描述到语言的各个层面。

Halliday(1966)将"阶与范畴语法"模型发展为"系统语法"(Systemic Grammar)或"系统结构理论"(System-structure Theory),引入了轴的阶层(hierarchy of axis)。"轴"包括横向的组合性关系轴(syntagmatic axis)和纵向的聚合性关系轴(paradigmatic axis)。横轴上的成分之间是组合关系,纵轴上的成分之间是聚合关系或选择关系。举例来说,

例1 She has taught _____ for 5 years.(她教_____教了5年。)
⎡ linguistics 语言学
⎢ physics 物理学
⎢ biology 生物学
⎣ …

例1中,she、has、taught、_____、for、5、years等成分之间是

第 4 章　系统功能语言学视角下的普通语言学研究

横向的组合关系；可以填入例 1 中空位的词项包括 linguistics、physics、biology 等，这些符合选入条件的选项之间是聚合关系。Halliday 称纵聚合关系的表征为"系统"。

与"阶与范畴语法"相比，Halliday（1966）发展的"系统语法"更注重纵聚合关系。如前文所述，阶与范畴语法说明了语言的层次和层次内部的组合；而系统语法解释了如何给层次中的一个单位选择合适的入列项，强调纵向的选择过程。选择过程和意义发生、语篇发生的规律一致。在结构主义的大背景下，不同语言流派对这两条轴有不同的侧重，例如，美国结构主义语言学研究侧重语言在横向上的组合性关系。而 Halliday 同时强调横向和纵向两轴，解释组合关系（横向）和聚合关系（纵向）之间的区别和联系，且实际上更侧重研究语言的系统网络（system network），而非语言结构（structure）。

针对系统如何表达意义，Halliday（1967a，1967b，1968，1970）提出了元功能（metafunction），与之相应的系统主要包括及物性系统（TRANSITIVITY）、语气系统（MOOD）和主位系统（THEME），这些系统反映了语言如何表达概念意义（ideational meaning）、人际意义（interpersonal meaning）和语篇意义（textual meaning），"系统结构理论"进一步发展成"系统功能理论"（Systemic Functional Theory）。

4.2.2　理论的进化和丰富

"阶与范畴语法"强调语言的分层，使对语言规律的研究可以深入到每个层级。在 20 世纪 70 年代和 80 年代，"系统"是解释的关键，研究主要关注词汇语法、语篇语义和语境的关系（辛志英、黄国文，2011）。

20 世纪 70 年代，语义层面的研究想要解决语义系统是如何组织的。针对这个问题，研究者们把语言放在具体情景语境中研究语义的系统性网络。例如，Halliday（1973）提出"基于具体语域的语义网络"（register-specific semantic network），在具体的情景语境中研究语义系统。该研究一方面发现了语义系统和具体情景语境之间关系密切，并可以由此发现更细致的语义规律，如衔接（cohesion）及其相关概念（Halliday & Hasan, 1976, 1985；Hasan, 1984）的研究，这些发现后多用于语篇和话语分析；但另一方面，随之而来的缺点是不易直接类推至其他语域的语义系统[1]。

在语境层面，Hasan（1978）提出不同情景语境（context of situation）中的语篇框架和语类结构潜势（generic structure potential），为系统语义学的发展和小句语法和语篇语义关联的研究做好了准备。

另外两个重要的概念是实例化（instantiation）和意义发生（semogenesis）。

实例化包括意义潜势（meaning potential）和实例（instance）这一组对应概念。其中，潜势指的是说话人所能表达的意思，而实例是意义的具体实现，Halliday 在 20 世纪 90 年代的研究中分别用"气候"（climate）和"天气"（weather）来比喻这两个概念。

意义发生是这一理论对语言起源和进化的解释：种系发生（phylogenesis）一方面指生物的进化，研究人类作为一个物种，其语言系统的起源和演变；另一方面指社会文化环境中的进化，解释人作为一个社会群体或社团，其意义资源的产生和发展。因此，种系发生关注宏观层面历时视角中的语言，为语言的个体发生（ontogenesis）提供了背景或环境。个体发生关注个体如何使用意义资源、建构意义潜势，从个体语言发生和个体在社会文化环境中的语言发展两个维度，研究语言系统具体的发展。个体发生又为更具体的语篇/话语发生（logogenesis）提供了可讨论的背景或环境（朱永生，2011，2012）。语篇发生研究的对象是具体的实例。语篇是个体语言系统的实例化。

这一时期的理论发展有两个分支方向：一是基于原有的理论模型发展出多个理论模型变体，例如加的夫语法（Fawcett, 1974, 1980, 1981）；二是随着对语言的层级和级阶的研究不断深入，从语义角度丰富了语篇分析（discourse analysis）的研究。

20 世纪 80 年代，对人际意义系统的研究发现，言语功能系统和语气系统之间有一致式的层级实现关系（congruent interstratal

---

[1] 不过，随着科学技术的发展，人工智能等技术可以用于打破语域的边界，发展更有普遍性的语义网络。

realisational relation），这种一致式的实现也可以用于其他元功能的系统中。进而，词汇语法和语义之间还有非一致式的实现，语法隐喻（grammatical metaphor）（Halliday，1985）理论由此而来。

这一阶段的另一个研究重点是语篇语义，例如 Halliday（1982）将语篇类比成有组织的小句，并通过元功能理论分析语篇的语义，又如 Matthiessen（1987）观察到语篇和小句复合体（clause complex）的平行性，并使用修辞结构理论（Rhetorical Structure Theory）进行分析。

20 世纪 90 年代的一个重要发展出现在对语境的描写中。例如，Halliday（1992）提出实例化连续体（cline of instantiation）模型，展示了潜势和实例之间的关系，并认为从潜势到实例的扩展中有中间节点（subpotential-instance type）。具体而言，在语境的一端，文化语境（context of culture）对应的实例是情景语境（context of situation），中间节点是情景语境类型（situation type）；在语言的另一端，潜势"语言系统"（system of language）对应的实例是语篇（text），中间节点是语篇类型（text type）。基于这一概念，系统功能语言学在这一时期涌现了很多理论研究和量化研究。

在语篇语义方面，Martin（1992）基于 Halliday & Hasan（1976）在词汇语法层的衔接研究，发展出语篇语义学的分析框架，主要包括连接（CONJUNCTION）、言语功能（SPEECH FUNCTION）、协商（NEGOTIATION）、概念（IDEATION）和识别（IDENTIFICATION）等语义系统。

在词汇语法方面，研究者们开始针对一个层次或一种语言的语法系统进行描写和解释，涉及多语言的研究（如描述不同语言的系统网络、翻译研究等）和类型学的研究逐渐发展起来。

进入 21 世纪，多模态和语言的适用性是新的研究热点。

4.3 系统功能语言学视角下的普通语言学研究动向

本节将对国内近十年的相关研究进行归纳，回顾和反思系统功能语言学对语言一般规律的研究。系统功能语言学关涉普通语言学的研究从"系统"和"功能"两个视角展开（彭宣维，2017）。系统的视角体现在语言的选择关系，例如处在选择关系中的意义资源、意义潜势分析等；功能的视角体现在语言的三大元能力（概念功能、人际功能和语篇功能）在语言中的实现。基于收集到的研究，本节将分别梳理词汇语法、语法隐喻、语篇语义、语类研究和儿童语言习得等方面的研究动向，并展示与研究方法有关的进展。

4.3.1 词汇语法的研究

词汇语法的研究为分析意义及意义生成机制、发现语言共性和差异提供了描写和分析工具。从系统功能语言学理论引入中国开始，国内对理论概念和描写范畴的引介、梳理、澄清和发展一直是研究的重要组成部分。由于系统功能语言学的描写范畴具有"开放性"（彭宣维，2017），研究可以通过改进或增加新的范畴，使整个体系更能反映语言的特性和规律。近十年的系统功能语言学研究在这一方面有长足的发展。20 世纪最后一个十年中，具体句法现象分析逐渐增加；进入 21 世纪，加的夫语法也引入到国内的讨论中。

具体而言，最近十年，国内的研究对三个元功能中的范畴提出了细化和重构。这类研究既有单一语言的视角，也有跨语言比较的视角。具体语言的研究分析了语言现象和经验逻辑之间的关系。这些研究一方面通过具体语言现象，讨论语法结构对人类经验逻辑的编码，以及编码的跨语言差异，例如表达存在义的小句；另一方面从具体的经验逻辑角度，分析跨语言如何编码是否体现为同一语法范畴，如限定与非限定的差异及时体系统。具体句法问题的讨论多与类型学的视角关联，发现语言差异，归纳语言共性。

1. 元功能的细化与扩展

本节将分别梳理概念功能、人际功能和语篇功能三个方面的研究进展。首先，对概念功能的讨论主要围绕及物性系统分析展开。一些研究

第 4 章　系统功能语言学视角下的普通语言学研究

着重讨论及物（transitive）分析和作格分析之间的关系，以及如何构建这两种分析模式之间的关系（梁海英，2015；刘明，2016；王勇、周迎芳，2020），另一些研究针对及物性系统现存的问题对其进行重构（许西萍、彭宣维，2017）。

概念功能方面，梁海英（2015）重新梳理了概念元功能中及物系统和作格系统的关系，提出及物和作格两系统不应属于两套分析框架，而是处于一个连续统中，不同的结构有不同的分析框架偏好；在此基础上，梁海英（2015）改进了及物—作格模式。在经典的概念功能理论框架中，及物分析主要关注动作/过程及过程涉及的参与者、环境等，而作格分析关注施动者及动作发生的原因（如内部原因或外部原因）。因此，一个过程既可以用及物分析也可以用作格分析。但这一观点被很多研究反对（Benson，1995；Davides，2002；Thompson，1998）。梁海英（2015）将过程小句进行分类，具体说明一些物质过程小句和其他五大过程小句更适合及物分析，只有另外一些物质过程小句作格性更强。作格性强弱与部分参与者的变化、目标是否出现以及作格性词汇化程度高低有关，以此支持及物—作格互补的观点，同时也是对 Thompson（1998）的深入引介。梁海英（2015）从普遍视角下讨论语言的语法结构如何体现人类对客观世界的经验，支持了及物、作格两种分析系统并非不同的分析框架，而是有各自适用的偏好这一观点。王勇和周迎芳（2020）也为"及物—作格互补"提供了支持。通过分析语篇《继承者》中表达概念功能的语言结构，该研究提出，如果过程的参与者生命性强，则该小句更适用于及物分析；如果参与者的生命性弱，则适用于作格分析。

不过，也有学者不认同这种互补的观点，刘明（2016）通过对《京华时报》雾霾新闻报道的分析，支持了 Halliday 的传统分析，即及物分析和作格分析可以描述任何过程，但不同的描述会带来不同的意义，并从批判性话语分析视角予以解释。这些研究虽然使用英语、汉语等不同语言的语料，但究其根本，是为了归纳出语言的共性，即，人类编码经验和逻辑的语言结构是否都可以从及物性、作格性进行双重分析，或经验和逻辑的事件参与者生命性、事件作格性等差异是否都会反映在语言结构中。

除此之外，也有研究只关注语言的个性，尚未涉及其他语言，例如李晖（2010）分析了关系过程内包含的两种类别，即修饰型和识别型，但这项研究认为，这两种类型的关系不是界限清晰的。从英语的表现来看，关系过程的小句构成从修饰到识别的连续统，小句在连续统中的位置取决于补语的指称性强还是陈述性强。

对概念功能的另一种研究思路是重构"及物性过程"（许酉萍、彭宣维，2017）。经典的及物性过程模式包括三个主要过程（物质、心理、关系）和三个次要过程（言语、行为、存在），三个次要过程是三个主要过程两两相交的部分，六个范畴构成了一个类似饼状的连续统。但该研究认为，这一划分不符合基本的分类原则：其中，关系过程也可包含心理和物质的次范畴；物质和心理过程概念很广，不能解释为什么不能概括言语和行为。为了使分类更加明确，该研究提出了两个维度：识解/体现和经验。识解/体现维度包括两种方式，作为（actional）和关系（relational）；经验维度包括物质（material）经验和心理（mental）经验，它们两两组合共构成四种过程：物质—作为过程（动作者+目标）、物质—关系过程（载体+属性）、心理—作为过程（感觉者+现象）和心理—关系过程（体验者+体验）。这样的分类除了使范畴化的标准更加清晰、分类没有重叠之外，还能解释语法隐喻的机制，即用一种范畴当作另外一种源范畴使用，例如：

例2（a）The importance of impression management is most visible with these individuals.

（b）These individuals can clearly see the importance of impression management.

（引自许酉萍、彭宣维，2017：21）

在例2中，（a）句是（b）句的隐喻式，这是因为（a）句用心理—关系过程表述了源范畴为心理—作为的过程。由于新的体系似乎没有存在过程的体现，该研究还重分析了存在句。研究认为，存在句既可以和物质经验有关，也可以和心理经验有关，有的表现出作为性，有的表现出关系性，因此，存在句在新的框架内是一个可以分布于四种类型的过程。最后，该研究提到，这一模式应该放入语篇的研究中进行验证，看是否能支持语篇的表现。

第 4 章　系统功能语言学视角下的普通语言学研究

人际系统主要包括语气系统和情态系统，Martin & White（2005）将情态与其他语言现象放在一起，发展出评价系统（彭宣维，2017；王振华、马玉蕾，2007；徐玉臣，2015；朱永生、王振华，2013）。在人际功能的讨论中，一类研究是对原有语气系统或情态系统的细化或重新考量，另外一类是对系统的发展和扩充。

在第一类研究中，封宗信（2011）综合且全面地介绍了情态系统。杨曙和常晨光（2011）在介绍 Halliday 的理论与其他功能学派的理论基础上，重新考量了 Halliday 的情态系统的涵盖范围与可能表达的意义，如情态表示的非极性意义、情态表达的主观性，体现了人际功能。表达能力和潜力的情态又可成为意态，同样具有主观性，但逻辑上的可能性和必要性不一定包含人的主观判断，因此不应属于情态范畴。徐玉臣（2015）沿着李战子（2005）、李基安（2008）、常晨光（2008）、杨曙和常晨光（2012）以及王伟（2014）的思路，进一步讨论了情态系统和评价系统之间的关系，支持这两个系统的联通。具体而言，该研究主要讨论了情态系统是否可以在评价系统中得到充分解释，特别是评价系统中的介入系统，并分析了从情态系统看评价系统中的维度划分是否合理。研究认为情态与介入系统密切相关，情态在评价系统中的态度资源和介入资源是不同的分析思路，二者并不矛盾，徐玉臣（2015）还调整了介入系统。张玉波和杨炳钧（2019）分析了小句层面极性的表达，研究提出，经典框架中极性可以由情态、语气、非限定、双重否定等范畴表示，但极性是否一定表达人际功能并不能确定，因为它并不总是由表达人际功能的语气或情态资源表现。该研究提出，小句层面的极性也可以属于经验范畴，表达概念功能。上述研究多为基于对英语的分析，但对理论框架的思考具备普遍性。也有研究强调语言的个性、跨语言差异，例如何鸣和张绍杰（2019）引入了国外不同语言学流派对情态的解释，指出了一些汉语语气范畴研究的不足。该研究提出，就系统功能语言学流派而言，一些在英语中可以表达语气的范畴如频率，在汉语中不具有人际功能，因此需要针对汉语提出更精准的解释；此外，人们在使用过程中如何选出合适的语气也需要进一步探究。

在描写范畴的发展和扩展方面，彭宣维（2011）将人际功能进一步扩展，在原有的语气系统、评价系统的基础上，根据汉语词汇的语义特征，增加了"权势系统"。权势（power）是一种语义特征，体现情景语境中的权势关系，例如熟识程度、正式性和专业性。如例3所示：

例3（a）……她细高身材，洁白的皮肤，一双美丽的、抑郁的眼睛，很清高的样子。

（b）……后来谁都发现军衣使她更加漂亮了，她实在需要这样的一件衣服。

（c）他左右开弓，耘地的姿势很好看，但总也不能和李芒耘得一样快。

（引自彭宣维，2011：144）

语气系统大多分析情态词的表现，多通过限定性/非限定性体现小句描述过程。在词汇层面，如果只按照评价系统分类，例3中的"美丽""漂亮"和"好看"都是积极的态度资源，但读者依旧可以感受到其中的语义差别，由此可见，单靠评价系统是不充分的。在例3（a）句中，"美丽"和"抑郁"并列使用，正式性相同；相比（a）句，（b）句中的"漂亮"和（c）句中的"好看"口语化程度更高，但"漂亮"更多出现在较为庄重的语境中。因此，"美丽—漂亮—好看"就构成了权势性的等级系统，表达不同的人际意义，随情景语境的变化而变化。对他人的称谓也有类似的表现。彭宣维（2011）还详细梳理了音素、语素、具体词汇、词类等不同层面表达权势性的要素，具体说明了如何对人际功能进行扩展。

语篇功能方面的研究主要讨论小句结构的语篇功能。例如苗兴伟（2011）讨论了否定结构的语篇功能。否定结构相对于肯定结构而言是有标记的、有预设的，因此在语篇中，否定结构基于这两个语义特征表现出前景化信息、调整信息流等语篇功能。另外，否定结构也参与构建语篇中"否定—修正、否定—根据和假设—真实"三类语篇组织模式。苗兴伟和梁海英（2020）探讨了作格系统的语篇功能。该项研究指出，作格系统中有作格—非作格的交替现象，分别体现施事者视角和受事者视角，语篇的连贯性对这两种视角的选择起着制约性作用；作格—非作格也体现了动作行为在语篇中的作用，动词在作格句中多表现前景信息而在非作格句中表现背景信息，语篇的叙事情节影响子结构的选择；不

第 4 章　系统功能语言学视角下的普通语言学研究

仅如此，作格句还在语篇中起到事件共指的作用。其中，作格交替而表现出的语篇叙事视角在实际的语篇分析中有明显的作用，能反映叙事者的身份、立场和态度。这是从语言共性的角度讨论语法结构的语篇功能。

也有研究仅关注英语中具体结构的语篇功能，例如张克定（2011），该研究依据图形—背景关系理论分析了英语的方位倒装句，提出该结构在语篇中有衔接上文、引入新实体的作用。张克定（2012）进而研究了英语首句空间附加语，发现空间附加语的任选性，以及标记主位出现的语篇作用。基于这样的语篇功能，英语中的空间附加语在语篇中可以表达多种意义，例如衔接、引入新话题、构建对比关系等，在实际使用中常可以同时表现多种语篇功能。张现荣和苗兴伟（2017）研究了主观化表达的语篇功能等。语篇功能的研究也分别归纳了语法结构共有的语篇功能以及在某些语言中的个性功能，后者是否具有普遍性还需要进一步的研究。

2. 具体语言现象及语言类型学的研究

以下将回顾词汇语法方面关涉具体语言结构的研究。下文以对小句的研究为主，并在最后简要回顾对其他语素、词、短语等方面的研究。

之所以以对小句的研究为例，是因为系统功能语言学视角下对小句的研究不仅重要，而且于近十年中有较多进展。首先，句法是表达和创造意义的资源，句法研究关注句子的意义，是语篇研究的基础（黄国文，2007）。但在 21 世纪之前的国内研究中，系统功能语言学视角下的句法/语法研究并不是热点话题，讨论较少，没有形成普遍被认同的句法理论（黄国文，2007），即使是在 2000 年至 2010 年间，句法依旧是小范围的讨论话题。而近十年来，系统功能视角下的句法讨论越来越多，一方面，讨论的视角从类型学出发，通过观察同一语义在大量语言中不同的语言编码，梳理语言间的共同特征或总体倾向，并从语义、功能乃至社会文化等层面分析不同语言采用不同编码模式的原因；另一方面，研究观察某种或某少数几种语言表同一个语义的句法结构，细化或扩展该语义在这些语言中的编码模式，例如是否包括更多的句式，已知的结构是否表达同样的语义,是否可以将这个语义细化等。前一个方面的研究关注语言间的共性和个性,后一方面的研究则专注单个语言的语义编码,为类型学研究做好铺垫。

其中,讨论最为丰富的是汉语和英语的存在句(邓仁华,2015,2018;何伟、王敏辰,2018;王勇,2019;王勇、周迎芳,2011,2014;周迎芳、王勇,2012;)与英汉限定与非限定小句(何伟、仲伟,2017,2018,2019;张玉波、杨炳钧,2016),此外还包括时态(何伟、王敏辰,2017;何伟、张存玉,2016b)、识别小句(赵蕊华,2014;黄国文、赵蕊华,2013)、使役式(何伟、张瑞杰,2017;杨延宁,2019)等。

以存在句的讨论为例。"存在句"并非指某个特殊的句子结构,而是指表达"存在"意义的小句。在同一种语言中可能有多个句式表达"存在",不同语言表达"存在"的语言编码也不同。王勇和周迎芳的一系列研究都讨论了存在句的相关问题。他们的研究从类型学的视角,梳理了大量语言中表示存在的语法结构,归纳存在义的句法共性。例如,王勇和周迎芳(2011)观察了近80种语言存在句主语的形态句法特征,认为"存在"是人类语言中的一种"普遍意义元素"(universal semantic prime),在各语言中通常用"存在句"表达"某地存在某人/物"(但不包括方位句或所有句)。该研究通过观察主谓一致、格标记、语序、语义关系等形态特征,判断不同的语言存在句中的主语选择倾向,同时发现不同成分做主语(例如"方位""存在物""虚指主语/无主语")使用的形态标记也有不同的倾向。总体而言,地点、存在物、虚指主语(或无主语)都可以做主语,选用哪种成分做主语与语言本身的语序没有一一对应关系;语序和语义关系是主语选用的主要形态标记方式。该项研究还讨论了存在句中主语变化多样的原因:存在句本身表达的是一种状态或关系,这与典型的动词句表达动作或事件不同;典型的主语有三种语义特征,即施事性、话题性和生命性,但"方位"的话题性和生命性很弱,"存在物"的施事性、话题性和生命性都很弱,因此,它们都不能作为典型的主语;根据整体的类型特征、存在句的谓语选择和主语的凸显程度,各语言选择的主语也各不相同,这导致了语言中"存在句"表现的巨大差异。从王勇和周迎芳(2011)的研究中可以看

第 4 章　系统功能语言学视角下的普通语言学研究

出,系统功能语言学视角下的句法研究一方面归纳出语言之间的共性,例如,存在句的常用主语(方位或存在物)有部分主语的形态和语义特征,但这两种都不是典型的主语,导致对于各个语言来说,存在句的判定和描写总是复杂的;另一方面也重视语言间的差异,由于各语言中一些更为复杂的原因(结构或语义),在选择主语时,不同语言有不同侧重。

周迎芳和王勇(2012)继续讨论了"存在义"如何表现。他们同样考察了近80种语言,从"存在物""方位"和"存在过程"三个语义成分入手进行梳理。该研究发现,近40%的语言使用"方位"表达存在意义,约25%的语言用"存在过程"表达存在义,剩下的语言则"方位""存在过程"两种资源兼用。因此,该研究认为,语言间存在句的差别主要体现在"过程"和"方位成分"上,这两部分分别都可以表达存在意义,它们的组合或空位成分也可以用来表达存在。除此之外,该研究还认为,这三种资源不仅可以编码"存在小句",也可以编码"方位小句",这两种小句的差异主要表现在说话人看存在物的视角差异。各语言会使用不同的语法手段编码这种差异,因此语言中存在句、方位句的表现各不相同。从这项研究中同样可以看到语言中共同的编码倾向,以及差异编码的可能原因。

王勇和周迎芳(2014)则是从前文提到的第二种视角研究存在句,即观察单个语言中"存在义"的句法结构,细化或扩展"存在义"的语言编码类型。该项研究提出,汉语中不仅有事物存在句,也有事件存在句(方位+事件),二者构成了从事物存在到事件存在的连续统,如例4:

例 4(a)静态存在句:墙上有一幅画。/ 墙上挂着一幅画。
　　　(b)动态存在句:夕阳中摇曳着羽毛草。
　　　(c)隐现句、领主属宾句:隔壁店走了一帮客人。/ 王冕死了父亲。
　　　(d)假存在句:台上演着戏。

(引述自王勇、周迎芳,2014)

该研究之所以把例4中各句都视为存在句是因为处在句首的成分与后续的成分之间构成了存在的意义;跨语言来看,例4(c)中的领属主宾句，处在句首的领属语会附有方位格等表示方位意义的标记，因此其领属关系本质上是存在关系。存在句总体上更适用于作格分析，事件中的施事被省略，整个事件只有一个参与者，即过程的范围或媒介。因此，事件性强的存在句具有存在性、事件性、作格性和非人称性。该项研究还分析了事物/事件两类存在句的区别，主要包括事件性存在句具有动态性（可以加"正""正在"）、静态性存在句表示过程的动词可以省略、动态存在句中事件的参与者名词由于显著性不能被数量短语修饰等。

邓仁华（2015）也讨论了存在句的类型、参与者数量和"方位"的语义角色等问题。该研究分析参考了加的夫语法对英语 there 存在句的讨论，对比了方位小句。分析提出，汉语存在句与方位句在经验意义上相同，在主位组织和信息组织上不同（存在句：地点—过程—存在物；方位句：存在物—过程—地点），它们的异同与它们在英语中的异同完全相等。由于英语的存在句被认为是关系小句，汉语的存在句也是关系小句。在存在句结构方面，该研究还将汉语存在句分为地点型（如以"有""是""长""挂""坐"等为主要动词的小句）、方向型（说明来源或路径的小句，如"东边来了一个人"）和属有型（如"王冕七岁上死了父亲"），分类的依据是其不同的语义结构。

何伟和王敏辰（2018）总结了英汉存在句中存在的问题，并指出，英语 there 存在句中 there 的本质是什么以及是否承担语义还需讨论。该研究认为 there 可能没有概念意义，但有人际和语篇意义。由于它是主语并和谓语动词一起决定小句的语气类型，因此具有人际意义；在语篇结构中处于主位部分，是信息的出发点，具有语篇功能。何伟和王敏辰（2018）还对比了英汉存在句结构上的差异，如句首是否出现无概念意义的 there，谓语动词由什么词类充当，时体助词的作用等，总结了英汉两种存在句所反映的背后的认知差异。

以上梳理的三项研究都是对某个或某两个语言的"存在义"现象做的更精细化的研究，与类型学的研究不同，这些研究关注语言中个性的部分，并从功能的视角解释这些个性的原因。

其他研究的话题还包括英语"a ... of ..."结构的经验、人际和语篇意义（于昌利，2014）；气象意义的过程在不同语言中的表现（何伟、

第 4 章　系统功能语言学视角下的普通语言学研究

张存玉，2016c），如气象过程、物质过程、关系过程和存在过程，表达方式多样的原因在于人们对气象的经验及语言编码不同，例如描述客观天气，或强调天气对人类活动的影响等；汉语的新被动句（淡晓红、何伟，2017），如"被自杀""被幸福"等在情态系统和评价系统方面的语义特征；魏银霞（2017）研究了 V-to-V 结构，并认为该结构可以根据 V-to 和 V 之间不同的语义关系分为三类；赵宏伟和何伟（2018）进一步分析了 V-to-V、V+Ving 和 V+Ved 等动词复合结构，提出在一般的结构中，前 V 和后面的部分之间是修饰与被修饰的关系，前者相当于"体"或"情态"，后者表示具体的过程，这种结构如果具有使役的含义，则前后两个部分分属两个过程，可以有不同的时间等。此外，研究的现象还包括情状体、语态、"V 得 C"结构、投射句、形容词短语或介词短语等（何伟、魏银霞，2019；何伟、张存玉，2016a；林正军、王萌，2020；王勇，2011；黄国文，2012；魏银霞，2018；魏银霞、杨连瑞，2020；杨国文，2017；张春燕，2016 等）。

　　关于加的夫语法的研究既有理论层面的讨论（何伟、高生文，2011；向大军、刘承宇，2017；张敬源、王文峰，2016），也有对实际句法问题的分析。其中，何伟和高生文（2011）对比了传统语法、系统功能语言学经典的悉尼模式语法和加的夫语法，认为加的夫语法在句法层面上是围绕"功能"展开的，而悉尼模式在关注功能的同时也关注形式。向大军和刘承宇（2017）梳理了加的夫语法对系统功能语言学的调整和发展，提出加的夫语法建构了一套自成体系的框架，描写更加精密化，融入了认知的模式，也更具适用性。在具体研究中，分析的句法结构主要包括汉语领主属宾句（邓仁华，2018）、英语介词词组的非连续现象（李艳玲、赵雪，2020）和汉语副词"就"的研究（何伟，2016）。

3. 词汇语法相关研究进展小结

　　总体来看，近十年的研究中，系统功能语言学视角下的普通语言学研究在词汇语法方面成果丰硕，不仅有理论概念、描写范畴的引介或阐释，而且有较多研究依据更多的语言现象，特别是引入汉语的语料，质疑或改进描写的范畴，使总体的分析框架更加完善。另有一些研究仅分析了英语或汉语某一语法结构的元功能，但这个结构的元功能是否具有普遍性，还需要后续研究的论证。由此可见，系统功能语言学对词汇语法的研究不仅关注语言的共性，也概括和归纳语言的个性特征。

总体上，近十年的研究主要有两种视角。一是宏观的类型学视角，从普遍语义要素出发，分析不同语言对这一语义要素的编码，梳理语言的共性，并从功能、社会文化以及思维方式等方面，解释跨语言差异。这类研究体现出系统功能语言学视角下普通语言学研究的主要特点：普遍语义在语言中有共同的结构或编码；跨语言差异是由语言类型及文化思维带来的。对共性的部分，这类研究往往有详细的描写和归纳，但对差异的解释略显不足，例如，在语义要素如何体现社会文化等方面，需要更具体的说明。二是单一语言的视角。这类研究关注某一语言的一个语义要素，分析其语言结构对语义要素的编码方式，进而讨论该结构与其他结构之间的联系；或讨论该语义要素的分解，以及分解后的语义要素所对应的结构。随着语义考察的范围越来越大、划分越来越细，同一语义范畴内包含的结构也逐渐增多，打破了一些原有的结构层面的划分。这类研究是对某种语言或某个语义范畴更深入、更精确的认识，在未来的研究中，也能为类型学中解释语言差异提供论据。不过，这类研究涉及的话题较分散，还有很大的发展空间，比如一些研究依照语义对不同结构进行整合或划分的理据性不够强，有些在讨论汉语的现象时只是借用了英语的分析模式，尚未关照到汉语实际语料的表现。

4.3.2　语法隐喻的研究

语法隐喻是近年国内研究的热点话题之一。语法隐喻指的是语言层次之间的非一致式体现，例如表达命令或请求时，不使用直接表达这一含义的祈使句，而用更加委婉的疑问句。语法隐喻的讨论包括概念隐喻和人际隐喻（杨炳钧，2016），语法隐喻可以为句子结构、形成机制以及在语篇中的功能提供解释。

上文提到，系统功能语言学认为语言具有层级性，可划分为语音与音系、词汇语法和语义。以词汇语法和语义为例，两个层次的结构

第 4 章　系统功能语言学视角下的普通语言学研究

之间一一对应，就构成一致式，错位对应则会产生语言隐喻（杨炳钧，2016）。上节梳理了一致式的研究，本节将回顾和梳理隐喻式的研究。

以杨炳钧（2019）为例。该项研究用概念语法隐喻解释"台上坐着主席团"句式的形成机制。这类句子特殊之处在于它向"以意义判定主语/宾语"提出了挑战，在句子开头的"台上"表示地点，而非存在或出现的主要对象。如果这个句子是表达存在或出现的含义，根据意义，存现的主体应作为句子主语；如果"台上坐着主席团"表达存现的意义，它和一般的存现句又不同，没有出现表达存现含义的"有"。杨炳钧（2019）提出，如果将这类句式视为隐喻式，并追溯它的一致式来源，就可以解释其特殊性和形成机制。根据概念语法隐喻，一致式和隐喻式的形成机制是一样的，但使用的语境不同。"台上坐着主席团"来源于一致式的复句"那是主席台，主席团坐在台上"，这两个小句表现出了关系过程和存在过程，随着汉语"V 着"结构的演化和简单质朴的语境，逐渐出现了紧缩的隐喻式表达。因此，"台上坐着主席团"虽然和一般的存现句结构不同，但依旧可以表达存现的含义。"台上"出现在句首，从人际功能看是主语，从概念功能看则是环境成分，而在语篇功能上是主位。

围绕语法隐喻，尚有一些争论。根据张德禄和雷茜（2013），在 20 世纪 90 年代，语法隐喻在国内的研究主要以引介为主，阐释基本的概念；进入 21 世纪，国内学者对语法隐喻的研究丰富了起来，从对概念的阐释到理论框架的对比和分析以及哲学层面的意义，还有研究者扩展了语法隐喻理论，讨论了"动词化"的现象，并从表达不同功能的角度探讨隐喻和逆向隐喻的关系；与此同时，还有学者指出语法隐喻研究的不足，讨论的现象更加具体，并将讨论置于不同情景语境的语篇研究中，讨论其实用意义，例如对教学的启发。21 世纪第二个十年伊始，语法隐喻的研究引入了认知语言学的视角，将语法隐喻与认知语言学的转喻对应起来，为语法隐喻的发生找到来源。张德禄和雷茜（2013）还提出了一些尚未解决的问题，如一致式和隐喻式的定义和范围，隐喻式的本质，从一致式到隐喻式发生了哪些功能的变化，有没有语篇隐喻，汉语及不同语言的语法隐喻特征以及与其他心理、认知科学的结合研究等。王馥芳（2013）认为，虽然语法隐喻的研究非常繁荣且丰富，但实际上很多讨论偏离了原本的概念，有诸多理论框架内定义的问题尚未解释。而且随着一致式的理论描述越来越精细，所谓的隐喻式可能会被消解在更加精细的描述中。丛迎旭（2014）也提出，需要对语法隐喻的研究范围和方法精准定义，才能避免语法隐喻成为"垃圾篓"的现象；该研究还区分了语法隐喻与词汇隐喻，以及概念隐喻和人际隐喻在层级上发生的方向相反等现象。杨炳钧（2016）分析了七个对语言隐喻的具体质疑，回应了上述争论。这七个问题可大致分为三类。第一类是隐喻式与一致式的关系，该研究提出，二者不是同义关系，而是隐喻变体；一致式难以和隐喻式有清晰的划分，二者之间也不是"灰色地带"（杨炳钧，2016：14），是由于二者的关系不是非此即彼，而是隐喻的程度不同。第二类是语法隐喻与语法化的关系，杨炳钧指出二者的交叉和不同，其中，语法隐喻既有共时的创造性变异，也有历时演变的结果，而语法化侧重历时的演变（同上：14）。第三类是语法隐喻与词汇隐喻、语篇隐喻的关系，杨炳钧具体说明了三个问题：（1）语法隐喻是使用不同的能指表达相同的对象，与词汇隐喻的机制刚好相反；（2）语法隐喻是人类认识个体关系的手段，而词汇隐喻是认识单独个体的手段；（3）语篇隐喻并非包括在语法隐喻内，其本身具有研究价值。此外，张德禄和董娟（2014）通过对语言隐喻研究三十年的回顾，总体评价了语法隐喻的研究。

针对语法隐喻发生的根本动因的问题，林正军和张姝祎（2018）尝试从系统功能语言学中意义发生的角度进行回答，该研究认为族群的跨区域跨时代演化、个人的年龄和社会角色的概念以及语域和说话人的交际是语法隐喻发生的外在、内在及语篇动因。在对一致式和隐喻式的定义方面，林正军和杨忠（2016）从语用的角度作出阐释，并指出二者的差别在于言语表达是否与语域的词汇语法表达一致。在概念隐喻的研究中，丛迎旭和王红阳（2013）将概念隐喻划分为语义删减、语义扩充和语义重组三类，通过英汉对比，考察了语法隐喻的功能；杨波（2018）提出了三条判断概念隐喻的标准，即相同的概念意义、词汇语法形式可比较以及形似原则。董娟和张德禄（2017）回应了语篇隐喻的相关问题，研究对 Thompson（2014）将两种特殊的主位结构视为语篇隐喻和 Martin（1992，1993）的隐喻性主位和新信息及隐喻性关系的观点表示赞同，因为表达概念和人际意义的隐喻需要语篇功能的组织。董娟和张德禄（2017）还区分了小句层面的语篇语法隐喻和在语篇中起衔接作用的织篇隐喻，并分别描写了不同隐喻式的表现和分类。彭宣维（2018）用形式化的表征手段讨论了衔接的隐喻式，使衔接的隐喻式讨论更具理据性。高彦梅（2018a）关注了语境隐喻的相关问题，并认为这是语法隐喻之外另一个宏观层面的非一致式表达的现象。该研究以具体的生物文本为例，说明了语类的一致式和隐喻式之间如何转换并发生了怎样的语义偏离，是对隐喻式研究对象的扩展。除此之外，唐革亮和杨忠（2015）梳理了名词化实证研究的方法，董敏和徐琳瑶（2017）提出了语料库的研究方法对隐喻研究的支持。

语法隐喻的具体研究主要包括句法分析（苗兴伟、梁海英，2016；仇伟，2014；杨炳钧，2019）、结合认知视角的解读（丛迎旭、王红阳，2017；刘婷婷、张奕，2014；张会平、刘永兵，2011），以及一些在语篇中的分析（杨延宁，2016）。

基于上述总结可见，非一致式/语法隐喻依旧是研究热点。近年来，研究者对语法隐喻中尚有争论的问题作出了回应和论证，这些讨论使语法隐喻的理论逐渐清晰，对语法隐喻的功能讨论也丰富起来。但研究仍需进一步厘清一些理论问题，例如一致式和隐喻式的本质是什么，在此基础上如果一致式的理论框架再细化是否可以消解隐喻式的存在，在汉语词类界定非常复杂的背景下应如何判定一致式和隐喻式等。

4.3.3 语篇语义框架的研究

系统功能语言学认为，对语言的研究不应将语篇搁置在外，语篇是与小句一样的语义单位（姜望琪，2012，2020），因此，应使用同样的体系进行描写和分析。系统功能语言学早期的研究就关注了语篇内的结构，主要研究篇章中的衔接，衔接的方式包括指称（reference）、替代（substitution）、省略（ellipsis）、连接（conjunction）和词汇衔接（lexical cohesion）（Halliday & Hasan，1976）。后来，系统功能语言学将衔接与语篇的连贯从三大元功能的角度重新梳理，发展出语篇研究的理论框架（高彦梅，2015）。对语篇的功能性分析也是普通语言学研究的重要部分（陈玮，2016）。

在国内系统功能语言学的讨论中，从 20 世纪 80 年代后期开始的早期语篇研究以引介理论概念和分析框架为主。此后，理论概念的引介始终是这一领域的重要研究类型。在此基础上，国内的研究使用这些引入的理论框架分析汉语篇章，并将汉语的语篇与其他语言的语篇进行对比，归纳不同语言的篇章如何反映理论的特点，梳理语篇之间的跨语言差异。进而，研究者根据汉语语篇或语言对比中发现的问题，改进原有的分析框架，例如，胡壮麟（1994）的专著《语篇的衔接与连贯》就是对 Halliday & Hasan（1976）的调整和丰富。

总体上，随着 Martin & Rose（2007）语篇语义理论框架的提出，国内的研究对 Halliday & Hasan（1976）中经典衔接与连贯的研究数量减少，主要发展衔接与连贯理论中的核心概念（于晖，2010；周娜娜，2018；张玮，2019）。此外，国内的研究还有理论对比的视角，例如，将衔接与连贯的概念与美国认知功能语言学的对话句法（Dialogic Syntax）（Du Bois，2014）对比，梳理两种理论的关系，对衔接、连贯等概念进行批评和补充（高彦梅，2018b；王德亮，2018）。

更多研究基于 Martin & Rose（2007）的语篇语义框架，沿三大元功能的思路，分析语篇中某种意义资源的多种功能或某种功能的具体实现方式，主要包括表达人际功能的评价（appraisal）系统、协商/商榷（negotiation）系统，表达概念功能的概念（ideation）系统、连接（conjunction）系统，表达语篇功能的识别/确认（identification）系统、节律/格律（periodicity）系统。有些研究采用跨语言比较的视角，以归纳语篇语言的共性或差异；有些研究致力于发展或改进分析框架，使理论能解释更多现象（马云霞，2019；齐曦，2010；王振华、刘成博，2014；王振华、石春煦，2016a）；还有研究通过梳理语篇理论的发展脉络，结合其他理论视角或研究方法，发展新的语篇研究理论框架（高彦梅，2015；彭宣维、程晓堂，2013；王振华、吴启竞，2017）；多模态的研究视角也被引入语篇的研究中；还有一类研究对比现有的不同语篇理论，从而总结系统功能语言学语篇理论的特征（王振华、石春煦，2016b）。

第 4 章　系统功能语言学视角下的普通语言学研究

在对 Halliday & Hasan（1976）的经典框架的讨论中，于晖（2010）分析了语篇中的内在连接词（标识命题逻辑关系的连接词）对语篇结构成分边界的识别功能。基于经典的衔接理论，于晖（2010）指出，内在连接词具有标识"体裁结构成分"的作用，例如学术摘要中的内在连接词可以标识出"研究背景"和"研究目的"的转折。该研究对语篇结构成分的界限提出了一种可参考的因素，也指出了不同语篇中相同的成分连结其手段可能不同，启发了后续对语篇的连接机制的相关研究。周娜娜（2018）梳理了不同时期"连接"概念在系统功能语言学中的内涵和外延研究，包括从 Halliday 到 Martin，不同研究者对这一概念的不同使用。该研究提出，"连接"的研究不应该只停留在单模态中，还应关注隐形连接（implicit conjunction）。张玮（2019）从认知的视角讨论衔接，从主体可及性的角度分析衔接机制。该研究提出，表达话语主体认知的语境会影响语篇中小句间或小句内外的衔接，原有的衔接框架应该将这一点容纳进去。

针对 Martin & Rose（2007）的语篇语义学框架，国内的研究主要有四种思路。一种思路是具体分析某种语言现象在语篇中的功能（马云霞，2019；齐曦，2010；王振华、石春煦，2016a；魏在江，2011；辛志英，2011；杨增成，2019；袁琳，2014 等）。以王振华和石春煦（2016a）和马云霞（2019）为例。王振华和石春煦（2016a）分析了名物化现象在语篇中的作用。研究梳理了名物化结构在小句层面的基本表现和功能，并讨论其在语篇中的意义。王振华和石春煦（2016a）认为，名物化的一种突出作用是使学科或专业性语篇中的知识专业化或使概念精细化，例如"盗窃"表示一个动作或过程，但将之置于法律语篇中时，它不再用作动词表达动作过程，而是用作名词，表示一种行为不当的罪名，将动作或过程的负面意义具体化，表达一定的人际意义；又例如 homicide（杀人罪），这种名物化便于后文对"物"进行分类，如分为 murder（谋杀罪）和 manslaughter（过失杀人罪）。在一般的语篇中，名物化首先表现出格律功能，例如作为宏观主位，表示对前述动作的概括，浓缩信息，反映语篇的预测性和规律性；其次，评价性名物化词汇可以减弱某个动作或过程的具体性，增加更多的人际意义。马云霞（2019）讨论了语篇中临时建构对立关系的方式，以及这些对立在语篇中的人际、概念和语篇意义。建构对立的方式不同，表达的功能也不同。否定词（如 unlike）和表达对立含义的词汇（如 differ）建构了对立的过程、参与者或环境，这些方式可以在概念意义上建构对立；表达否定的情态词、表达积极或消极态度的评价词可以在人际意义层面上建构参与者之间或事件之间的对立；当把有对立含义的概念性词汇放在主位上，且当该句是段落的主题句时，可以建构语篇层面的对立关系。此外，一些表示不同、变化、区分等的词汇也可以在语篇衔接上起作用，建构起语篇中的对立。马云霞（2019）的分析对象既有汉语也有英语，该研究从三大元功能分析语篇中不同功能的对立关系如何建构，以及对立建构如何实现帮助读者预测语篇内容、增加语篇整体的修辞效果等功能。

另一种思路是主要分析元功能在语篇中的实现方式和效果。例如王振华和路洋（2010）分析了评价系统中的"介入"，强调"对话性和多语性"，增加了介入的分析维度。张德禄（2019）分析了"介入"的语法体现，指出介入不仅有原体系中提到的词汇的方式，声音系统和语法选择同样可以用作介入资源。此外，王振华和刘成博（2014）研究了语篇中的态度纽带，孙铭悦和张德禄（2015）分析了评价系统的语篇功能。也有学者认为有些系统具有独立于语篇语义的理论价值，例如房红梅（2014）认为，评价系统是从多个维度对系统功能语言学的发展，它注重语言的各个层次，强调说话人的主体性，扩展了系统功能语言学对人际语境的分析。

还有一种研究思路是通过引入其他理论视角，在 Martin & Rose（2007）的基础上发展解释力更强的语篇语义分析框架。高彦梅（2015）将 Fillmore 框架语义学（以下简称"框架"）的视角引入到语篇的研究中，认为 Martin & Rose（2007）的分析中未考虑到语篇宏观层面的结构和微观层面的结构之间如何关联，而"框架"可以提供知识背景，语篇内的小句可以共同完成"框架"的构建；因此，语篇的框架分析可以为宏观和微观层面的关联给予解释。高彦梅（2015）提出，事件框架、关系框架对应概念功能，评价框架、立场框架和协商框架对应人际功能，指称框架、信息框架对应语篇功能。该项研究从"框架"的角度，沿着三大元功能的分析模式，构建了语篇的框架研究模式；同时，还从"自下而上"的角度对每个框架内具体的分析分支做了详细描述。王振华和

第 4 章　系统功能语言学视角下的普通语言学研究

吴启竞（2017）讨论了语篇的连结机制。该研究发现，前人提出的几种理论框架虽然都涉及语篇中意义资源的某些元功能与语言层级的关系，但这些理论并没有将语境因素（语类和语域）纳入语篇内部连结的机制之中。因此，该研究基于理论推理和以法律语篇为例的具体分析，分别说明语境因素会框定连结或指向连结语篇中的意义资源，并由此提出语篇连结的"自顶向下"机制。彭宣维和程晓堂（2013）通过文学语篇分析，详细展示了评价理论现有的两个问题：一方面文本中常常有评价表达但并没有明显的评价资源；另一方面现有的评价体系对语义的概括还不够完善，常常需要理论构建者自己的主观立场。针对这两个尚缺理论依据的问题，研究引入了"体验哲学的现在主义（Nowism）"（彭宣维、程晓堂，2013：29），通过认知加工，为文本和理论构建提供理据。该研究还提出一组具体的操作原则并指出这样操作的原因，进一步解释了如何识别出文学文本中的评价资源、建立描写框架。这是对评价理论的重要发展。

此外，还有研究对比了不同语篇理论。王振华和石春煦（2016b）从范式、目标和内容的角度，对比了以 Martin 为代表的悉尼学派和以 Beaugrande 和 van Dijk 为代表的欧陆学派所提出的语篇语义观。这两种观点都将语篇视为人类活动、社会交际过程的产物，但欧陆学派侧重语篇的生成和理解，悉尼学派则强调语篇的语境和语篇的功能，更看重社会文化对语篇的影响。

总体而言，近十年语篇语义框架的研究非常丰富且视角多样。研究主要围绕三个元功能展开，有些研究分析了某种结构在语篇中的功能或某功能如何在语篇中实现，另外一些研究发现了语篇语义学理论框架的问题，并基于这些问题重新构建框架，或通过引入其他理论视角搭建新的语篇语义框架。这些研究在发现语篇规律方面取得了很大进展。

4.3.4　语类相关的研究

语类相关的研究主要基于系统功能语言学的语篇语义框架，分析不同社会文化语境下的语篇。这种将语篇这一语义单位与不同的情景语境关联起来的接口可称为语域（register）（高生文、何伟，2015）。语域的相关研究包括对语域理论的解读和发展，也包括对不同情境语境中语篇规律和特征的梳理，例如法律语篇、学术语篇、政治语篇、新闻语篇、文学语篇、医患话语等。

在2000年左右，国内的系统功能流派还将引介或新发展的语篇理论应用于实际情境中的不同语篇类型，如教学语篇，开启了语篇的实际应用研究。近十年中，这类研究在教学、翻译等方面有所发展。不同的社会文化语境也指向另一个研究方向，即不同语言背景下相同情景语境中语篇的规律，例如任凯和王振华（2017）就对比分析了英汉政治新闻语篇中的情态资源。

学术语篇的研究围绕学科、知识和语篇展开（杨信彰，2019），一个主要的话题是讨论语篇的知识建构能力（胡光伟、刘焰华，2020；杨信彰，2019）。在系统功能语言学的视角下，知识建构的研究有两种思路。一种思路是讨论语篇中的符号系统及其功能，主要包括语篇中的资源/意义潜势如何以科学的眼光重构知识/现实。词汇语法特征是主要的研究对象，篇章结构、语类特征、多模态分析也是研究的重点。另一种思路是把语篇与教育社会学理论结合（胡光伟、刘焰华，2020；杨信彰，2019）。语篇角度的讨论主要关注的视角包括评价资源中的态度、介入等系统，功能重述，以及语类、语步的结构，这些结构与学术语篇的目的和过程紧密相关；主要研究对象包括学术论文及其摘要、讨论和作者立场标记（李梦骁、刘永兵，2017；刘应亮、陈洋，2020；赖良涛、王任华，2018；徐宏亮，2011；姚俊，2010；杨玉晨、张琳琳，2013）、书评或书评的标题（布占廷，2013；姚银燕、陈晓燕，2012）、论辩类语篇的言据性（陈征、俞东明，2017）、学位论文的摘要、立场标记、语步（刘丽芬、聂卫东，2012；杨红燕、石琳霏，2016）、学术专著他序（李成陈、江桂英，2017）、科普著作与非科普著作的对比（雷璇，2020）、课本语篇与讲座语篇表达因果意义的差异（刘萍、梁小平，2012）、科技、语言学和历史学术等不同学科的语篇（石琳，2015；剡璇、徐玉臣，2011）等。例如，李晶洁和胡文杰（2016）分析了学术语篇中短语实施语篇行为、组织篇章结构及表达一般逻辑语义的组织功能。该研究提出，短语更多用于表达具体过程、概念、属性和时空意义的指称功能，较少显性表达主观评价，但较多使用隐形手段表达评价功能。

法律语篇的研究更多关注其语篇功能。杨小虎和蒋凌翔（2014）分析了立法文本的衔接。该研究发现，立法语篇通过特有的话题序列和层级构建衔接，往往用序号标记。在语法衔接上，汉语以省略主语的方式为主，而英语常常使用连接。总体来说，词汇手段都非常缺乏，因此，最为突出的衔接方式是词汇的"重复"，即通过旧信息重复表示新信息。立法语篇衔接手段的匮乏虽然增加了阅读和认知的困难，但它体现出法律文本的碎片化特征，类似超文本语篇。这种语篇特点可能是出于立法文本中的法条往往需要单条抽出使用，不能过多依赖语境等因素。王振华和张庆彬（2015）从语篇功能的角度，分析了立法语篇和司法语篇的格律系统和识别系统，该研究提出，立法语篇的特点非常简明且形式化，与之相对的司法语篇却比较复杂，具有主观化的特点，并认为这是由法律语篇的社会过程目标差异所致。

由于常涉及信息来源、信息传播、主观立场、身份或形象隐现等问题，政治语篇、新闻语篇、商务语篇特征和规律的研究讨论的视角主要包括语境相关研究（王欢、王国凤，2012），语域研究（黄国文，2017；徐燕、冯德正，2020），表达人际功能的评价、言据性与情态词（李莉华，2011；孙铭悦、张德禄，2018；王国凤、庞继贤，2013；王振华，2017；徐琳瑶等，2018），具有语篇功能的识别系统（幸君珺、朱永生，2018；张德禄、孙仕光，2015）等。同时，由于政治语篇、新闻语篇的表现形式多样，多模态研究是分析此类语篇可能会使用到的视角。其中，徐燕和冯德正（2020）就是在研究体裁互文时，将分析对象从语言文字扩展到了图文多模态，并以此归纳新媒体商务话语的体裁互文实现方式。另外，还有一些对社会公共服务方面的语篇研究，例如李战子（2020）分析了"后疫情"时代的话语特征，提出"公共外交"、公共安全、危机话语、医疗健康和全球化与价值观等成为"后疫情"时代的主要话语主题，其人际意义表现出多恐慌情绪、多负面评价、歧视和偏见的特点。李战子（2020）在研究方法方面提出，大数据的方法在话语研究中越来越重要，分析对象更多关注新媒体的话语。此外，该项研究还简明归纳了在线教学话语的人际意义。

文学性语篇的研究也多采用评价系统（韩颖，2014；黄雪娥，2013），这是因为表达人际功能的评价系统可以体现出文本更深层的意识形态和道德与审美价值。多模态同样是重要的研究视角，例如李美霞和宋二春（2010）分析了中国古代山水写意画，运用多模态的分析框架，强调了画作和观看者之间的互动意义，以此挖掘画作更丰富的意义。

除不同语类的研究外，语类相关的研究还包括对语域、语类/体裁（genre）和语境的概念及分析框架的讨论。这三个概念体现了语篇与情景语境或社会文化语境的接口问题。

在语境方面，汪徽和辛斌（2017）梳理了 van Dijk（2008）对系统功能语言学中语境理论的质疑，并针对这些质疑提出对语境理论的反思。基于 van Dijk 的批评，该研究认为，现行的语境理论较为封闭，语境三变量的概念不够清晰，不能直接纳入三大元功能的分析框架中；同时，语境的研究缺少社会学和心理表征及动态性的视角。

在经典的语域相关的研究中，高生文（2013）、高生文和何伟（2015）分别从不同的角度梳理了语域研究者对相关概念的定义及区别和变化。研究提出，语域不仅应该包括情景语境的特征，也应该包括语篇语义的分析。刘立华（2019）梳理了 Martin 对语类的认识，主要包括语类的背景、核心假设和不足。通过对比 Halliday 和 Martin 的不同说法，该研究发现，Halliday 多用"语域"的概念描述语篇变体，认为"语类"概念不必要，只是语篇的一个特征；而 Martin 认为，语域只是语域变体中的情景语境，语类是从语篇结构上对文化语境的表述。该研究进一步指出，Martin 的框架虽然有不合理之处，但其试图搭建的是社会与语篇之间的关系。

在语类研究方面，张德禄和郭恩华（2019）提出了体裁混合的综合分析框架。研究总结了三个流派对体裁混合的分析，其中，系统功能语言学视角下，体裁混合可理解为语言表达的不确定性（Halliday，2009）、体裁的可渗透性（Hasan，2016）以及存在宏观体裁相当于混合体裁（Martin，2010）。张德禄和郭恩华（2019）认为，需要追问是否存在体裁混合，这种混合发生在语篇内还是语篇外，以及针对这类现象应该构建怎样的分析框架。该研究指出，体裁混合后构成的是附加了交际者主观意义的新体裁，不是原有体裁的混合，但由于体裁较新且当下的语言社团并没有将其系统化，所以它在整体框架内没有归属。该项研究提出了一套针对这类现象的分析框架，但也指出目前的结构还过于简单，需要考虑更多的因素。

语类研究在国内近十年系统功能语言学的研究中非常丰富，本节只选取了其中一部分，如此大量的讨论也是系统功能语言学适用性思想的体现。

4.3.5 儿童语言习得研究

系统功能语言学视角下的儿童语言习得（及二语习得研究）在国内早期相关研究中并不是讨论的热点，但在经典的理论中，语言的个体发展非常重要，是理论对普遍语言发展规律的构建（朱永生，2011）。

国内近十年中，在儿童语言习得方面，系统功能语言学视角的研究以理论引介为主。朱永生（2011）以及周惠和刘永兵（2014）对Halliday的语言发展理论或个体发生进行了引介和梳理，两项研究都提到，Halliday通过观察、记录和分析自己孩子的语言发展过程，发现儿童语言发展经历的三个阶段，即原语言阶段、过渡阶段和成人语言阶段，语言的功能也从微观功能发展至宏观功能再到元功能。朱永生（2011）还梳理了系统功能语言学流派中其他研究者关于个体发生的观点，例如Painter的研究印证了Halliday提出的三个阶段，但朱永生（2011）认为，从微观到宏观功能的发展没有固定统一的顺序。

丁肇芬、朱永生、张德禄、谢翠平等学者都进行了儿童语言发展的相关研究。其中，丁肇芬和张德禄（2018）从多模态的视角研究儿童早期的话语模式，提出儿童早期的全身表意模式具有语境依赖性。沿着"生理—情感—审美—运动"的发展曲线，丁肇芬和张德禄（2018）尝试建立多模态意义模块的分析框架，用以分析儿童不同发展阶段的语言。朱永生（2015，2017）从宏观和微观的角度分析了一个中国男孩从出生第一天到第27个月的语言表现，记录了这个男孩的原语言阶段与从第19个月到第27个月之间的过渡阶段。朱永生（2015）发现，过渡阶段的语言习得体现出多层次、多功能性、具有对话意识、语类完整、具有语篇性和隐喻式表达等特征。朱永生（2017）则通过对语料的总结，印证了儿童语言发展实用功能先于理性功能的顺序，证据来自包括及物性、疑问句、人称、归一度、体、象似性和逻辑性子系统中的语言发展顺序，例如心理过程发展先于其他过程以满足生理和精神需求，特殊疑问句先于是非疑问句，第三人称先于第一、第二人称，肯定先于否定，进行体先于完成体，一致式先于隐喻式，条件关系先于其他关系等。

除此之外，还有研究基于儿童语言习得的表现，提出了对教学法的启示（朱永生，2020）。不过，国内的系统功能语言学目前对于个体发生普遍规律的关注还比较少，研究方法也主要是个案的长期观察、记录和分析，整体而言还有很大的探索空间。

4.3.6 研究方法的新讨论

前文主要回顾了系统功能语言学视角下的对语言一般规律的探索，本节将主要讨论系统功能语言学视角下的普通语言学研究在研究方法上的新动向。语料库的研究方法在系统功能语言学的研究中一直占有重要地位。随着研究越来越强调"适用性"，研究方法也愈发强调对实际语料的细致描述和计数，因此，语料库语言学中的自动分析（automated analysis）方法在系统功能语言学研究中也逐渐凸显。刘建鹏和杜惠芳（2013：34）指出，语料库语言学的实证研究方法可以使系统功能语言学的研究更加"客观、精细、深入"。

在这十年的研究中，语料库的研究方法在系统功能语言学中的推进一方面是在具体研究中发挥作用，这在之前的研究总结中都有提及；另外一方面是结合语料库语言学理论与系统功能语言学的理论研究（董敏，2017；刘建鹏、杜惠芳，2013；刘建鹏、杨炳钧，2011；刘建鹏等，2014；苏杭、卫乃兴，2017；王正、张德禄，2016；詹宏伟、朱永生，2017）。此外，还有语料库的建设（李文、杨炳钧，2018；彭宣维等，2012）。这些都为未来系统功能语言学的研究提供了更充分的语料和更有效的研究方法。

第 4 章　系统功能语言学视角下的普通语言学研究

在研究视角方面，多模态话语分析（及多模态互动分析）、批评性话语分析、积极性话语分析以及认知语言学的视角在系统功能语言学的研究中越来越受到关注。在多模态研究方面，随着科学技术在社会生活中的广泛应用，人们的交际以多模态的方式呈现，因此，对意义的研究也应该包含多个模态（程瑞兰、张德禄，2017；冯德正，2015；张德禄、王正，2016；冯德正等，2014；胡壮麟，2018；雷茜、张德禄，2018；张德禄、郭恩华，2013）。国内的多模态研究始于 2003 年（李战子，2003），根据程瑞兰和张德禄（2017）的统计，2010 年后，多模态视角下的话语分析越来越多，基于系统功能语言学理论的多模态分析多集中于 2014 年之前；2014 年后，多模态的研究视角多基于系统功能语言学和认知语言学两个理论基础。总体而言，采用多模态分析方法的研究具有跨学科性，跨学科的多模态理论体系正在发展，多种研究手段和方法都随着科技的进步有不同的提升。不过，与此同时，相关的理论构建还不够完善，对多学科的适应性还不够。此外，除了定性和理论探索外，采用多模态分析方法的研究还可以做相关的定量研究，或是建立实际应用中语篇分析的研究框架。

批评性话语分析和积极性话语分析也作为研究视角进入系统功能语言学的研究。根据胡壮麟（2012a），这两种研究视角在国内的研究分别始于 2002 年（潘章先，2002）和 2006 年（朱永生，2006），是采用评价理论的三个分析系统，从三个元功能的角度解构或建构语言的权势或意识形态。批评性话语分析重视概念功能，而积极话语分析侧重人际功能；研究对象/语料可分为"坏新闻"和"好新闻"；批评和积极的分析也可用于同一话语中（胡壮麟，2012a）。这两种研究视角在理论上还有待进一步发展。

除此之外，系统功能语言学的研究近年来与认知语言学的理论研究建立了联系，基于系统功能语言学的认知观，讨论二者的结合或差异（胡壮麟，2014，2021）。研究发现，在多模态分析、隐喻、评价理论等方面，系统功能语言学理论中认知的视角可以加深对这些语言现象的理解（冯德正，2011；冯德正、亓玉杰，2014；向大军，2016 等）。

4.4 评述与展望

本章回顾了国内系统功能语言学视角下的普通语言学研究在近十年中的进展，由于篇幅有限，有些研究未能涉及。从已梳理的研究来看，总体上，国内的系统功能语言学始终从意义的角度探索语言中存在的普遍共性，并从功能、社会文化乃至思维方式的角度解释观察到的语言差异。研究主要基于某个普遍的语义要素或语篇语义类型，讨论其在某个语言中的分类和扩展，或是进行跨语言比较，观察语言编码（或结构）的差异。可以说，系统功能语言学视角下的普通语言学研究一方面注重语言的共性，一方面将语言的差异归结为不同层面、不同类型的功能的原因，强调情景语境、社会文化语境和人的思维习惯之间的差异。因此，语言的差异也是有规律可循的。此外，由于系统功能语言学将语言视为社会符号，且始终强调语言的"适用性"，近十年的大量研究还关注实际使用中的语言，讨论语言如何解释和解决实际问题。不过，由于和普通语言学的直接关系较远，相关的应用性研究没有囊括于上述总结与梳理中。具体话题包括翻译的质量、教育的公平、生态的保护等，凸显了语言的社会属性和适用性。这类研究多以某个理论框架为基础，收集语料，分析和解释实际问题，再反思描写范畴或分析框架的适用性。这其实是基于语言共性而进行的讨论，同时关照了不同语言对应的不同情境和社会文化环境。不过这类研究并没有强调语言本身的共性或个性，究其原因是因为其目的是对语言适用性的研究，因此主要讨论语言如何解决实际问题。

在词汇语法和语法隐喻方面，相关研究在对概念功能分析系统的重构、人际功能的扩展、具体语言结构在语篇功能方面的体现等问题上都有所推进。语篇相关的研究对现有框架提出了问题，并基于更多汉语语料做出改进或发展出新的框架，为解决语言具体问题提供有力的基础。一些研究还引入认知、心理等分析视角，丰富了系统功能语言学的研究。同时，由于系统功能语言学理论的开放性，描写的范畴或分析的框架有进一步改进和扩展的可能，一些概念相关的争论和问题也还未完全理清，例如语法隐喻的本质等，这些问题有待未来研究的回应。在具体语言现象方面，国内的研究总结和梳理了语言间的共性和倾向，对普通语

第 4 章　系统功能语言学视角下的普通语言学研究

言学做出了很大贡献，也启发了类型学视角下的研究。笔者认为，进一步建立普遍的语义要素，可能是搭建语义系统研究、使研究更加系统化的可行方案。此外，这类研究对语言差异和共性的解释和论证还略显不足，这可能是由于观察的现象在大量的语言中差异过于复杂的缘故，因此进一步解释语言差异、将差异系统化的研究需要得到更多关注。同时，这类研究也可以考虑为原有的描写范畴或分析框架作出反馈。

在儿童语言习得方面，系统功能语言学视角下对一般语言发展规律的探索，观察细致、追踪时间长，为验证理论假设提供了有力证据。但是，系统功能语言学在这一领域的讨论在理论构建、规律发现和研究方法上都还处在起步阶段，存在许多潜在的研究问题，在未来的研究中还有很大发展空间。

除此之外，在解决实际问题方面值得一提的是，这类研究的情景涉及学术、法律、政治、新闻、商务、文学、医疗、生态、教育等多个领域，在语篇和话语层面的规律探索方面做出了贡献。同时，这些研究还致力于解决"语言消费者"所面临的实际问题，不少研究都对翻译实践、教学实践、生态保护、文学文本分析等提出了理论依据和研究框架。不仅如此，很多研究结合强有力的多模态视角，扩展了研究的范围，同时也使人们对语篇有了更全面的认识。此外，适用性的研究还保持与相关领域的对谈，如教育社会学、生态学等，如何保持和促进这些对谈也是未来研究需要关注的。

第 5 章
索绪尔研究与普通语言学研究

5.1 引言

语言学的研究对象是什么？这一对象具有哪些性质，应当以什么方法加以研究？语言学学科的内部架构如何搭建？语言学的边界在哪里？语言学家的最终目标是什么？这些问题直指语言学的哲学基础，是普通语言学的中心议题。时至今日，语言学界对于这些问题的认识依然是瑞士语言学家 Ferdinand de Saussure 在《普通语言学教程》（以下简称《教程》）中奠定的。[1] Saussure 在书中确立的语言的语言学和言语的语言学、共时语言学和历时语言学、内部语言学和外部语言学等区分为现代语言学奠定了基本的学科框架；他深入探讨的语言的符号属性、语言的共时系统和价值体系、语言要素的句段关系和联想关系等理论概念，明确了语言学的研究对象及其本体论属性，推动了共时语言学基本分析方法的创立，成为结构主义语言学的理论基石，也深刻影响着后结构主义时期各理论流派对语言本体和语言学研究方法的认识。因此，索绪尔研究是普通语言学学科中极具生命力的组成部分。

索绪尔语言学理论在我国也产生了强劲而持久的冲击力。尤其是近十年来，随着国内高校语言学学科建设的不断推进，以及由此带来的"语言学概论"类课程教学的实际需要，加上 Saussure 逝世 100 周年（1913—2013）以及《教程》出版 100 周年（1916—2016）等特殊契机的推动，中国的索绪尔研究热度日益增长，多场专题讨论会陆续召开，

---

[1] 本章所引《普通语言学教程》的文句和术语均以高名凯译本（商务印书馆，1980 年）为准。

不少期刊推出了索绪尔研究专栏，译著、评介、专论等研究成果不断涌现，整体呈现出重视新材料、推出新观点、论题多样化、紧跟学科发展潮流等研究特色。可以说，索绪尔研究的持续推进是近十年来国内普通语言学研究的重要成果之一。

本节将首先简述 2010 年之前索绪尔研究在中国的基本面貌，接着对近十年外语学界索绪尔研究的主要形式进行简要介绍，最后梳理本章的主要内容，以便读者快速了解本章综述的基本背景和主体框架。

5.1.1　2010 年之前国内索绪尔研究简述

索绪尔学说早在 20 世纪 30 年代就在我国语言学界产生了影响，最早的引介者是陈望道、方光焘两位先生。陈望道先生在 20 世纪 20 年代留学日本期间接触到《教程》的日译本[1]，很快将索绪尔语言学理论吸收到自己的研究中，1932 年出版的《修辞学发凡》已大量运用《教程》中的理论概念分析修辞学问题。方光焘先生 20 世纪 20 年代末在法国里昂大学求学期间受到 Saussure 的学生 Antoine Meillet 和 Joseph Vendryes 的教导，对 Saussure 的著作有深入的钻研。20 世纪 50 年代中期，方光焘先生在中山大学开设相关课程，成为第一位在我国高校讲授索绪尔语言学理论的学者。（戚雨村，1997）

虽然索绪尔学说引入的时间较早，但长期以来国内缺乏通行的译本，加之政治思潮影响，除少数几位精通法语、日语的学者（如陈望道、方光焘、岑麒祥、高名凯等）之外，国内语言学界对索绪尔学说的认识是零散而片面的。直到 1980 年商务印书馆出版由高名凯先生翻译、岑麒祥和叶蜚声两位先生校注的《普通语言学教程》[2]，国内的读者才得以系统地了解索绪尔语言学理论。

高名凯译本出版后，国内涌现出一大批索绪尔研究的优秀成果。据

1　日译本译名为《言语学原论》，1928 年出版，是《教程》最早的外译本，译者为小林英夫。

2　高名凯先生早在 1963 年就依据第三版的法语原作完成了《教程》的翻译，并由岑麒祥先生校订，但这一译本因各种原因搁置了十余年，1979 年才由叶蜚声先生重新校订，1980 年由商务印书馆印行。

第 5 章　索绪尔研究与普通语言学研究

赵蓉晖（2005：9-10）统计，截至 2003 年底，国内学者共发表索绪尔研究方面的成果近 300 项，其中 93% 以上的成果发表在 1980 年高名凯译本出版之后。赵蓉晖精选了其中 32 篇代表性研究成果，合编为论文集《索绪尔研究在中国》，涵盖"索绪尔评介""索绪尔著作的版本研究""索绪尔思想溯源""索绪尔理论研究"四个主题，2005 年由商务印书馆出版发行，代表了国内早期索绪尔研究的最高水平，也是近十年来的索绪尔研究所参考引用的主要文献。

21 世纪以来《教程》又有三个新的中译本问世。裴文译本据法语第五版译出，2002 年由江苏教育出版社出版。另外两个译本的翻译对象为 Saussure 的学生 Emile Constantin 听取 Saussure 第三度讲授时的笔记[1]。其中，张绍杰根据小松英辅和 Roy Harris 于 1993 年编辑整理的法英对照本译出，定名《普通语言学教程：1910—1911 索绪尔第三度讲授》，2001 年由湖南教育出版社出版；屠友祥据小松荣介 1993 年整理的法文版译出，定名《索绪尔第三次普通语言学教程》，2002 年由上海人民出版社出版。以上译本均成为近十年索绪尔研究的重要依据。

5.1.2　近十年索绪尔研究的主要形式

2013 年是 Saussure 逝世 100 周年，从这一年前后开始为纪念其学术贡献而筹办的一系列学术会议和期刊专栏是近十年索绪尔研究的重要形式。

2012 年 12 月，由东北师范大学外语学院主办、《外语学刊》编辑部协办的圆桌会议"纪念索绪尔逝世 100 周年暨索绪尔研究在中国"在吉林长春召开，会议主题为"索绪尔语言理论与当今语言学的发展"。2013 年 4 月，中西语言哲学研究会在浙江工业大学举办了主题为"索绪尔语言哲学思想研究"的第二届高层论坛，就索绪尔语言理论中的哲学思想问题展开了深入的讨论。同年 10 月，由南京大学中国语言战略研究中心、法兰西公学院、法国奥尔良大学联合主办，南京大学外国语

---

[1]《教程》的编者 Charles Bally 和 Albert Sechehaye 在最初编辑整理时未见到这份笔记。

学院法语系承办的"索绪尔逝世 100 周年纪念暨索绪尔语言学思想国际学术讨论会"召开，来自中国、法国、日本、韩国等国家和地区的近 30 名索绪尔研究专家与会。上述会议就索绪尔语言学理论、索绪尔语言哲学思想、索绪尔新发现手稿等研究课题进行了热烈的讨论，极大地促进了索绪尔研究在中国向着更全面、更深入的方向发展。

由黑龙江大学主办的学术期刊《外语学刊》在 Saussure 逝世 100 周年纪念活动中扮演了重要角色。该刊不仅参与组织了上文提到的"索绪尔语言理论与当今语言学的发展""索绪尔语言哲学思想研究"等学术会议，还在 2013 年第 4 期开设"索绪尔逝世百周年纪念"专栏，并在 2014 年第 1、第 2 期连续推出"语言哲学视域中的索绪尔思想研究"专栏。上述专栏先后刊发 12 篇索绪尔研究论文，内容涉及索绪尔语言符号观、任意性理论、索绪尔的后世影响、索绪尔语言哲学等学术问题。

由北京外国语大学主办的外语学界权威期刊《外语教学与研究》也在 2013 年第 3 期集中刊发了四篇索绪尔研究论文，此后数年也陆续有高水平的索绪尔研究成果刊登发表。其他各类学术期刊及大学学报近十年来也刊发了大量索绪尔研究方面的文章，且多集中在 2013 年前后发表，足见 Saussure 逝世 100 周年纪念的契机在国内带来的研究热情。

值得特别指出的是，2011 年由于秀英翻译的《普通语言学手稿》在南京大学出版社出版，2020 年由商务印书馆再版。该译本是新发现索绪尔手稿（详见本章第 5.5 节的介绍）的第一个也是截至本书刊行前唯一一个中译本，对于索绪尔手稿研究在中国的广泛开展具有重要的奠基意义。

5.1.3 本章内容简述

本章的综述可分为两大主体部分，凡是以《普通语言学教程》为主要依据的研究放在 5.2 至 5.4 节展开，而以《普通语言学手稿》为主要论述对象的研究则放在 5.5 节。以《教程》为依据的研究，又可分为"索绪尔语言学思想研究""索绪尔语言理论的思想探源研究"和"理论对比及后世影响研究"三个向度，分别在 5.2、5.3、5.4 节具体展开综述。各节一般先阐述相关研究课题的背景，然后按照时间顺序或特定逻辑顺序介绍相关研究成果，必要时对特定研究中的亮点或不足单独评述。在 5.6 节中，我们对近十年外语学界索绪尔研究的整体成绩和缺憾进行总结，并就未来研究的发展作出展望。

5.2 索绪尔语言学思想研究

本节综述的对象是以《普通语言学教程》为主要依据的索绪尔语言学思想研究。这类研究可以分为整体性研究和专题研究两种形式。5.2.1 小节将梳理索绪尔学说的整体性研究，包括索绪尔的语言本体论、语言学方法论和语言哲学三个主题。专题研究方面，任意性问题自 20 世纪 80 年代起就是索绪尔研究中最为热门的话题，近十年来依旧有不少讨论；而价值理论是索绪尔共时语言学的核心，对理解 Saussure 的语言本体思想和语言学方法论至关重要。5.2.2 和 5.2.3 两个小节分别综述以上两个话题的专门研究。需要特别指出的是，任意性问题实际上是索绪尔符号理论的组成部分，但为清晰起见，凡综论索绪尔符号理论的文章均归入 5.2.1 小节，专论任意性问题的文章则归入 5.2.2 小节。

5.2.1 索绪尔语言学思想的整体性研究

本节从三个方面综述索绪尔语言学思想的整体性研究，分别是索绪尔语言本体论的研究、索绪尔语言学方法论的研究和索绪尔语言学中体现出的语言哲学的研究。

1. 索绪尔语言本体论的研究

所谓语言本体论，即对语言是什么，语言具有哪些性质等问题的追问。Saussure 认为："语言是一种表达观念的符号系统。"（费尔迪南·德·索绪尔，1980/2019：36）这一符号系统首先是一种社会制度，是一种存在于集体心智中的社会事实，对使用它的个人具有强制性和规约性。而语言符号系统自身又具有其独立运作的机制，系统内符号的价值只取决于系统中的差异和对立。符号性、社会性、系统性，是索绪尔语言本体论的三个关键词。学界在这一问题上的研究也围绕着这三个关键词展开。

冯志伟（2013）综述了 Saussure 的语言符号学说，对符号的心理性、任意性和线条性进行了解说，同时介绍了现代语言学理论对索绪尔符号学的挑战，包括：（1）认知语言学所秉持的"语言象似性"对任意性的挑战；（2）句法理论所秉持的层次性以及自然语言处理技术中涉及的符号的网络性对线条性的挑战。该研究为我们开启了索绪尔语言学与现代语言学的对比视角，但笔者认为，冯志伟（2013）提到的现代语言学的诸多理论观点或许不应视为对索绪尔符号理论的"挑战"，而更应看作一种"呼应"或"补充"。例如，该研究所说的符号的网络性与索绪尔理论中的联想关系是契合的，而 Saussure 所说的线条性强调的是语言符号在时间这一维度上只能相继出现而不能同时出现，按 Saussure 的话说，反映了语言符号的"能指属听觉性质"（费尔迪南·德·索绪尔，1980/2019：111），即语言符号在物质实现方面的属性，与句法理论中的层次性并不在同一维度，二者并不冲突。有关象似性与任意性的关系问题，我们将在下一小节进行讨论。

李文新（2012）讨论了索绪尔语言本体论中社会性和系统性的关系。研究认为，社会规范和系统整体是 Saussure 对语言的两种定性，但二者存在逻辑上的矛盾。一方面，如果说语言是约定俗成的社会规范，那么语言就是由外部因素决定的；另一方面，如果承认语言是一个自足的系统，这就要求我们斩断语言的外部基础。对于这一矛盾，该研究的解决方案是："基于言语实践产生的社会规范是历时的，而作为系统整体的'语言'是共时的，社会规范和系统整体是同一事物用不同视角看待的结果。"（李文新，2012：7）该研究同时指出，在社会规范和系统整体中，系统整体才是 Saussure 强调的"语言的正常的、有规律的生命"（费尔迪南·德·索绪尔，1980/2019：113），具有语言本体的地位。

张延飞和张绍杰（2014）回应了李文新（2012），认为其所谓的社会规范和系统整体的矛盾并不存在。该研究对于系统性和社会性的关系有如下论述:"语言作为一个任意的符号系统和语言作为一个规约的符号系统相辅相成,它们代表两种制衡的力量:一个是任意的力量,即语言使用者以个人的自由意志去任意表达自己的思想;另一个是规约的力量,以社会强制的方式制约着任意表达的自由,或对语言的使用施加限制。"(张延飞、张绍杰,2014:12)对于李文新(2012)"基于言语实践产生的社会规范是历时的"这一表述,两位作者援引 Thibault(1997)的观点予以批驳:"言语实践指的是语言使用者充分利用语言系统规约资源去创造意义,而不是说规约是基于言语实践产生的。"(张延飞、张绍杰,2014:11-12)

笔者认为,李文新(2012)、张延飞和张绍杰(2014)这两项研究各有得失。李文新注意到系统性是"语言"内部的性质,而社会规约性引入了外部因素,这一观察是十分有意义的。语言的社会规约性可以从历时的视角来理解,这一观点本身也没有问题。Saussure 说:"语言之所以有稳固的性质,不仅是因为它被绑在集体的镇石上,而且因为它是处在时间之中。这两件事是分不开的。无论什么时候,跟过去有连带关系就会对选择的自由有所妨碍。"(费尔迪南·德·索绪尔,1980/2019:116)Saussure 在这里表达的思想其实就是社会规约性的历时视角。但是,从其根本属性来看,社会规约是一种共时现象,将其理解为"语言"对"言语"的制约作用更接近其本质,即 Saussure 所说的"集体的镇石"。从这一点来看,张延飞、张绍杰对社会规约性的理解更加切中要害。但张延飞、张绍杰把"任意的符号系统"理解为"语言使用者以个人的自由意志去任意表达自己的思想"则有待商榷,Saussure 明确表达过"任意性"的提法"不应该使人想起能指完全取决于说话者的自由选择"(同上:109),"任意性"应当理解为"不可论证性"(unmotivatedness)。

此外,就语言本体论这一话题,学界还涌现出了一批综论性的研究。李洪儒(2010)通过对索绪尔语言理论中语言和言语、能指和所指、聚合关系和组合关系、共时和历时、价值和意义这五对二元对立范畴的综述,指出 Saussure 所确立的语言本体是"一个社会符号系统,它依靠规则实现自己的运作和存在,成其为自身,不属于多元世界中的任何其他部分"(李洪儒,2010:22)。同时,该研究认为被结构主义忽略的以说话人意义为核心的语言主观意义的研究,应当成为当代语言学对索绪尔传统的发展。吕红周（2010）从缘起、内涵和影响三个方面综述了 Saussure 的语言系统观。杨忠（2013）则在综论语言符号系统观的产生背景和学术贡献后，谈到这种语言本体论的局限性，如 Saussure 在言语交际行为中假定的"代码模式"（code model）忽视了语境因素。胡剑波（2011）综论了 Saussure 对语言意义问题的看法，包括意义是什么、意义的确立、意义的类型、意义的变化、意义的社会性、意义理论与索绪尔语言学基本概念的关系等问题。值得指出的是，该研究是在一种非常宽泛的理解下使用"意义"这一术语的，与索绪尔价值理论中提到的"意义"并不等同。

综上所述，在索绪尔语言本体论这一问题上，外语学界近十年的研究较为全面、深入，在一些问题上的争鸣富有新意，但也存在述介性较强而创新性不足以及对一些概念的理解和定位不甚准确等问题。

2. 索绪尔语言学方法论的研究

英国著名语言学家 John Lyons 曾说："索绪尔对于人类的贡献不是其语言学理论本身，而是他进行语言研究时所采用的方法论。"（转引自乔纳森·卡勒，1989：3-4）陈保亚（1997）将 Saussure 的方法论概括为"同质化"，即从异质的言语现象中找到同质的、稳定的、存在于集体意识中的语言系统，这一说法可谓一针见血。近十年来研究者对于索绪尔方法论的探讨实际上就是对"同质化"的具体解说。

王寅（2013c，2013e）将 Saussure 的方法论总结为"二元切分、重一轻一"。据其总结，Saussure 共确立了六组"二分对立关系"：（1）语言和言语；（2）内部和外部；（3）共时和历时；（4）形式和实体；（5）符内关系中的能指和所指；（6）符间关系中的横组合和纵聚合。王寅（2013c）将这六组对立的逻辑关联刻画为图 5-1，同时指出，前四组对立的意义在于"切除了异质的言语表达、复杂的外部干扰、多变的历史因素，然后锁定了'同质的语言内部的共时形式系统'为其唯一的研究对象"（王寅，2013c：2），作者把这种同质化方法戏称为"关门打语言"；而后两组对立的意义在于说明语言形式系统内部的运作机制，作者将这种机制总结为"系统产生关系、关系决定价值、价值规定意义"

（同上：6）。该研究对 Saussure "二元论"和"同质化"这两种研究方法的总结精准而深入，尽管作者自己对"同质化"的研究方法多次表示质疑。

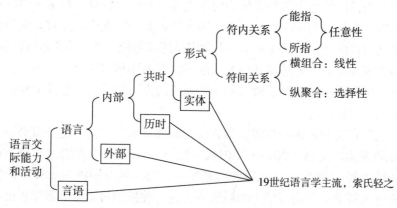

图 5-1　索氏理论的哥白尼革命之精神所在（王寅，2013c：2）

周频和朱文茜（2013）引述荷兰科学史家 H. Floris Cohen 的观点，指出起源于古希腊的科学哲学分为雅典传统和亚历山大传统两种进路。雅典传统的自然认识形式是"自然哲学的"，其特点是强调"第一原理"的基石地位，通过第一原理演绎出对世界万物的种种解释，在方法上属于"公理—演绎法"；亚历山大传统的自然认识形式是"抽象的—数学的"，其特点是重视抽象的数学实在的研究，在方法上属于"抽象化—理想化"的研究方法。该研究认为，索绪尔语言学理论在方法上同时体现了雅典传统和亚历山大传统：(1) 在理论构建上，Saussure 以"任意性"原则为第一原理，其他论断由此演绎而来，体现了雅典的"公理—演绎"传统；(2) 在研究对象的确定上，Saussure 排除异质的言语而专注于抽象化的"语言系统"，体现了亚历山大的"抽象化—理想化"传统。周频和朱文茜（2013）将 Saussure 的研究方法置于科学史的宏观视角下进行分析，观点中肯，具有启发意义。

王永祥和潘新宁（2013：125）强调"索绪尔在语言理论史上首先是一位方法论的开拓者"，是历史语言学和功能语言学之间的承上启下者。该研究用三个关键词概括 Saussure 的方法论：(1) "关系论"，即注重语言结构关系方面的共时研究;(2)"整体论",即注重系统内要素的相互联系性和整体性;(3)"抽象论",即注重语言符号系统的普遍性与抽象性。通过以上三种方法,Saussure 打破了历史比较语言学以"本体求证"为目标的追求物性实体历时演变源流的研究传统,将语言学带入重结构、重形式的新时代,而由他确立的一系列辩证的二元对立也为功能主义语言学奠定了理论基础,引发出系统和功能、语言学和超语言学、文内语境和文外语境等辩证的关系范畴。王永祥和潘新宁(2013)从语言学发展史的视角总结了索绪尔语言理论的方法论意义,加深了我们对索绪尔学术价值的认识。

虽然专文讨论索绪尔语言学方法论的文章很少,但上述各篇都有其独特的视角。王寅(2013b,2013c)侧重 Saussure 的方法论本身,周频和朱文茜(2013)、王永祥和潘新宁(2013)则分别将 Saussure 的方法论放入科学史和语言学史的视域下,这三种视角对于理解索绪尔语言学的方法论价值都有较大的启发意义。

3. 索绪尔研究的语言哲学视角

在西方的学术史叙事中,一般来说,Saussure 并不以哲学家的身份出场,但"一门新兴人文科学总是带着相当深入的哲学思考才能成形的。作为一门最重要的新兴人文科学的开创者,他对语言哲学的影响以及对一般哲学思考的影响都极为广泛、深刻"(陈嘉映,2003/2006:64)。就索绪尔学说所体现出的语言哲学这一话题,近十年来外语学界的研究以王寅(2013b)和霍永寿(2014)为代表,且这两篇文章的观点颇有争锋相对的意味,值得阅读比较。

王寅(2013b)认为,Saussure 与他同时代的分析哲学家享有诸多重要的共同点,包括:(1)持语言具有先在性、语言使思想出场的观点;(2)批判语言工具论;(3)将研究对象从"实体"转向了"关系";(4)持"内指论"的本体观,王寅(2013a)又称之为"关门打语言",与 Gottlob Frege 的"内涵决定论"和 Bertrand Russell 的"摹状论"关系密切;(5)认为语言系统与外部世界存在整体性的同构关系(亦见陈嘉映,2003/2006:76);(6)消解"人主体中心论",建立"语言中

第 5 章 索绪尔研究与普通语言学研究

心论",这一点被以 Jacques Derrida 为代表的解构主义批判;(7)符合"以形式逻辑为基础、以语言为研究对象、以分析方法为特征"的语言哲学三原则(江怡,2009)。基于以上七个方面,王寅(2013a)认为索绪尔理论的哲学基础应当定位于语言哲学,具有以 Frege、Russell 和 Wittgenstein 为代表的分析哲学的影子。

霍永寿(2014)则认为,Saussure 的语言哲学,恰恰是建立在对西方传统(语言)哲学以及当时正在兴起的分析哲学的批判和拒斥之上。首先,Saussure 对分类命名集的语言观的批判,实际上是对西方哲学的唯名论传统的批判,否定了语言与世界存在同构关系;其次,Saussure 认为"思想离开了词的表达,只是一团没有定型的、模糊不清的浑然之物"(费尔迪南·德·索绪尔,1980/2019:164),否定了语言与思想存在同构关系。上述两重否定使得 Saussure 的语言哲学与传统语言哲学和分析性语言哲学存在根本对立。该研究进一步将 Saussure 的语言哲学界定为"基于表义过程的意义理论",其特点是"以'系统'为参照,以'任意性'为基点,以'表义过程'为基本维度,以'义值'为核心,以'差异'和'负'的方法为进路"(霍永寿,2014:6)。

笔者认为,虽然 Saussure 的语言哲学很难归属于分析哲学传统(很明显他对"现象学—解释学"传统的语言哲学家的影响更大,参见陈嘉映,2003/2006:64),但他的学说确实与分析哲学存在共通之处,如对语言工具论的否定,从这一点来看王寅(2013b)的分析不无价值。然而,正如霍永寿(2014)所言,王寅(2013b)在强调二者的相似性时在某些方面走得过远,一些分析已经背离了 Saussure 的学说,例如在语言系统与外部世界的整体同构关系方面,Saussure 的学说显然与分析哲学的观点相悖。这也提醒我们,在做思想史的比较研究时,应当紧扣每位思想家的核心观点,不能脱离文本。

另外,钱冠连(2013)对索绪尔语言哲学也有独到的分析,由于该研究所依据的文本是《普通语言学手稿》,故将其放至 5.5 节中进行介绍。

除了索绪尔语言哲学与分析哲学的异同这一话题外,学界还有一些研究关涉索绪尔语言哲学的其他方面。例如,叶起昌和赵新(2014)讨论了索绪尔语言学理论中的"时间"这一本体论概念。时间在索绪尔语言学理论中具有中心地位，是共时和历时之分的基础。该研究认为，Saussure 所谈论的"时间"秉承古希腊传统的时间观，后者体现为古希腊哲学家 Zeno of Elea 提出的"飞矢不动"这一悖论。该悖论将古希腊人对时间的思考总结为"运动和静止的同一"：一方面，时间可依据物体的运动而视作延绵不断的时间流，例如"飞行的箭"的运动体现了时间的流动；另一方面，时间又可以视为极小的时间间隔的累加，而在每一个时间间隔中，运动的物体如"飞行的箭"都可以视为静止的。索绪尔理论中的时间恰恰体现了这种运动与静止的辩证统一：一方面，"时间保证语言的连续性"（费尔迪南·德·索绪尔，1980/2019：116），在连续的时间流中语言的"运动"（即变化）是绝对的；另一方面，对于说话人来说，语言事实"在时间上的连续是不存在的，摆在他面前的是一种状态"（1980/2019：125），某一时间点下的状态对于说话的大众具有"真正的、唯一的现实性"（1980/2019：135），从这一角度来看，语言又是静止的。因此，叶起昌和赵新（2014）认为运动与静止之间的辩证关系构成 Saussure 时间观的基石。

胡剑波（2019）讨论了索绪尔语言哲学中的"概念化"思想。所谓概念化，指的是语词对外在世界进行范畴化的模式，是认知语言学的重要研究课题之一。研究认为，Saussure 虽未使用"概念化"这一说法，但其语言学思想中已经深刻地体现了概念化的理念，具体表现为"语言是一个分类的原则"和"概念化是分节（articulation）的结果"这两种观点。该研究进一步讨论了 Saussure 的概念化理念同西方哲学中"（反）形而上学""分节""时间""主体"等概念的关系，指出 Saussure 以其理论的系统性超越了前人的思想。此外，胡剑波（2018）综述了国内外对索绪尔语言哲学思想的研究，可参阅。

最后，我们简单回顾潘文国（2013）这一篇较难归类的文章。该研究的主题是"索绪尔研究的哲学语言学视角"，其中"哲学语言学"这一提法是作者本人的创造（潘文国，2004），意在同本小节所关涉的"语言哲学"这一概念区分开来，后者指以语言为切入点的哲学研究，是哲学的分支学科，而前者指构建语言学理论所需进行的哲学准备，其最终归宿是语言学。据潘文国（2013），哲学语言学应当回答的问题包括：语言是什么，应当以什么角度研究语言学，为什么以这些角度研究语言

第 5 章 索绪尔研究与普通语言学研究

学,语言学的最终形态应该是什么样的,等等。可以看出,其所界定的"哲学语言学"实际上就是我们在本节前两点所说的"语言本体论"和"语言学方法论"。潘文国(2013)认为,从哲学语言学的视角出发,索绪尔语言思想的核心是"抽象思维"和"系统思维",前者大致相当于本节第二点内所说的"同质化"的方法,而后者即本节第一点中阐释的"系统性"的本体论思想。该研究指出,抽象思维和系统思维的哲学观在 Wilhem von Humboldt 的论著中均有较为明确的体现,Saussure 的上述思想极有可能是受到 Humboldt 的影响。暂且不论这一思想史渊源分析的合理性与意义所在,就潘文国(2013)所强调的哲学语言学和语言哲学的对立来说,这一概念辨析能够让我们有意识地区分作为语言学学科构建之基础的哲学和作为哲学本身的哲学,因此具有重要的启发意义。

5.2.2 任意性问题的研究

语言符号的任意性指的是符号的能指方面(音响形象)和所指方面(概念)之间不存在自然属性上的必然联系,二者的联结是任意的。任意性可以从两个层面来理解。第一个层面是就任意性本身来理解任意性。Saussure 指出,"语言间的差别和不同语言的存在"使得任意性成为一个非常显豁的事实,如"牛"在法语中是 bœuf [bœf],而在德语中是 Ochs [ɔks](费尔迪南·德·索绪尔,1980/2019:108)。第二个层面是从"任意性概念与索绪尔整体思想体系的内在联系"(张绍杰,2004:11)的角度来理解任意性。Saussure 将任意性视为语言符号理论中"头等重要"的原则,任意性这一论点本身就是符号的系统性和符号的价值理论的逻辑起点,因此它"支配着整个语言的语言学"(费尔迪南·德·索绪尔,1980/2019:108)。

近十年来外语学界对任意性的研究也是从以上两个层面展开的:就这一概念本身而言,学界往往将任意性和它的两个对立面——象似性和理据性(motivatedness)——进行对比分析;就任意性的理论地位而言,学界常常谈到任意性在 Saussure 所搭建的共时语言学中的基础性地位。

我们的综述也从这两个方面展开。

1. 任意性及其对立面

Saussure 认为"符号的任意性原则没有人反对"（费尔迪南·德·索绪尔，1980/2019：108），事实上并非如此。早在20世纪30年代，语言哲学家 Émile Benveniste 就提出命名论无法真正从符号的定义中排除出去的观点，从而对任意性学说发出第一次挑战。[1] 之后，Jakobson（1966/2004）从句法象似性的角度对 Saussure 的任意性学说提出了批判，该观点后来为认知语言学派所承袭，见下文的介绍。国内语言学界也受到了这一论争的影响，形成了质疑任意性（范文芳等，2002；陆丙甫、郭中，2005；沈家煊，1993；王寅，2002、2003；许国璋，1988 等）和维护任意性（李明，2008；马壮寰，2002；张绍杰、张延飞，2007 等）两派观点。

在质疑任意性的声音中，最常出现的两个词是"象似性"和"理据性"。张延飞和刘振前（2015）对象似性和理据性的内涵差异进行了辨析。该研究指出，象似性这一概念来自 Charles Peirce 的符号学理论，指的是语言符号同其在现实世界中的指称对象之间的相似性和拟象性，是语言内部和语言外部之间的关系；而理据性是索绪尔任意性学说的组成部分，Saussure 称之为"相对任意性"，与单个符号能指和所指间的"绝对任意性"不同，它指的是复杂单位（复合词、派生词、句子成分、整个句子）的整体价值与其构成成分的价值存在不同程度的关联，这种关联是由句段关系和联想关系支撑起来的，因此理据性同（绝对）任意性一样也隶属于 Saussure 所说的内部语言学。张延飞和刘振前（2015）进一步指出，持"理据说"的学者和持"象似说"的学者对 Saussure 的批判并不成立：一方面，理据性本身就是索绪尔语言理论的组成部分——系统对任意性的限制；另一方面，象似性是 Saussure 排除出内部语言学避而不谈的。该研究认为象似性可以作为索绪尔理论的补充而非对立面。

依循着上方研究的辨析，我们分别总结围绕象似性展开的研究和围

---

[1] 对 Benveniste 观点的介绍和回应，可参见屠友祥（2013）。

第 5 章 索绪尔研究与普通语言学研究

绕理据性展开的研究。象似性方面，胡壮麟（2010）讨论了任意论者和象似论者在持论对象上的重要差异：(1) 任意论者的持论对象是语言符号，而象似论者是在"元符号"（meta-sign）的意义上讨论符号性质的，涉及包括语言符号在内的所有符号系统；(2) 如果把讨论限定在"语言"内部，任意论者着重讨论口头语言，而象似论者还兼及文字和书面语言；(3) Saussure 反对的是单个符号内部能指和所指之间存在自然属性的关联，在符号的组合层面，Saussure 承认理据性的存在，即 Saussure 所说的"相对任意性"；而象似论者常常不加区分地把理据性视作象似论的一部分，未看到理据性在索绪尔理论中的地位。可见，任意论者和象似论者都有"各说各话"的嫌疑，并未形成有效的驳论和回应。

这种"各说各话"的问题也是赵彦春（2014b）一文所要揭示的。赵文回顾了 Jakobson 所持的"象似说"立场，指出 Jacobson 对索绪尔理论存在误判。Jakobson 的经典论据是恺撒的名言"Veni, vidi, vici"（我来，我见，我征服），这三个动词的排列顺序与它们所描述的动作的发生顺序是一致的，反映了句法象似性。赵彦春（2014）认为，这一层面的象似性跟 Saussure 所说的任意性不具有可比性，后者指的是符号内部能指和所指之间的关联，并不考虑符号与对象之间的关系。因此，Jacobson 的驳论已经超出了 Saussure 对符号的界定，不具有说服力。该研究进一步指出，Jakobson 的论述是在 Peirce 符号理论的框架下展开的，与 Saussure 的符号理论属于不同的体系。与张延飞和刘振前（2015）的观点类似，赵彦春（2014）也认为任意性与象似性之间的关系不是冲突的、对立的，二者本身就是作用范围不同的两个概念。

再谈谈学界对理据性的研究。在 Saussure 的语言理论中，句段关系和联想关系是语言运作的两种基本机制，二者为符号的组合提供了相对可论证的理据，从而限制了绝对任意性在系统中的无限运用。张绍杰（2013）、张延飞和刘振前（2015）两项研究均从语言机制对任意性的限制这一角度讨论了理据性在索绪尔语言理论中的地位。张绍杰（2013）认为，如果说绝对任意性体现了语言的规约性，那么相对任意性（理据性）则体现了语言的创造性，语言系统在绝对任意和相对任意的平衡中成为创造意义的资源。张延飞和刘振前（2015）则强调理据性中也存在规约的因素，具体体现为语言中的形态规则和语法规则。

此外，霍永寿和孙晨（2017）对国内外围绕任意性的论争有较为精详的综述，可参阅。

2. 任意性的理论地位

Saussure 说："发现真理往往比为这真理派定一个适当的地位来得容易。"（费尔迪南·德·索绪尔，1980/2019：108）我们也可以说，理解任意性是什么并不困难，困难的是准确把握任意性在索绪尔语言理论中的基础性地位。Saussure 认为语言是符号系统，从符号的存在方式来看，任意性斩断了符号与系统外事实的关联，使得符号获得了自足自立的本体地位，也使得对符号的研究必须从符号系统内部展开。讨论任意性的理论地位的研究有张绍杰（2013）、李文新（2011）以及霍永寿和孙晨（2017）三篇。

张绍杰（2013）指出，Saussure 的首要目标是认识语言学的研究对象，确立语言学的研究方法，而以上两点的基础是语言符号的任意性。一方面，共时的语言符号系统是语言学的研究对象，而语言符号的根本属性是能指和所指之间的任意性，任意性斩断了符号与系统外事实的关联，让语言学的研究对象更为明确；另一方面，从任意性的观点出发看待语言符号，必然意味着要去系统中搜寻符号的价值，意味着句段关系和联想关系的考察是确立符号价值的唯一方法。因此，任意性是索绪尔语言学思想的认识论和方法论基础。

李文新（2011）指出，任意性真正的对立面是语言起源问题和命名论，Saussure 否定了以上二者的价值，从而否定了存在"人创制语言"这一意志性行为，这也就意味着语言不是工具，语言具有"本体"的地位——一个具有内在运作机制的共时系统。霍永寿和孙晨（2017）表达了相同的见解，同时指出，拒斥命名论的后果是，"索绪尔必须为语言符号的意义寻求一种本体论解释"，这一解释的核心思想是"语言符号的意义不来自于符号对语言外实在对象的指称，而是来自于符号系统内部的意义分配"（霍永寿、孙晨，2017：52）。该研究进一步讨论了绝对任意性和相对任意性何以成为语言系统概念的理论基础，并在系统论的视野下分析了"价值"（value）、"负性"（negativity）等概念的理论意义。

3. 总结

综合以上两方面的研究，可以看出，近十年外语学界对任意性问题的讨论是十分深入而富有成效的。研究者大多站在认同任意性的合理性和理论价值的立场上，对任意性与象似性的关系、任意性与理据性的关系、任意性与共时语言学诸多概念的逻辑关联以及任意性在索绪尔理论中的哲学意义和方法论意义等问题作出了广泛而深入的探讨。尤其是研究者大多对象似性和理据性的内涵差异有着清醒的认识，对任意性的方法论意义和背后的哲学观有着精准的把握，这两点在笔者看来是近十年的研究中十分出彩的方面。

5.2.3 语言价值理论的研究

Saussure 说："语言只能是一个纯粹的价值系统。"（费尔迪南·德·索绪尔，1980/2019：164）价值，这一借自于经济学的术语，在索绪尔语言理论中可以理解为处于系统中的语言符号"产生意义的潜能"（meaning-making potential）（Thibault，1997：165），它取决于系统内部要素间的差异和对立，取决于符号在系统中所占据的相对位置——与其他符号的相对关系。语言价值是 Saussure 在《教程》的"共时语言学"部分提出的概念，这一概念不仅体现了索绪尔语言理论的系统观和整体观，而且与语言单位的确立、共时同一性（identité）、现实性（réalité）、句段关系和联想关系等共时语言学概念紧密关联，是索绪尔共时语言学的核心。

胡剑波和毛帅梅（2015）注意到了 Saussure"语言只能是一个纯粹的价值系统"这一表述中"纯粹"一词的使用，从语言学同经济学及文字学的差异、语言价值系统的特征、语言价值理论的意义三方面讨论了语言作为价值系统的"纯粹性"。这一研究对于我们理解语言符号的价值同其自然资料之间没有联系的理论观点以及语言价值理论在索绪尔语言理论中的地位等问题有一定参考意义。

张一平（2011）通过回应何兰（2008），辨析了 Saussure 的表述"一个词可以跟某种不同的东西即观念交换；也可以跟某种同性质的东西即另一个词相比"（费尔迪南·德·索绪尔，1980/2019：168）中"词"这一术语的所指。张一平（2011）指出原文第一句中的"词"指的是符号的能指方面，而第二句中的"词"指的是符号整体。该研究的解说是准确的。

李文新（2013）的观点则较为特殊。研究认为，Saussure 的价值理论中存在"共时态"与"历时态"的矛盾以及"价值"和"意义"的矛盾，因此，"索绪尔的语言价值观还不够彻底，没有真正建立起来"（李文新，2013：82）。该研究对价值的来源问题有这样的认识："索绪尔始终在价值的来源问题上左右摇摆，一方面，他认为，价值来源于历史上语言交流的晶化，符号的价值是从具体的使用中抽象出来的；另一方面，他又把语言看作一个整体，符号的价值产生于系统的差别和对比。"（李文新，2013：82）

我们认为，"价值来源于历史上语言交流的晶化"这一观点是对 Saussure 的误读。Saussure 在价值理论中是将共时态和历时态严格对立起来的，价值的唯一来源是共时状态下系统中的差别和对立——"语言是一个纯粹的价值系统，除它的各项要素的暂时状态以外不取决于任何东西"（费尔迪南·德·索绪尔，1980/2019：123）。此外，李文新（2013）对价值理论中的"意义"这一术语的理解也不甚准确，意义应当理解为价值在语言运用中的具体实现，而非其所说的现实中的实体。

除上述研究之外，胡剑波（2011）在综论 Saussure 对意义的看法时提到意义的确定有赖于符号在系统中的价值，对该研究的具体介绍已见于 5.2.1 下第一点；夏登山和蓝纯（2016）讨论了价值理论的经济学渊源，具体的介绍见 5.3.4 节。

总起来说，近十年来外语界对于价值理论的研究以述介和综论为主，同上一个十年涌现出的一批研究（鲍贵、王立非，2002；马壮寰，2004；戚雨村，2001；向明友，2000 等）相比，在深刻性和新创度上均未有显著提升。

5.3　索绪尔语言理论的思想探源研究

Saussure 被誉为"现代语言学之父"，他开创了历史比较语言学之

第5章　索绪尔研究与普通语言学研究

后全新的语言学研究范式。但我们也应该认识到，"索绪尔的语言理论不是凭空出现的，而是与当时社会科学中的思潮有密切的联系，尤其与社会学、心理学、语言学的发展趋势是分不开的"（刘润清，1995：77）。19世纪后期开始，社会科学发生了深刻的变革。一方面，德国著名社会学家、现代社会学的创始人 Emile Durkheim 对"社会事实"（social fact）的研究以及奥地利心理学家、精神分析学派的创始人 Sigmund Freud 对"下意识"（unconsciousness）的研究使人们认识到，社会是客观、实在的事实，而不是一种虚构，不是个体的简单加合，"集体心智/集体心理"独立于个体而存在，对个体的行为具有制约作用；另一方面，心理学的发展对社会科学产生了极大的冲击，包括 Hermann Paul 和 Baudouin de Courtenay 在内的语言学家开始强调语言的心理属性，主张通过心理机制认识语言的本质，对语言学学科的发展走向产生了重要影响。索绪尔语言学思想就诞生在这样的学术大背景下。因此，梳理19世纪后期语言学乃至社会科学的发展走向，探讨索绪尔思想的渊源，是索绪尔研究的重中之重。

索绪尔思想探源工作中一般会出现这些名字：语言学内部的有德国语言学家 Wilhelm von Humboldt、美国语言学家 William Whitney、波兰语言学家 Baudouin de Courtenay 和德国语言学家 Hermann Paul；其他学科的一般有德国社会学家 Emile Durkheim、瑞士经济学家 Léon Walras 等。近十年来外语学界在这一方面的研究成果涉及上列的大部分名字。研究成果分为综论和专论两种形式。综论性研究旨在全面介绍索绪尔理论的思想渊源，这类研究有戴瑞亮（2012）、李葆嘉和邱雪玫（2013）以及谢刚（2019）三篇；专论性研究则讨论索绪尔思想的某一侧面与特定人物的渊源关系，这类研究有讨论 Saussure 与 Whitney 之渊源关系的卢德平（2014）、讨论 Saussure 与 Courtenay 之渊源关系的杨衍春（2010）、讨论 Saussure 与 Paul 之渊源关系的陈贝佳（2020）以及讨论 Saussure 与 Walras 之渊源关系的夏登山和蓝纯（2016）。下文的综述中，我们以上述四篇专论性研究的主题为纲展开，综论性研究的相关创见则分别拆入各个主题之下进行介绍。

5.3.1 Saussure 与 Whitney

美国语言学家 William Whitney 精于梵语和印度学，著有《梵语语法》(*Sanskrit Grammar*，1879)，同时也对普通语言学的理论发展做出了开创性的贡献，其学说推动了新语法学派的出现（屠友祥，2019：77）。Whitney 在语言学方面的代表性著作《语言和语言研究》(*Language and the Study of Language*，1867) 以及《语言的生命和成长》(*The Life and Growth of Language*，1975)，反对早先 Max Müller 和 August Schleicher 的自然主义语言观，提出语言是社会制度的观点，认为语言符号的音义关联是任意而约定俗成的，具有社会性和强制性，这极大地影响了 Saussure 的语言观。Saussure 在《教程》中三次提及 Whitney，盛赞其对语文学和比较语法"发出第一次冲击"（费尔迪南·德·索绪尔，1980/2019：22），肯定其语言符号任意性和语言作为社会制度的观点。《普通语言学手稿》中也收有 Saussure 对 Whitney 著作所做的长篇注释，足见 Saussure 对 Whitney 学说的熟稔和推崇。

卢德平（2014）专文论述了 Saussure 在语言符号的任意性问题上对 Whitney 的继承和发展。研究指出，Saussure 在语言符号任意性理论的阐述中，不仅继承了 Whitney "任意"和"约定"两个侧面的思想，还做出以下几个方面的延伸和发展：第一，Saussure 认识到了语言在各种社会制度中的特殊地位，指出任意性是语言符号区别于其他社会制度的根本特征；第二，从言语活动（langage）中提炼出"语言"（langue），将任意性限制于"语言"层面，从而解决了言语活动中任意（理性意义表达）和理据（情感或本能呈现）并存的矛盾；第三，提出"能指"和"所指"这对新的符号学范畴，以取代 Whitney 的"语词"（或"语音形式"）和"思想"（或"观念"），在理论上进一步明确了语言符号的内在性；第四，提出语言符号的任意性蕴含着基于差异的语言符号的价值，由此引申的语言符号价值学说解决了语言符号的同一性问题；第五，Whitney 在论述语言符号任意性时提出的语言传统的强制力量，被 Saussure 提炼为语言符号所植根的两个维度——社会共同体和时间，从而指向语言符号任意性制约下的符号的可变性（创新）和不变性（维持）的悖论。

此外，谢刚（2019）一文也论及 Saussure 对 Whitney "语言是社会制度"观点的继承，同时援引屠友祥的观点指出，Saussure 和 Whitney 的另一共性在于，两家均认识到语言制度约定俗成的特性反映了语言的无意识性。

5.3.2 Saussure 与 Courtenay

波兰语言学家 Baudouin de Courtenay 长期在俄罗斯生活并从事学术活动，在喀山大学工作期间（1875—1883）创立喀山学派，强调语言的心理属性和社会属性，是早期音位学思想的主要提出者之一，被誉为音位学的鼻祖，对后来的布拉格学派产生了重要影响。Saussure 在《教程》中的诸多观点与 Courtenay 的学说极为相似，甚至某些段落几乎一字不差地重复了后者的表述（屠友祥，2019:3），尤其是在语言和言语的二分、静态语言学和演化语言学的二分、音位学理论等方面，二者的学说具有深刻的相似性，以至于 Courtenay 后期的学生对《教程》的原创性颇有微词（李葆嘉、邱雪玫，2013；屠友祥，2019:1）。实际上，就音位理论的建立来看，Saussure 和喀山学派的影响应当是双向的，音位理论中有不少是 Saussure 的创获。Saussure 在其 1878 年的论文《论印欧语元音的原始系统》（"Mémoire sur le système primitif des voyelles dans les langues indo-européennes"）中提出从形态学的视角分析语音问题，并最早提出了"音位"（phonème）这一术语。虽然 Saussure 是在历史音位的意义下使用这一术语的，但这一提法启发了 Courtenay 及其学生 Mikołaj Kruszewski 进行"语音"和"音位"的区分；Courtenay 建立的音位理论反过来又对 Saussure 产生了重要影响。另外，在语言和言语的二分、静态和演化的二分上，Saussure 和 Courtenay 学说的内涵并不完全一致（杨衍春，2010）。可以说，Saussure 和喀山学派之间是相互欣赏、相互借鉴的关系。

关于 Saussure 和 Courtenay 学说的异同及承继关系，论述最为集中而全面者当属杨衍春（2010）的专著《博杜恩·德·库尔德内语言学理论研究》。该书的主旨在于介绍 Courtenay 的学术思想和贡献，未形成专章讨论 Saussure 和 Courtenay 二者思想的异同，但在行文中时时进行比较，辨析了二者在以下诸多方面的思想对应关系：（1）语言（整体语言）和言语（个体语言）的二分；（2）省力原则在语言演变中的地位；（3）儿童语言在语言演变中的地位；（4）语言的内部研究和外部研究的二分；（5）语言符号的任意性；（6）句段关系（邻接性联想）和联想关系（类比性联想）的二分[1]；（7）语言的系统观；（8）"语言价值"的思想；（9）语言的静态和动态的二分。

值得称道的是，该书不仅强调了 Saussure 和 Courtenay 在学术思想和研究方法上惊人的相似性，还深入探讨了相似性背后的差异及差异形成的原因。以语言的静态方面和动态方面为例，Courtenay 强调从辩证的观点出发看待二者的关系，指出语言的静态不是同质的，其中包含了对历史的继承和将要发生的变动，静态中蕴含动态，二者是辩证的相互依赖关系；而 Saussure 将共时和历时严格对立起来，认为"历时同一性和共时同一性是极不相同的两回事"（费尔迪南·德·索绪尔，1980/2019：136），语言中只有共时方面对说话的大众具有"真正的、唯一的现实性"（同上：135）。此外，二者的差异还表现在：Courtenay 强调语言的内部历史和外部历史相互依赖，而 Saussure 强调内部语言学具有独立性；Courtenay 更看重个体语言的现实性，Saussure 更看重整体语言的现实性；等等。

杨衍春（2010）中还探讨了两位学者后世影响存在较大差异的原因：一方面，在 Courtenay 形成其主要学术思想的时期，历史比较研究仍是学界的主流，Courtenay 的思想因与时代格格不入而未取得应有的影响力；另一方面，Courtenay 和他的学生并未对其学术思想进行系统化的整理工作，未形成坚实一贯的学术体系，这使得 Saussure 的《教程》在学术史上大放异彩而 Courtenay 却被长时间地遗忘。

Saussure 和 Courtenay 的思想关联及学术地位的探讨还散见于综论性文章中。戴瑞亮（2012）强调了两家学说在语言符号的系统观以及共时—历时的二分法上的相似之处，尤其指出 Courtenay 的音位理论中体现出的系统观与 Saussure 的语言符号系统性的理念之间存在相当程度

---

[1] 该话题下所对比的主要是 Saussure 与 Courtenay 的学生 Mikołaj Kruszewski 的学说。

的契合。李葆嘉和邱雪玫（2013）则极力强调 Courtenay 在现代语言学诞生过程中的枢纽地位，指出他不仅创立了喀山学派，还是彼得堡学派和波兰学派的奠基者，并且深刻地影响了布拉格学派；而 Saussure 的贡献主要在于整合了 Durkheim 的社会学理论、Courtenay 的语言学理论和 Whitney 的语言符号学说，从中抽象出"以语言符号形式为对象的、内部的静态语言学"（李葆嘉、邱雪玫，2013：333），并将其置于语言研究的核心地位。谢刚（2019）从音位理论的创立和语言与言语的区分两个方面探讨了 Saussure 和 Courtenay 的学术关联：在音位思想方面，Saussure 在《论印欧语元音的原始系统》一文中形成的尚未成熟的音位思想以及"音位"这一术语对 Courtenay 有所启发；在语言与言语的区分方面，二者的提法虽有相似之处，但 Courtenay 并没有认识到 Saussure 意义上的"整体语言"（langue），背后的原因在于"库尔德内并未像索绪尔那样深入探讨语言和言语的关系从而确立语言的符号学地位"（谢刚，2019：64）。上述学术思想的梳理工作对于学术发展史的构建具有启发意义。

5.3.3　Saussure 与 Paul

德国语言学家 Hermann Paul，新语法学派的代表人物之一，持心理主义的语言观，其 1880 年的著作《语言史原理》（*Principien der Sprachgeschichte*）被誉为新语法学派的圣经。Saussure 在《教程》和《普通语言学手稿》中并未对 Paul 的观点进行直接引述，仅在介绍新语法学派时罗列了 Paul 的名字（费尔迪南·德·索绪尔，1980/2019：23）；但 Saussure 的学说受到了 Paul 的影响，这一点在学界几无争议。一般认为，Paul 在《语言史原理》中所区分的"描写语法"（deskriptive Grammatik）与"历史语法"（historische Grammatik）是 Saussure "共时—历时"二分的思想来源之一。另外，Paul 对"语言习惯用法"（Sprachusus）和"个体语言活动"（individuelle Sprechtätigkeit）的区分，以及对类比创新中心理联想因素的论述，在 Saussure 的《教程》中均可找到相对应的讨论（屠友祥，2019：57–73）。

陈贝佳（2020）专文论述了 Paul 对 Saussure 的影响。研究首先在史料层面论证了 Saussure 的思想曾受到 Paul《语言史原理》的影响：第一，藏于慕尼黑大学的 Paul 手稿中存有 Saussure 1880 年 11 月 4 日的信件，信中作为学生的 Saussure 感谢 Paul 惠赠《语言史原理》书稿，并表示计划发表一篇书评（后未完成）；第二，日内瓦城市图书馆所藏索绪尔手稿中有 Saussure 对 Paul 的期刊文章及《语言史原理》一书的若干摘录和评论。以上材料可确证 Saussure 对 Paul 的学说进行了仔细阅读和深入思考。

该研究接下来从思想史的角度对比了 Paul "描写语法—历史语法"二分和 Saussure "共时—历时"二分的异同。首先，Paul 的二分法是对语言研究方法的区分，"描写语法"和"历史语法"是语言研究的两个步骤，前者对某一时刻语言共同体内语法形式及关系的惯常情况进行描述，而后者在此基础上进一步对比分析不同时间下语言使用情况的异同，从而找出语言演变的动因及规律。在侧重点上，Paul 更看重历史语法，即对语言变化动因的探究。而 Saussure 的二分法是语言研究的两个视角，并且 Saussure 认为视角决定了研究对象，而非相反。"共时"和"历时"的观察对象均为作为纯粹价值系统的语言，共时视角观察某一状态下系统内各元素间的关系，而历时视角观察系统中单个元素的变化。因强调语言的系统性，Saussure 更看重共时层面的研究。其次，这两种二分立足的层面不同。Saussure 立足于集体层面，强调语言的系统性；而 Paul 立足于个体层面，专注于个体言语行为。这一差异源于二者不同的语言心理观：虽然两人受 19 世纪下半叶语言学发展动向的影响均持心理主义的语言观，但 Paul 所持的是个人主义心理观，认为语言运作及发展所依靠的心理过程仅存在于个体内部；而 Saussure 持集体主义心理观，认为只有在集体意识中语言系统才得以完整呈现。

在上述差异之外，陈贝佳（2020）还探讨了二人共享的思想源流——语言作为"有机体"的思潮。"有机体"这一概念在 18、19 世纪之交广泛影响了自然哲学和各类社会、文化学科，这些学科常视其研究对象为具有"产生—发展—消亡—再生"过程的"生命体"，语言学也不例外。Paul 和 Saussure 均受到这一思潮影响，且二人均摒弃了将有机体的生命特征与语言相类比的做法，而将"有机体"重释为语言的心理状态。

第 5 章　索绪尔研究与普通语言学研究

当然，在这一问题上，二者仍有个人心理立场和集体心理立场的差别。

特别值得指出的是，陈贝佳（2020）极力强调理论源考中研究史和思想史的区分，前者依靠直接证据重构历史，通常以信件往来、出版物引文等材料呈现人物间的直接影响关系，而后者主要通过对比的方法分析理论的发展与变迁，不限于人物间的直接影响关系。该研究贯彻了这一区分，从两个角度分别进行了论证，是近十年索绪尔理论探源研究中具有方法意识的代表。

在综论性研究中，谢刚（2019）讨论了 Saussure 和 Paul "语言—言语"区分的异同。Paul 区分了"语言习惯用法""个体语言活动"以及"共同语"（Gemeinsprache）三个概念，这与 Saussure 的"语言""言语"和"群体语言"的三分法形成整齐的对应。但是，Paul 将"个体语言活动"视为语言研究的对象，而 Saussure 则坚持"语言"才是语言学研究的中心任务。谢刚（2019）认为，这一差异源于二者在语言研究中所持的不同的心理学立场——Paul 强调个体心理学对语言研究的重要性，遵循经验实证主义路径；而 Saussure 秉持集体心理学的立场，认为语言学应隶属于社会心理学。

5.3.4 "价值理论"探源

《教程》多次将语言学与经济学进行类比。例如，在论及静态与演化的二重性时，《教程》称"我们所说的二重性却专横地强加于经济学上面"，"政治经济学和经济史在同一门科学里构成了两个划分得很清楚的学科"（费尔迪南·德·索绪尔，1980/2019：122-123），这一点与语言学中共时维度和历时维度的对立相平行。而《教程》中"价值"这一概念则根本上是借自于经济学的——"在这里，正如在政治经济学里一样，人们都面临着价值这个概念。那在这两种科学里都是涉及不同类事物间的等价系统，不过一种是劳动和工资，一种是所指和能指"（同上：123）。

岑麒祥和叶蜚声在高名凯译本的《教程》的校注中指出："在经济学方面，索绪尔受到以华尔拉斯等人为代表的瑞士正统经济学派的影响比较深，从中吸取了一些观点，用来阐明他的语言理论。"（同上：123）这一观点最初可追溯至 Pariente（1969）（转引自夏登山、蓝纯，2016），代表了学界的主流看法。

然而，夏登山和蓝纯（2016）提出了截然不同的观点，认为就语言价值理论来说，Saussure 的学说与古典经济学的劳动价值论更为接近，而与以 Walras 等学者为代表的边际学派大不相同。文章首先对 Walras 以及边际学派在商品价值方面的观点进行了简要介绍。Walras 是洛桑（Lausanne）数理经济学派的创始人，提倡将数学应用到经济分析中，并提出了一般均衡理论（general equilibrium theory）。在价值理论方面，Walras 提出"稀少性"（Rareté）价值论，认为商品的交换价值与稀少性成正比，其衡量应以效用递减规律和效用最大化原理为基础。此外，边际学派的价值理论还包括 Williams Jevons 的"最后效用程度"（final degree of utility）理论和 Carl Menger 的边际效用价值论（marginal utility theory of value）。边际学派学者的共同观点是，价值不能独立存在，而是起源于边际效用，是经济人对商品所具有的意义（满足欲望的程度）所下的判断，取决于主体的需求，而不是客观存在的劳动或其他外在因素。这与 Saussure 的语言价值理论在精神内核上大不相同，后者认为语言符号的价值纯粹来自于系统中的差异，是社会强加给语言使用者的规约，与主体自身的判断和需求无涉。Saussure 的语言价值论反倒与古典经济学的价值理论有相似之处，后者以 Adam Smith 和 David Richardo 的劳动价值论为代表，该理论认为劳动是价值的来源，商品的价值由凝结在商品中的劳动量所决定，具有客观性，不依主体的个人判断而变化。夏登山和蓝纯（2016）特别指出，Saussure 在比较经济学与语言学的异同时，将语言的价值分别与劳动、工资/资本和土地进行类比，而这三者正是自 Smith 以来的劳动价值论所认定的价值来源三要素。

另外，该研究还指出，在共时和历时的区分方面，Saussure 极有可能受到了边际学派 Menger 的影响，后者于 1883 年出版《社会科学尤其是经济学的方法论研究》（Untersuchungen über die Methode der Socialwisenschaften und der Politischen Oekonomie Insbesondere）一书，倡导社会科学的共时研究方法，主张严格区分理论经济学与历史经济学。学界一般认为 Saussure 受到了 Walras 的影响，而据夏登山和蓝纯

(2016)推断,这很有可能是混淆了同属于边际学派的 Menger 和 Walras。

夏登山和蓝纯(2016)是近十年来我们能够见到的唯一一篇专门讨论索绪尔思想的经济学渊源的文章,其观点颠覆了学界长久以来的主流看法,论述有依据,是近十年索绪尔思想探源研究中有创新意义的代表。

5.3.5 总结

综合以上四个研究话题可以看出,在索绪尔语言理论的思想探源方面,近十年来外语学界的研究成果可谓"少而精",量虽不多但篇篇出彩,史料考证扎实,思想史的梳理也多有创获。遗憾的是,笔者尚未见到讨论 Saussure 与社会学家 Durkheim 渊源关系的研究,这一空白有待未来填补。

以上研究成果显示,索绪尔语言理论的诸多方面,如语言和言语的区分、共时和历时的区分、语言的社会属性和心理属性、语言符号的任意性、语言价值理论等,均可在 19 世纪后半叶的思想史中找到较为明确的来源。因此,正如李葆嘉和邱雪玫(2013)所建议的,我们应当基于"群体模式"来理解现代语言学的形成,充分认识索绪尔思想形成的学术背景。但是另一方面,这并不意味着应当否定索绪尔理论的原创性和 Saussure "开创者"的地位。正如《教程》所说,"发现真理往往比为这真理派定一个适当的地位来得容易"(费尔迪南·德·索绪尔,1980/2019:108),索绪尔学说的价值就在于系统地总结了前人的思想,并在一个严密的、思辨的逻辑体系内重新诠释了这些思想,为每一个真理派定了恰当的地位。

5.4 理论对比及后世影响研究

英国著名语言学家、功能学派的重要人物 John R. Firth 曾言,20世纪上半叶语言学的所有流派都可以归为四种:索绪尔主义的、反索绪尔主义的、新索绪尔主义的和非索绪尔主义的（Firth，1950）。笔者认为，Firth 此言有两重含义：其一是索绪尔学说的理论意义重大，开创了在 20 世纪上半叶极具影响力的语言学研究范式，并影响了 20 世纪几乎所有语言学流派的发展，这一点不必多言；其二是索绪尔理论中的诸多概念，如语言和言语、共时和历时等，可以作为不同语言学理论的定位框架，通过同 Saussure 的理论观点进行对比，我们能够准确而便利地找到其他语言学理论的"相对位置"。本节所综述的研究，就其性质来看，亦不外乎索绪尔学说的后世影响和索绪尔理论同各家理论的对比两个维度。

在 5.4.1 至 5.4.3 小节中，我们介绍 Saussure 与特定思想家的对比及影响关系的研究，涉及 Saussure 与 Peirce、Saussure 与 Bakhtin 以及 Saussure 与 Chomsky 三组人物关系。Peirce 与 Saussure 之间并无相互影响关系，但二人的学说代表了符号学的两大理论源头，二者的对比是索绪尔研究乃至符号学研究中重要的课题之一，见 5.4.1 小节的综述。Bakhtin 和 Chomsky 的学说则受到了 Saussure 语言和言语二分的直接影响：Bakhtin 通过颠覆语言和言语的主客地位建立了"超语言哲学"，Chomsky 则在 Saussure 的启发下做出了语言能力和语言表现的重要二分。这二人与 Saussure 的对比分别见 5.4.2 小节和 5.4.3 小节。

在 5.4.4 小节中，我们介绍将 Saussure 置于语言学史叙事的研究。这类研究可分为两类，一类持语言学史的宏观视角，即综论 Saussure 对其后语言学史的影响，见 5.4.4 下第一点的介绍；另一类则将视角限定于特定的语言学流派发展史，专论 Saussure 与某一语言学流派的异同和影响关系，见 5.4.4 下第二点的介绍。

需要特别说明的是，因本书主旨及篇幅的限制，以下两类研究我们不再展开介绍。第一类研究涉及符号学发展史。众所周知，Saussure 是符号学的重要理论源头之一，同样也是评价其后符号学理论的重要坐标。张新木（2013）、张智庭（2014）以及吕红周和单红（2014）综论了 Saussure 对符号学的诞生及发展壮大的重要影响，卢德平（2013）则讨论了符号学家 Erving Goffman 对索绪尔符号学思想的变革，姜永琢（2014）重新审视了 Derrida 对索绪尔符号学思想的批判。上述研究视角宏大、讨论深入，但其研究对象已超越了本书的主旨——普通语

第 5 章　索绪尔研究与普通语言学研究

言学，尤其是其中关涉 Claude Levi-Strauss、Roland Barthes、Michel Foucault、Algirdas Greimas、Derrida 等人物的部分，实际上已进入文化学及文艺批评等领域。我们在 5.4.1 小节专节介绍 Saussure 与 Peirce 的对比研究，主要是考虑到 Peirce 的符号理论能够帮助我们更为准确地把握索绪尔语言符号理论的特点和边界，因此这一话题依旧在本书的核心主旨之内。

第二类研究涉及语言哲学史以及话语分析学史等学科领域。例如，叶起昌（2010、2011、2013a、2013b）系列研究对比分析了 Saussure 与 Heidegger 语言哲学的异同，冯文敬（2012）讨论了哲学家 Jurgen Habermas 交往行为理论的索绪尔渊源，鞠玉梅（2015）讨论了修辞学家 Kenneth Burke 修辞学理论的索绪尔渊源，车向前和郭继荣（2018）则挖掘了解释学家 Paul Ricoeur 语言哲学的索绪尔渊源。上述研究异彩纷呈，但论题同本书主旨存在偏离，故下文不拟展开。我们在 5.4.2 小节专节介绍 Saussure 与 Bakhtin 的对比研究，主要是考虑到 Bakhtin 在其专著《马克思主义与语言哲学》(*Maxism and the Philosophy of Language*) 中深入讨论了索绪尔语言学理论的特点并将其作为框架来定位自己的观点，这与本节希望以框架或坐标的视角展现 Saussure 的后世影响的目的契合，也对我们深刻理解索绪尔理论的特点大有帮助。

5.4.1　Saussure 与 Peirce

美国实用主义哲学家 Charles Peirce，晚 Saussure 一年去世，生前籍籍无名，去世后留下几十万页的手稿，其中一部分经整理陆续发表，他的学说才渐为世人所知。Peirce 所开创的符号学（semiotics）与索绪尔语言学理论所引发的符号学（semiology）并立为这一学科领域迥异的两大传统。两人符号思想的差异主要表现在：（1）对符号的界定不同，Saussure 所界定的"符号"是具有社会规约性的两面心理实体，这其中只有语言符号是 Saussure 特别关注的，而 Peirce 理论中的"符号"几乎无所不包，只要相对于某一解释者能够在某方面代表某一对象的事物都是符号，从类别上可分为像似符（icon）、指示符（index）和规约符（symbol）;（2）对符号的形式特征看法不同，Saussure 的符号是包含"能指"和"所指"的两面心理实体，具有二元性特征，而 Peirce 的符号处于"符号本身"（或称"再现体"，representamen）、"解释项"（interpretant）和"对象"（object）的三元关系中，且此三元关系不可化约为任何二元关系;（3）学科归属不同，Saussure 的符号学隶属于社会心理学，是一门经验科学，而 Peirce 的符号学隶属于逻辑学，是一门形式科学，是逻辑实用主义哲学的代表。但另一方面，既然二者的研究对象都是符号，那必然具有可比较的相似性。学界对于这两种符号学传统的比较围绕着二者的同和异展开。

刘宇红（2012）更为关注二者的"同"。该研究着力比较了索绪尔符号学的二元形式和皮尔斯符号学的三元形式，认为二者能够形成如图 5-2 所示的对应关系：

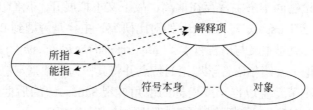

图 5-2　Saussure 和 Peirce "符号"形式的对比（刘宇红，2012：122）

也就是说，刘宇红（2012）认为 Peirce 的"解释项"对应 Saussure 的符号二元结构整体，二者均归属于心理世界；Peirce 的"符号本身"和"对象"则是物理世界的组成部分，与 Saussure 的"能指"和"所指"不存在对应关系，属于 Saussure 排除出符号系统的"实质"。基于这一分析，该研究认为索绪尔符号理论与皮尔斯符号理论具有统一性，二者的差别仅是视角的不同——"在社会心理学的学科背景下，索绪尔看到了音响形象（能指）和概念（所指）的二元对立，皮尔斯在实用主义的学科背景下看到物理世界与心理世界的互动规律"（刘宇红，2012：124）。

完权（2020）则更加强调二者的"异"。该文指出，Saussure 的二元符号体现了一种"形式—意义"的编码模式，意义内在于符号，因此对处理语境意义力有不逮；而在 Peirce 的三元符号过程中，符号本身是

第5章 索绪尔研究与普通语言学研究

一元的,语言符号就是语音,不包含所指,而概念或意义是在符号使用过程中由说话人赋予、由释话人解释得出的,意义的产生是一个动态的认知语用过程,因此这一理论能够更为灵活地处理语境信息。该研究还介绍了"新皮尔斯主义"对皮尔斯符号学的发展,尤其是语用整体论对意义生成过程的诠释。

除上述两项专文研究外,段慧敏(2019)综述了法国符号学理论中"sémiologie"和"sémiotique"两个术语所反映的不同符号学传统,简要介绍了索绪尔符号学和皮尔斯符号学的基本差异;王铭玉和王双燕(2019)对其专著《符号学思想论》进行了述介,其中涉及索绪尔符号学和皮尔斯符号学的基本观念,对二者的差异也有纲领性的介绍。两篇文章均有一定的参考价值。

笔者认为,在比较 Saussure 和 Peirce 思想的异同时,对于"同"的强调要更加谨慎,因为二者对符号意义的认识有较大差异。刘宇红(2012)将 Peirce 的"解释项"同 Saussure 的"二元符号"等同起来,但二者之间的差异或许更为显著。一方面,"解释项"的设立意味着动态的意义生成观,而 Saussure 所秉持的是意义生成于系统内部差异的静态模式;另一方面,Peirce 着力研究符号解释过程中的形式化因素,Saussure 则将符号的所指视为一种经验事实。归根结底,皮尔斯符号学是一种基于逻辑的形式科学,索绪尔符号学则是基于社会事实的经验科学,二者从第一步开始就大为不同。

5.4.2 Saussure 与 Bakhtin

苏联哲学家、文艺批评家、符号学家 Mikhail Bakhtin,建立了以"超语言学哲学"为基础的历史诗学,重视语言符号的意识形态特性,在具体艺术形式的分析中开创了狂欢化、对话论、复调小说等理论概念,是西方哲学"语言学转向"的重要人物之一,也是话语分析领域的理论奠基者。Bakhtin 的语言哲学集中体现在 1929 年以 Volosinov 的名义发表的《马克思主义与语言哲学》一书中,这一著作直到 20 世纪 70 年代后才被西方学术界重新发现。Bakhtin 在该书中批判 Saussure 在"一种固定的规则一致的形式体系"（巴赫金，1998：451）内部研究语言，认为这种抽象化方法得到的不是能够被理解的"符号"而只是能够被认识的"标记"，后者虽然有一定的理论意义，但不具备现实性。Bakhtin 认为"语言是一个由说话者的社会言语相互作用而实现的不断形成过程"（巴赫金，1998：451），语言的现实基础是以"表述"为基本单位的"话语"，而表述永远处于真实或潜在的对话之中，因而具有社会层面的交互性和意识形态意义。Bakhtin 的语言哲学，正如他的对话理论所描述的，是在同前人的对话中形成的，而其中最重要的对话者当属 Saussure。因此，Bakhtin 与 Saussure 的对比研究一直是学界的热点。

王永祥（2010）及王永祥和潘新宁（2011）对 Saussure 和 Bakhtin 的语言哲学进行了述介和对比。王永祥等指出，Saussure 所说的"语言"和 Bakhtin 所谈的"话语"基于两种不同的语言哲学视角——"索绪尔在自身规则一致的形式体系内部研究语言，而巴赫金则在语言之上或者语言之外研究语言"（王永祥、潘新宁，2011：112），这两种视角构成对话性的互补关系。该研究详细地介绍了索绪尔语言观的形成背景和主要思想，Bakhtin 对 Saussure 的历史定位和理论批判以及巴赫金语言哲学中"话语"的主要特征。尤具启发性的是，该文指出 Bakhtin 与 Saussure 理论差异的根源在于二者不同的语境观——Saussure 专注于脱离语境的符号意义（"价值"），而 Bakhtin 认为符号只有在语境中才能获得确定的意义，这决定了二者对于符号特征的认识存在根本性差异。遗憾的是，文章对 Bakhtin 的对话理论着墨不足，而这一理论是理解"话语"的社会属性的关键。

相较而言，蔡洪和吴文（2018）的述介文章更加凸显 Bakhtin "话语观"的社会性和对话性。一方面，Bakhtin 的"话语"确实能够与 Saussure 的"言语"形成对应关系，但 Bakhtin 在言语问题上并不持"个人主观主义"（individual subjectivism）立场，而是认为决定言语面貌的个人内在世界（包括感知、经验、意识形态）与其所处时代、语言社群以及个人的社会地位甚至经济基础密切相关，个人的言语必然拥有社会听众（social audience），因此言语具有内在社会性（inner sociality），话语的结构即社会的结构。另一方面，Bakhtin 认为话语的意义和语言的形成过程需要从"话语整体"（utterance as a whole）来理解，后者指产生话语的具体历史情境表现，因此话语有对话倾向，不存在独白式的话语，话语总是与先前话语、他人话语和后续话语处于对话关系之中，具有内在对话性（internal dialogism），而错综复杂的对话交织出了一个杂语性的（heteroglossia）世界。蔡洪和吴文（2018）对社会性和对话性的强调，准确把握住了 Bakhtin 话语理论的精髓。

可以看出，上述研究比较的是 Saussure 的语言研究和 Bakhtin 的话语研究。虽然 Saussure 严格区分了语言的语言学和言语的语言学，并将前者作为普通语言学课程的主体，但他并非不重视言语的语言学，生前曾许诺"这方面的研究在以后的讲课中无疑会占有一个光荣的地位"（费尔迪南·德·索绪尔，1980/2019：8）。虽然这一愿望未能实现，但《教程》中已留下了 Saussure 对言语的基本认识。因此，Saussure 的言语观和 Bakhtin 的话语观的对比研究也是一个值得探索的课题，周兴武（2019）在这一方面进行了探索。该研究将二者的共同点总结为：（1）肯定言语的重要性和研究言语的必要性；（2）强调言语必须遵守来自社会的规范；（3）肯定言语行为中说话人的意志。将二者的差异总结为：（1）对言语/话语在语言学研究中的地位的认识不同，Saussure 重视抽象的语言系统，Bakhtin 重视活生生的言语交际；（2）对言语的内涵的认识不同，Saussure 的言语仅指口头的活动，而 Bakhtin 的话语还包括书面文本；（3）对言语的社会属性界定不同，Saussure 认为言语是个人的，Bakhtin 则强调话语的社会赋予性；（4）对听者是否具有能动性认识不同，Saussure 认为听者的理解是一种基于规约的被动过程，而 Bakhtin 强调听者的积极应对的立场。这一对比是完善而中肯的，可以同前人的研究形成有效的互补。

此外，李曙光（2013，2014）还对 Saussure、Bakhtin 和 Chomsky 三人的学说进行了对比分析，我们将在下一节具体介绍。

5.4.3 Saussure 与 Chomsky

美国语言学家、哲学家、认知科学家 Noam Chomsky，自其 1957 年的《句法结构》起，深刻地改变了当代语言学的研究范式。他认为语言从根本上是一种天赋的认知能力，人脑与生俱来就装配有"普遍语法"；由他创立的"转换—生成"语法，是当代语言学界最为重要的理论流派；此外，Chomsky 的学说使得行为主义心理学退出历史舞台，而由他引领的心智主义观念逐渐为人们所接受，这一转变在学术史上被称为"认知革命"。Saussure 与 Chomsky 思想的碰撞发生在 20 世纪 60 年代初。1959 年《教程》的英译本出版，不久 Chomsky 就在论著中对 Saussure 的学说加以引述（Chomsky，1963，1965），尤其是在《句法理论若干问题》（1965）中，Chomsky 在提出"语言能力"和"语言表现"的经典划分时，明确指出"我这里所做出的划分与索绪尔的语言—言语划分是密切相关的"[1]。因此可以说，Chomsky 思想的某些方面与 Saussure 之间具有继承关系。

吕长竑（2012）讨论了 Saussure 和 Chomsky 在语言学研究方法论上的共性。该文指出，在确立语言学的研究对象这一重要工作中，Saussure 和 Chomsky 均采用理想化和同质化的策略。Saussure 所秉持的"同质化"的方法论已在 5.2.1 节下有较多述介，该研究亦持相同观点，此处不再展开。另一方面，该研究将 Chomsky 的方法论总结为"以理想说话人的外化语言或语言运用为出发点，把人们头脑中的内化语言或语言能力，借助一套显性的规则——生成语法表达出来。通过用生成语法反演出的语言能力和内化语言来拟合个别语法，最终达到揭示人类普遍语法的目的"（吕长竑，2012：68），这一总结是十分准确的。二者的差异表现在，"索绪尔抽象定义的是一个理想化的语言社团，乔姆斯基的是一个理想化的个人"（同上：68），但这一差异背后蕴涵了更深刻的科学方法论层面的"同"，该研究将其总结为以下三方面：重视形式理性、运用宰制式的建构（dominative construction）和具有可检验性。

如果说吕长竑（2012）探讨了 Saussure 和 Chomsky 在方法论上的"同"，那么李曙光（2013，2014）则更加强调二者在本体论上的"异"。李曙光的研究建立在 Saussure、Bakhtin 和 Chomsky 三人的对比分析上。

---

[1] 原文为"the distinction I am noting here is related to the langue-parole distinction of Saussure"（Chomsky，1965：2）；此处译文依李曙光（2013：133）。

第 5 章　索绪尔研究与普通语言学研究

李曙光（2013）认为 Bakhtin 和 Chomsky 都具有 Saussure 的继承人和批判者的双重角色，但两人的策略有所不同——"巴赫金是在批判中继承了索绪尔，而乔姆斯基则是在继承中批判了索绪尔"（李曙光，2013：130）。具体来说，Bakhtin 批判了 Saussure "抽象客观主义"的语言观，认为活生生的言语因其社会性、历史性和个人创造性而具有实在的符号属性，但由此搭建起来的"超语言学"依旧是在 Saussure 的框架之下得以定位的，继承了语言的符号性本质以及语言与言语的二元划分等基本理念。而 Chomsky 虽然在表面上沿袭了 Saussure 语言与言语的二元划分，但他所说的"语言能力"并不是社会事实，而是生物事实，因此二者对于语言本体的认识有着根本性的差异。由此，在方法论层面，Chomsky 主张从个人心理视角来研究语言，提出"I-语言"（I-language）的概念，其中的"I"包含了"individual"（个人的）、"innate"（内在的）以及"intensional"（内涵的）三方面的意义，这与 Saussure 所秉持的非本质论的语言观和分析方法迥然不同。由此，该研究总结道："秉承方法论集体主义的巴赫金从索绪尔的著作里努力读出社会性成分，并且因其不彻底而大力批判；秉承方法论个人主义的乔姆斯基则努力对其作出个人心理性解读，并且也因其不彻底而与之保持距离。"（李曙光，2013：134-135）之所以获得这两种不同的解读，在作者看来，是 Saussure 的语言观的开放性所致。在 Saussure 为解释说明"语言"而构造的等式"1+1+1+……=1（集体模型）"中，等号左边无数个"1"是个人心理的体现，而等号右边的"1"是集体规约性的体现，这本身就是一种"社会"和"个人"双重视角的理论框架。

李曙光（2014）则在 Bakhtin 的语言学史叙事中为 Saussure 和 Chomsky 进行定位，更为深入地分析了这两位 20 世纪最伟大的语言学家语言哲学思想的异同。Bakhtin 在其著作《马克思主义与语言哲学》中提出"抽象与现实""个体与社会"以及"客观与主观"等二元对立范畴，并以此为坐标考察近现代语言哲学的思想脉络。Bakhtin 将他之前的语言哲学思想分为两派：以 Humboldt 为源头的"个人主观主义"和以 Saussure 为集大成者的"抽象客观主义"，前者重视"现实的""个人的"言语行为，认为个人的主观创造性是其根本属性，而后者以"抽象的""客观的"的语言系统为研究目标，认为这种静态系统是独立于使用者的社会事实。（当然，Bakhtin 对于以上两个流派都有所批判。）在这一坐标系下，Chomsky 和 Saussure 同属抽象主义者，因为二人"都不把语言使用者在特定语境中交往互动所产生的话语作为语言学的首要合法研究对象"（李曙光，2014：21）。但二人的"抽象"（注意，"抽象"是以 Bakhtin 的视角来说的，Saussure 和 Chomsky 认为其研究对象具有实在性）又有所不同——Saussure"抽象"出的是具有社会性的语言规约系统，而 Chomsky"抽象"出的是具有个人性的大脑语言器官的特定状态。因此，在第二组对立范畴上，Saussure 是"集体主义的"，Chomsky 所持的则是一种基于"自然主义"的"个体主义"语言观。在第三组对立范畴上，Saussure 是"客观主义者"，而 Chomsky 致力于回归 Humboldt 的传统，强调语言的创造性，即"有限手段的无限运用"，因此在 Bakhtin 的体系下属于"主观主义者"。另外李曙光（2014）还指出，在研究方法方面，Saussure 是"方法论二元主义的"，即强调社会（形式）和自然（实质）的对立，而 Chomsky 是"方法论自然主义的"，视语言为自然界的一部分。

以上两位学者的研究各具特色。吕长竑在准确把握 Saussure 和 Chomsky 理论内核的基础上，从科学方法论的角度讨论了二者的共性，具有从"理论建构过程"来思考语言学理论的独特视角。而李曙光的思想史研究具有明确的"框架"意识：李曙光（2013）以 Saussure 的语言学理论为框架，探讨 Bakhtin 和 Chomsky 继承和批判索绪尔学说的不同策略；李曙光（2014）则以 Bakhtin 的学术史叙事为框架，讨论 Saussure 和 Chomsky 学说的异同。两篇研究在多视点、多方位的对比中，将三位极具影响力的语言学家的思想异同清晰地呈现出来，在语言学思想史的研究中极具特色。

5.4.4 语言学史中的 Saussure

Saussure 在语言学史中是承上启下的枢纽式人物。通过 5.3 节中思想探源研究的综述可以看出，索绪尔语言学思想的形成是建立在对 19 世纪后半叶诸多语言学家的学说及社会科学思潮的总结、提炼和重新定位的基础上的。同时，索绪尔语言学理论也奠定了 20 世纪语言学的基本学科框架，开启了现代语言学的时代。本节综述后一方面的研究，以语言学史的宏观视角和同当代具体语言学流派对比的视角两个侧面展开"语言学史中的索绪尔"研究的述介。

1. 语言学史的宏观视角

这一视角下的研究依行文理路可分为两类：第一类以 Saussure 后世理论流派为纲展开语言学史叙事，顾曰国（2010）属于此类研究；第二类以索绪尔语言学思想的不同方面为纲展开其后世影响的评介，有刘江和岑运强（2013）、王铭玉和于鑫（2013）两篇。以下分别进行述介。

顾曰国（2010）以 Saussure 的普通语言学理论为基点，在语言、符号与社会的三元关系的视角下，对"后索绪尔时代"最为重要的几位语言学家进行了学术定位和简要评价。该文认为，以 Hjelmslev 为代表的哥本哈根学派和以 Jakobson 为代表的布拉格学派在学理上继承并发展了 Saussure；以 Bloomfield 为代表的美国描写主义语言学在学理上受 Saussure 影响但相对独立；生成语法学的领袖 Chomsky 对 Saussure 经历了先认可后批判的转变过程；而 Ogden、Richards 语义学和以 Firth 为代表的伦敦学派则对 Saussure 持不接受并远离的态度。该文最后还以 Saussure 为坐标讨论了人类学和社会语言学的流派分歧。顾曰国（2010）以 Saussure 为线索串起了近百年的语言学史叙事，对 20 世纪语言学理论的演进逻辑有深刻而清晰的梳理。

这里需要插入一则稍偏离本节主题的述介。顾曰国（2010）认为 Ogden、Richards 的语义学，尤其是其最具代表性的语义三角（The Triangle of Meaning）理论，体现了对索绪尔符号学的拒斥。李霓（2013）在这一问题上持不同观点。语义三角理论的基本思想是，"符号"（symbol，大致相当于 Saussure 的"能指"）与"所指物"（reference）之间的关系是间接的，二者需要通过存在于人脑中的"概念"（concept，大致相当于 Saussure 的"所指"）这一中介进行连接。李霓（2013）认为，语义三角中的"概念"与 Saussure 的心理符号观吻合，而"概念"

与"所指物"的联系是对索绪尔二元符号观的发展。因此,语义三角理论是对索绪尔符号观的继承和发展。需要指出的是,语义三角理论的提出建立在对索绪尔符号理论的激烈批评之上。Ogden 和 Richards 认为,人脑中的"概念"的形成基于对符号的解析(interpretation),而并非像 Saussure 所认为的基于语言社团中静态性的规约。在这一点上,顾曰国(2010)的认识更为准确。

王铭玉和于鑫(2013)总结了 Saussure 逝世一百年来语言学界对其理论的继承和批判状况。与顾曰国(2010)不同,该文的语言学史叙事以索绪尔理论的不同侧面为纲展开,涉及"科学主义和'同质化'的研究方法""语言符号观""结构主义语言观""语言研究的对象和方法""语言与文字的关系"五个议题,每个议题之下均包含 Saussure 对后世的影响以及后世对索绪尔思想的突破两个方面的讨论,并有不少文章作者自己的观点与评价。文章认为,"对索绪尔以来的一些传统观念,我们一方面需要继承,另一方面也需要变革"(王铭玉、于鑫,2013:373),这符合百年来语言学理论演进的大势,也必将成为今后语言学发展的走向。

同王铭玉和于鑫(2013)类似,刘江和岑运强(2013)亦以索绪尔语言学思想为纲探讨了当代理论语言学的研究转向。该文指出,Saussure 区分了语言和言语、内部和外部以及共时和历时,并选择了语言内部的共时系统作为语言学的研究对象;当代语言学的发展则呈现出语言研究和言语研究并重(如应用语言学重视言语研究)、内部研究和外部研究并重(如语言变异研究看重语言的外部因素)以及共时研究和历时研究并重(如语法化、词汇化研究同时从这两个视角出发)的局面。该研究认为,这并不意味着当代语言学走出了索绪尔时代,而是在 Saussure 所做的二分的基础上选择两条路齐头并进,是"全面的、准确的索绪尔时代"(刘江、岑运强,2013:14)。

2. 同当代具体语言流派对比的视角

严格来说,上节所讨论的 Saussure 与 Chomsky 的对比研究亦属于这一视角。考虑到 Chomsky 的身份已无法用生成语言学的创始人和主

第 5 章 索绪尔研究与普通语言学研究

要推动者这一单一标签来概括,他同 Saussure 一样是定位任何一种语言学流派所必不可少的坐标,因此我们将乔姆斯基语言学和非乔姆斯基语言学区分开来,此处只谈后者同 Saussure 的承继关系和异同比较。下方所述介的三篇文章分别覆盖了认知语言学、系统功能语法和构式语法这三个最重要的非乔姆斯基语言学流派。

辛斌(2013)认为索绪尔语言学理论与 20 世纪 70 年代后发展起来的认知语言学存在重要的相似性。例如,Saussure 强调语言符号的心理属性,认为语言符号是概念和音响形象的连接,二者均为心理实体,这与认知语言学的基本理念相同;Saussure 认为语言是形式而不是实质,这与认知语言学的"概念化"理论契合;而在索绪尔语言学理论中占有重要地位的句段关系和联想关系,则体现出明显的心智主义色彩,能够同连通主义(connectionism)以及意义的语境观等认知语言学理论概念兼容。以上对比分析颇有启发意义,但我们也应当警惕其中是否存在过度解读的风险。例如,该文将 Saussure 的相对任意性同认知语言学的象似性进行类比,实际上二者并不能形成对应,见 5.2.2 节下对相关研究的述介。

黄雅丹和孙丽莎(2013)将索绪尔语言学说同系统功能语法进行了对比研究。文章从语言符号系统、语言与言语、组合与聚合、语法学与词汇学以及结构与功能五个方面讨论了索绪尔语言学理论和以 Halliday 为代表的系统功能语法理论的异同,指出系统功能语法在继承 Saussure 的基础上又有创新和发展,这突出地体现在前者将社会交际和语言功能置于理论的中心地位。

林正军和王克非(2013)讨论了以 Goldberg 为代表的构式语法对索绪尔语言符号论的继承和发展。文章指出,一方面,构式语法继承了 Saussure 对符号的定义,认为符号是形式和意义的匹配;另一方面,构式语法扩充了研究对象,拓展了研究视域,这体现在:(1)语言符号(构式)不仅包括 Saussure 所讨论的根词,还包括复合词、句法结构、习语甚至句子,其形式方面包括音系特征、形态特征和句法特征,其意义方面包括语义特征、语用特征和语篇功能特征;(2)在语言系统之外还关注构式同人们对外部世界的认知加工之间的联系,强调构式意义的理据性和语义实现过程的语境性。

5.5 《普通语言学手稿》的研究

Saussure 生前曾尝试撰写一部普通语言学方面的专著,以澄清和界定有关语言的一些根本问题。1894 年他给在法国任教时期的学生 Meillet 去信称:"流行术语如此荒谬,改革流行术语的必要性,以及为此而证明语言一般说是何种对象的必要性,都会败坏我的历史兴趣,虽说我最大的心愿总的说莫过于不要我为普通语言学操心。这一切最后会勉强地写成一本书,我在书中会无精打采地解释,为什么语言学使用的术语中,我觉得没有一条术语是有什么意义的。"(乔纳森·卡勒,1989:13)这本为了给语言学澄清术语、界定对象的书,在 Saussure 生前并未问世,在他去世后也因没有下落而渐被世人遗忘。直到 1996 年,Saussure 的后人在翻新其旧宅时偶然发现了一份手稿,手稿由 Saussure 本人以"论语言的二元本质"(de la double esence du langage)为标题整理存放在一个包裹里,实际上就是他生前计划撰写的普通语言学著作的初稿。因这份手稿发现于 Saussure 私邸的橘园,学界也称之为"橘园手稿"。"橘园手稿"现藏于日内瓦公共大学图书馆,2002 年经 Simon Bouquet 和 Rudolf Engler 整理,由伽里玛出版社(Éditions Gallimard)以《普通语言学手稿》(Écrits de linguistique générale)为名出版(以下简称《手稿》)。《手稿》的重现天日,给学界带来了重新认识 Saussure 的契机,在世界范围内掀起了第三波索绪尔研究的高潮。

2011 年,《手稿》中译本由南京大学于秀英翻译出版,并于 2020 年由商务印书馆再版。于秀英译本的问世,为中国学者接触和研究《手稿》提供了极大的便利,是近十年索绪尔《手稿》研究中浓墨重彩的一笔。

也是在 2011 年,山东大学屠友祥教授的专著《索绪尔手稿初检》由上海人民出版社出版,2019 年该书修订版出版。屠友祥教授系中文界学者,其研究成果已超出了本综述的范围,但不得不指出的是,其著作是目前 Saussure《手稿》研究中最为系统、深入之作,书中观点广为相关研究文章引用,代表了近十年来 Saussure《手稿》研究的最高水平。

近十年外语学界研究 Saussure《手稿》的文章,可分为版本评介和思想研究两类,现分别综述。

5.5.1 《手稿》版本评介

版本评介方面,我们只见到罗晓亮(2016)这一项研究。该文介绍了"橘园手稿"的一个新的校注本——由日内瓦大学教授 René Amacker 编辑的《语言科学——论语言的二元本质》(Science du langage: de la double esence du langage)(下依原文简称"Amacker 校注本")。该校注本 2011 年由日内瓦德罗兹(Droz)书店出版,相比于 2002 年伽里玛出版社的《普通语言学手稿》(下依原文简称"伽里玛版")而言面貌一新,故而罗晓亮(2016)对二者进行了对比介绍。

两个版本最大的差异表现在手稿的体例方面。伽里玛版追求可读性,因此其编者 Bouquet 在一定程度上重构了手稿的文本;而 Amacker 校注本力求忠实于手稿原貌,因此以重现手稿并加以校注的形式进行编辑整理。具体来说,伽里玛版依据编者的理解辨认了一些模糊的字迹并对部分原文施以断句、断行,并隐去了 Saussure 的涂改和犹豫;而 Amacker 校注本采用特定的体例还原了索绪尔手稿的原貌,如区分正文和 Saussure 的注释、呈现 Saussure 未写完的句子、呈现 Saussure 留下两种表述而未加抉择的地方、呈现 Saussure 划掉的文本、标示无法辨认的笔记等,同时将编者的评论、猜测和阐释放入注释中。此外,在手稿段落排列方面,由于 Saussure 原稿的摆放没有特别的顺序,伽里玛版编者依自己的理解进行了分类排序,编成 29 节并加了标题;而 Amacker 校注本仅把综合的部分放在前面,分析的部分放在后面,未将片段组合成章节,同时仅使用 Saussure 本人的标题。罗晓亮(2016)指出,上述两种体例各有利弊——伽里玛版便于普通读者阅读,Amacker 校注本适合专门的研究者。

另外,在内容方面,伽里玛版除了新发现的"橘园手稿"外还收录了一部分先前已经整理出版的索绪尔文稿,而 Amacker 校注本仅以"橘园手稿"为核心内容,且将后者更为完整地整理了出来。

罗晓亮(2016)还比较了《手稿》和《教程》的异同,指出《手稿》中有两个重要问题在《教程》中并未涉及:第一是音系学(Phonologie)与形态学(Morphologie)的关系,《手稿》认为二者是一体的,形态学的语法规则与音系学的语法规则之间没有分界;第二是"零"(zéro)

的概念，即对立不仅在不同音位间体现，也在有声的音位和无声的"零"之间体现，"零"也是一种语言学单位。需要指出的是，《教程》第一编第三章"静态语言学和演化语言学"中举了古斯拉夫语名词变格的例子来说明"零符号"的概念（费尔迪南·德·索绪尔，1980/2019：131-132），并非如罗晓亮（2016）所说"零"的概念在《教程》中未曾出现，这一点当是该研究的疏忽。

尽管存在这一小失误，但瑕不掩瑜，罗晓亮（2016）这一评介文章必然引发国内学界对 Amacker 校注本的关注，进而促进《手稿》研究走向深入。

5.5.2 《手稿》思想研究

近十年来，研究者论及索绪尔学说时，常声称在《教程》之外兼以《手稿》为依据，但实际的论述并未超出《教程》的范围。专文讨论《手稿》思想的，近十年的研究中我们仅看到钱冠连（2013）和霍永寿（2016）两篇。

钱冠连（2013）讨论了《手稿》中的语言哲学问题。该文认为，《手稿》所体现的语言哲学迥异于同时代的分析哲学。第一，索绪尔语言哲学和分析哲学的目标不同。分析哲学是 20 世纪哲学界"语言学转向"的主力军，其目标是通过对语词的研究探索世界的结构（现实世界、可能世界、虚体和抽象体），即"从语言进，从世界出"。而索绪尔语言哲学的重要目标之一是为普通语言学建立哲学基础。第二，索绪尔语言哲学和分析哲学对语词意义的看法不同。分析哲学通过语词与世界的映射关系——即指称论——来研究意义，Saussure 则认为"意义只是表达某形式价值的一种方式，这一形式价值，在每一时刻，都完全取决于与其共存的形式"（转引自钱冠连，2013：13-14），钱冠连（2013）将这种意义观称为"意义的共存形式观"。同时该文指出，上述差异并不意味着《手稿》仅仅是"语言学的哲学"。Saussure 在《手稿》中时时关心西方哲学的普遍问题，如存在、时间、事物、精神与意义等，因此《手稿》完全可以称得上是"语言哲学"。该研究还指出，这种语言哲学的风格有二，其一是"充满分析思辨与缜密的思想的叙述"，其二是"不打语言哲学的招牌而行语言哲学之实"（钱冠连，2013：16）。

霍永寿（2016）则具体讨论了《手稿》中反复出现的"负性"（negativity）这一概念。研究指出，在《教程》中，"负性"在行文中仅以副词的形式（即"negatively"）或形容词的形式（即"negative"）出现，用以定义符号及音位，因此并不是具有独立性的理论概念；而在《手稿》中，"负性"不仅以名词的形式（即"negativity"）出现于章节标题中，而且还上升为"负性原则"（the negative principle），在语言系统运作的核心部位发挥作用。该研究用《手稿》中的表述来解说负性原则的内涵："形式既不是一个给定序（order），也不是一个简单序中的正性实体（positive entity），而是一个负性的复合（即缺乏任何物质基础的）实体。该实体来自其与其他形式的差异及其与其他形式意义差异的组合。"（转引自霍永寿，2016：15）该研究认为，负性原则具有语言哲学层面的意义——Saussure 一反西方语言哲学传统中连接语词与物性对象（material object）的正性方法，而认为符号的意义是非实质性的，需要通过负性的方法得以确定，这是一种哲学立场的变革。

以上两项研究都体现了研究者对于《手稿》所反映的索绪尔语言哲学的思考和解读：钱冠连（2013）通过与分析哲学传统进行对比，综论了索绪尔语言哲学的思想内容和风格特点；霍永寿（2016）则抓住《手稿》中某一特定理论概念探讨 Saussure 的哲学立场。的确，相比于《教程》，《手稿》的哲学思辨意味更加浓厚，需要用更宏大的视角和更精微的思辨进行探究。可能也正是出自这一原因，再加上《手稿》原文论述简短而晦涩，目前外语界对《手稿》的研究仍留有大片空白，这不能不说是国内索绪尔研究的一大遗憾。

5.6 述评和展望

综上所述，我们认为，近十年来外语学界索绪尔研究的成绩和特色主要表现在以下六个方面。

（1）对索绪尔理论的内核和边界有清晰的认识。总体来看，本章综述所涉及的研究除偶有失误外，对索绪尔学说的把握还是较为准确的，无论是 Saussure 的符号观、系统观以及语言的社会心理属性等宏观问题，还是任意性理论、语言价值理论等具体理论观点，研究者都有精确的把握，较少出现误读；另外在 Saussure 的语言哲学和语言学方法论等问题上有深入的分析，值得肯定。尤其值得赞赏的是，多项研究体现出明确的理论边界意识，即能够明确辨析什么是索绪尔理论内部的概念，什么是索绪尔理论未涉及的概念。例如，在任意性问题上，张延飞和刘振前（2015）指出任意性的两个对立面——象似性和理据性——分属 Peirce 传统的符号学理论和 Saussure 传统的符号学理论，因此象似性不足以构成对任意性原则的威胁；赵彦春（2014b）也认为 Jakobson 基于句法象似性的驳论已经超出了 Saussure 对符号的界定。这种清晰的边界意识对于索绪尔思想的正确定位以及理论对比的有效展开都大有裨益。

（2）在准确把握前人研究的基础上体现出创新意识。笔者认为，近十年来外语学界的索绪尔研究体现出两个方面的新意。一是有新观点涌现，例如夏登山和蓝纯（2016）认为 Saussure 的语言价值理论来源于古典经济学的劳动价值论，而非一般所认为的以 Walras 等学者为代表的边际学派，这一颠覆性的观点在思想史研究中实属难能可贵。二是有新视角涌现，如周频和朱文茜（2013）通过科学史的视角阐释 Saussure 的语言学方法论，李曙光（2014）以 Bakhtin 的学术史叙事的视角对比索绪尔和乔姆斯基学说，都为深入理解 Saussure 的理论开拓了新的思路。

（3）借鉴和争鸣并存。索绪尔研究界的一大特点是圈子不大但交流密切，新的研究对经典研究的引用、同一时期研究者之间的互引十分频繁，这种"众声合唱"的模式对索绪尔研究的系统化和连贯化十分有益。同时我们也看到，近十年来学界除观点的相互借鉴和发展外，也有学者之间的争鸣，如 5.2.1 节中展示的李文新（2012）、张延飞和张绍杰（2014）就系统性和社会性关系的争鸣，王寅（2013a）、霍永寿（2014）就索绪尔语言哲学与分析哲学关系的争鸣等。真理越辩越明，学者间的相互辩驳对索绪尔研究的深入发展必然起到推动作用。

（4）紧跟学科发展潮流。外语学界近十年的索绪尔研究，在索绪尔

第 5 章　索绪尔研究与普通语言学研究

思想本身以及语言学思想史两个层面之外,还格外关注索绪尔理论在当今语言学学科发展中的意义以及当今语言学各理论流派对索绪尔理论的补充与突破。例如,5.4 节述介的理论对比和后世影响研究多涉及乔姆斯基语言学、认知语言学和功能语言学等当今语言学流派与索绪尔学说的异同比较,这对于我们认识索绪尔理论的当代意义大有启发;冯志伟(2013)、刘江和岑运强(2013)等研究关注当代语言学对索绪尔理论的补充与突破,这对于我们认识当代语言学的发展特点和未来走向具有借鉴价值。

(5)兼顾思想研究和材料研究。学术史的史料研究、学术著作的版本研究等材料性研究对于支撑学术思想及学术思想史的研究极为关键,近十年来学界在这一方面也有佳作问世。例如,陈贝佳(2020)在史料层面论证了 Saussure 的思想受到了 Paul《语言史原理》的影响,罗晓亮(2016)则系统地介绍了"橘园手稿"的最新整理本——Amacker 校注本。受客观条件的限制,这类材料性研究在数量上远不及思想研究,但每一篇都有较高的学术价值,是近十年来索绪尔研究的闪光点。

(6)对语言哲学问题的重视。在笔者搜集到的相关文献中,标题包含"语言哲学"的文章就有十余篇,可见语言哲学问题的探讨已成为索绪尔研究的新热点。这一方面得益于《手稿》中译本的出版,另一方面也反映了学界对索绪尔理论思想内核的研究热情。

当然,近十年来外语学界的索绪尔研究也不无缺憾之处。我们将研究中的不足总结为以下三方面。

(1)论题虽然全面但不均衡。虽然近十年的研究成果涵盖了"索绪尔语言学思想研究""索绪尔语言理论的思想探源研究""理论对比及后世影响研究""《普通语言学手稿》研究"等多方面的论题,但每一论题下成果的分布并不均衡,留下了许多研究空白。例如,在索绪尔语言学思想研究方面,共时和历时、句段关系和联想关系、符号的线条性等问题几乎无专文涉及;在索绪尔语言理论的思想探源方面,亦缺乏对索绪尔语言学理论与涂尔干社会学理论的关系的探讨;而对《手稿》的研究更为冷清,见下方第二方面的说明。

(2)《手稿》的研究未全面展开。自 1996 年发现的"橘园手稿"经整理以《普通语言学手稿》为名出版以来,国际上掀起了第三波索绪尔研究的高潮。《手稿》的中译本也于 2011 年问世。但若刨除中文界屠友祥教授的研究，《手稿》研究在国内并未出现本应有的热潮，仅有的几篇文献也只是初步的述介和探索，这或许是近十年来索绪尔研究界最大的遗憾。

（3）缺乏对国际语言学界前沿成果的介绍。国际索绪尔研究界因《手稿》的出版而掀起第三波研究高潮，国内学界并未对此进行专文评介，对国际上此方面的研究现状了解不足，这在很大程度上限制了索绪尔研究，尤其是《手稿》研究在思路上的多样化。

第 6 章
实证研究中的普通语言学研究

6.1 引言

  普通语言学是一门关注自然语言共性、探讨人类语言本质的学科。实证科学是语言学研究的重要手段。本章意在对近十年国内外语学界普通语言学实证研究的成果进行回顾综述。

  本章综述对象来源主要是 2011—2020 年间发表在国内 CSSCI 来源期刊及其扩展版目录中的语言学领域内的外语类期刊[1]。我们人工翻阅了目标期刊十年间的全部文献,对文献的研究对象、研究话题、研究问题等作出初步判断和归类,并进一步依据以下两个原则进行手动筛选[2]:(1)仅选取普通语言学相关文献,即研究必须揭示语言共性,即使文献本身着眼于具体语言,也应对语言的普遍性有所启示;(2)文献需以实证研究为主体,辅以篇幅较短的实证工作作支持的理论研究不在综述范围内。综上,最终获得相关研究文献 101 篇。

  纵观文献,普通语言学近十年的实证研究内容丰富,所涉话题广泛、研究方法多样。本章将对所得文献进行研究内容、研究方法的分类,以

---

1 具体包括:《当代语言学》《外国语》《外语教学》《外语教学与研究》《外语界》《外语与外语教学》《现代外语》《语言教学与研究》《语言科学》《语言文字应用》《中国外语》《外语研究》《解放军外国语学院学报》《外语学刊》《西安外国语大学学报》。需要特别说明的是,如《中国语文》《方言》等在内的 CSSCI 来源期刊由于不属外语类期刊,未纳入本章梳理范围,又如《当代修辞学》等经查阅暂无符合本章综述要求文献的期刊也未被列入上述列表。

2 本书将"普通语言学"界定为一种关注人类语言普遍性的研究视角。虽然在这一定义下有大量实证研究属普通语言学相关研究,但具体文献极少直言其与普通语言学的关系。因此,我们对文献主要采纳人工筛选的方式。这一方法可能存在因个体主观判断不同而疏漏个别文献的情况。

凸显热门研究话题，把握发展趋势，力求较为清晰地回顾和梳理近十年国内外语界普通语言学实证研究的成果。

6.2 近十年国内外语界普通语言学实证研究主要话题

按照研究话题，近十年国内外语界普通语言学实证研究可以大致分为两大类：习得类研究和非习得类研究。据此，我们对所得文献的研究话题进一步分类梳理，如表6-1所示。由表可见，习得类研究占比较大，又可下分为儿童语言习得相关研究和第二语言习得相关研究。除习得类研究之外的文献，我们统称为非习得类研究，该类文献数量占比较小；从语言的不同层面入手，可将这些研究分为词汇层面研究、短语和句子层面研究以及语篇和语用层面研究。以下将对热点话题和相关研究进行细致的梳理、介绍和评价。

表6-1 国内外语界2011—2020年普通语言学实证研究主要研究话题

主要分类及文献数量（篇）	次要分类及文献数量（篇）	主要研究话题
习得类（73）	儿童语言习得（17）	汉语儿童词汇习得、递归性能力的习得、名词指称习得、动词论元结构习得、代词习得、等级含义习得等
	第二语言习得（56）	二语词汇习得与加工方式、冠词系统的二语习得、动词论元结构的二语习得、约束三原则的习得、动词时体和一致习得、等级含义的二语习得等
非习得类（28）	词汇层面（4）	词库基本单位、动词论元结构、多义现象、词类范畴的跨语言共性等
	短语和句子层面（14）	句法移位、轻动词假设、关系从句加工、歧义结构的原型表征等
	语篇语用层面（10）	回指问题、一般会话含义、转喻加工等

6.2.1 习得类研究综述

近十年来,用实证方法探究语言习得的研究层出不穷。从表 6-1 的筛选结果可以看到,从研究对象的角度划分,语言习得的实证研究主要涵盖儿童语言习得和第二语言习得。这里的"第二语言习得"是广义上的"第二语言",包含第二语言习得、第三语言习得、继承语习得等。每个研究对象下,具体的研究话题又涵盖了语音和音系习得、词汇习得、句法语义习得、语用习得等各个语言模块。本文选取词汇、形态和句法语义、语用这三个语言模块的研究进行总结归纳,回顾近十年间国内语言习得实证研究取得的主要研究成果,展现语言学本体理论和实证研究的互动。

1. 儿童语言习得:天赋还是使用?

儿童语言习得是和理论语言学关系最为密切的实证研究领域之一。这是因为,儿童语言习得要回答的一个终极问题是"儿童是如何获得语言的",这个问题和语言学领域的"柏拉图问题"[1]相伴相生,直指语言本质。因此,研究儿童语言习得的过程、发展阶段、影响因素等问题,有利于了解语言的生物性和社会性、揭示语言本质,探究儿童语言发展和认知能力发展的联系。儿童早期语言发展的一个核心问题是语言的内在机制和外在环境各自扮演什么角色,目前学界主要有两大对立性理论:"天赋说"和"使用说"。前者秉持的是以乔姆斯基学说为代表的生成语言学理论下的习得观(Chomsky, 1981, 1986),认为语言的本质是生物性的,人类有一套天生的、独立的语言机制,以普遍语法的形式预先存在于大脑之中,儿童语言习得依赖先天的句法规则,而非全由后天语言环境中的输入决定,这一观点也被称为"基于规则"的语言习得观。后者是以 Tomasello 为代表的建构主义的语言习得观(Tomasello, 2000a, 2000b, 2005),认为语言的本质是社会性的,语言的发展是伴

---

[1] 这一术语由语言学家 Noam Chomsky 提出,探讨的是人类的经验和获取的知识之间的关系。就语言习得而言,这一问题指的是为何儿童能在刺激贫乏的情况下习得复杂的语法系统。

随认知和社会能力发展的副产品，不具备独特性，儿童语言习得不受抽象规则的制约，而强烈依赖特定语言环境中的输入和使用，故被称为"基于用法"的习得观。在这样的理论背景下，儿童语言习得实证研究从词汇、句法、语义、语用等不同的语言模块考察习得情况，为两种理论取向提供经验证据，揭示儿童语言习得的影响因素。

1）儿童词汇习得

儿童词汇习得领域有一个著名的"奎因难题"（Quinean Conundrum）（Quine，1960），其核心是儿童在习得词汇时是如何排除众多可能性而确定"能指—所指"关系的（杨贝，2011）。词汇学习的偏好性假设认为"能指—所指"之间的映射可能关系受到一系列原则的制约，比如整体性假设（Whole-object Assumption）和物体范围原则（Principle of Object Scope）（Golinkoff et al.，1994；Markman，1989），抑或互斥假设（Mutual Exclusivity Assumption）和对比原则（Principle of Contrast）（Clark，1990；Halberda，2003；Markman，1989；Markman et al.，2003），这被称为词汇习得的制约理论（Constraint View）。此外，基于知识的制约条件（knowledge-based constraint）（Tomasello & Haberl，2003；Woodword，2000）也起到一定的作用。需要指出的是，这些"制约"并非天赋说理论下的普遍原则，而大多会随着儿童年龄的增长而消失，因此无法用来验证语言习得天赋论或基于使用的语言习得观。

汉语儿童词汇习得的实证研究主要集中在验证词汇习得制约原则的适用性上，尤其是"相互排斥假设"。陈晓湘和周洁（2008）研究了南方方言的汉语儿童母语词汇习得中是否运用相互排斥假设。实验过程涉及图片命名—筛选—测试，测试内容是在图片命名阶段儿童选出的不熟悉词的指称对象。结果发现，4岁儿童比3岁儿童更加擅长使用相互排斥假设，把不熟悉词的指称对象确定为不熟悉的事物，且这种倾向没有性别差异，初步验证了相互排斥原则的适用性。吴庄（2017）以汉语同音词为切入口，探究了词汇习得的制约因素。同音词涉及能指—所指的一对多关系，违反了词汇习得制约的"对立原则"和"相互排斥原则"，如果儿童词汇习得遵循以上原则，那么将在同音词的习得上表现出困难。为了验证此假设，研究者设计了"听故事—学新词—指认新词"的理解—记忆—产出性实验任务，实验设计包含虚拟同音词（儿童已经习

第 6 章　实证研究中的普通语言学研究

得这些单义词的指称，但实验提供语境说明该语音形式还有另一指称）、虚拟词（符合汉语音系规则，但词汇中不存在的语音形式）和真词三类。实验对象是 3—10 岁的汉语儿童。根据假设，虚拟同音词"一对多"的能指—所指关系不符合儿童词汇习得的原则。实验结果反映只有 3—4 岁儿童习得虚拟同音词的新指称时存在困难，说明相互排斥原则和对立原则在 3—4 岁儿童习得新词的过程中有重要的作用，这一时期正是他们大量习得新词的阶段，上述原则有助于儿童在习得词汇时缩小关于词义的假设范畴，快速有效地建立起形式和意义的一一对应关系。和上一个实验相比，吴庄（2017）以同音词为切入口，并且通过设计虚拟词保证被试儿童没有该词的习得经验，较好地控制了无关变量。该实验的结果也显示，随着年龄的增加，儿童可以突破同音限制，这主要得益于儿童语言经验的积累和认知能力的发展。

　　语言经验是如何影响词汇习得的？或者说，语言经历如何能帮助儿童消解相互排斥假设，建立能指—所指的非一一对应关系？为了回答这一问题，吴庄和邵士洋（2019）探究了双语（方言）经历对儿童习得名词指称对象的影响。如果说同音词习得是能指—所指一对多的习得，那么双语儿童习得词汇就是能指—所指多对一的习得，同样违反相互排斥原则。该研究采用指图测试的方式考察普通话母语的单语儿童、普通话—粤语的双方言儿童和汉语—英语双语儿童习得新词的情况。实验中的新词为虚拟词，该词的语音形式符合汉语、粤语或英语的音系规则，所指对象为虚构事物。被试儿童在初试中学习新词，在复试中指认新词。结果发现仅当新词的音系特征与其所学习的语言不同时，双语（方言）儿童才会放弃相互排斥假设，选择熟悉事物作为该词的指称；当新词符合其接触过的语言的音系特征时，被试儿童仍然将相互排斥假设作为可靠的词义认知机制，将新词理解为陌生事物。这一结果一方面说明语言经历消解相互排斥假设的能力和适用范围有限，另一方面也揭示出相互排斥原则并非基于一般认知原则的解歧策略，而属于独立的词汇习得机制，据此完成的音义匹配会长久存于儿童的心理词库中，影响其后续的词汇习得。

　　总之，汉语儿童词汇习得的实证研究结果可以说明儿童词汇习得过程受抽象的规则制约，并且这些规则独立于普遍的认知机制，属于语言机制的一部分，在一定程度上证明了语言模块的独立性。

2）儿童句法习得

在儿童语言习得各个领域中，成果最为丰硕的当属儿童句法习得。如果说词汇习得较多涉及记忆、注意等普遍认知能力的运用，那么句法结构的理解和产出则直接体现句法规则的运用，是验证"天赋说"或"用法说"的绝佳窗口。儿童句法习得所涉及的内容广泛，和理论句法研究联系紧密，且句法习得持续时间相对较长，便于研究者观察，因此引起了学界的极大兴趣。鉴于篇幅有限，我们从表 6-1 文献筛选的相关子话题中选取了四个具有代表性和研究较为深入的话题：句法结构递归能力习得、名词短语结构和指称性习得、汉语特殊动词结构习得、（空）代词与约束效应的习得。下文将就这四个话题进行综述，并把句法习得的研究结果和理论语言学的发展对应起来，展现二者的相互借鉴和相互启发。

递归性是语言的本质属性之一。在生成语法的最简方案阶段，普遍语法中最核心的操作是"合并"（merge），合并是狭义语言机制的唯一组成部分，也是语言递归性的最佳体现（Chomsky，2007，2008）。如果递归性是语言的本质属性，那么在儿童语言习得中应该有所体现。对于儿童语言递归性的研究始于对儿童自然语料库的调查，Roeper（2007）的研究发现英语儿童首次产出名词性递归领属结构是在 6 岁时，Pérez-Leroux et al.（2012）采用图片指称任务的实验方法，发现 3—5 岁儿童在递归结构的产出方面存在困难，但在并列结构方面没有产出困难。施嘉伟等（2019）认为前人对递归性习得的实验研究没有充分重视使用递归性领属结构的语境条件，基于此，他们设计了基于真值判断的诱导性产出任务，考察了 30 名 4 岁的汉语普通话儿童习得表领属的双层递归结构的情况。实验要求被试儿童纠正主试的错误，而纠正这个错误就要用到双层领属递归结构。结果显示，儿童正确产出了 79% 的双层递归"的"字领属结构，这说明儿童能够在缺乏足够外界输入的情况下正确理解并且产出双层递归结构。杨彩梅（2014）采用了"看图—诱导产出"和"看图—听题—选图"实验方法探究了 3—10 岁儿童理解二级"内递归"结构的情况，发现二级递归结构到 7 岁时才能习得，同样证明了递归能力是儿童的天赋能力，只是需要时间才能"成熟"。

第 6 章　实证研究中的普通语言学研究

以上两个实验虽然都证实了递归性的"天赋论"假说,但是在儿童何时习得递归的结论上有所不同,体现了不同的实验手段对实验结果的影响。

名词性结构是儿童语言习得早期浮现的结构之一,这和名词的指称性密切相关。与此同时,名词性结构和名词的指称性又是儿童语言习得的一个难点,这是由其结构的复杂度决定的。比如,关系从句涉及移位操作,不同指称性的表达涉及句法、形态、词汇等多种形式以及句法—语用的"界面"知识,这些特征使得学界对于名词和名词性结构的儿童语言习得尤为关注,在此过程中也展现出理论和实证研究的有趣互动。吴庄和邵士洋(2016)探索了汉语复杂名词短语指称性的儿童语言习得。对于汉语的定指和不定指形式的习得,目前鲜有研究,一个原因是汉语缺乏不定指的标记系统,"光杆"名词仍然是表示不定指的默认形式,数量名表示不定指受到一定限制。该研究的切入口是名词性短语中修饰语和数量短语的相对位置关系差异及其指称性差异:内修饰短语的修饰语位于数量词之后、名词之前,比如"两个戴眼镜的男孩",指称性为定指或不定指;外修饰短语的修饰语位于数量词之前,比如"戴眼镜的两个男孩",只能表示定指。实验通过图片验证和诱导产出的方式考察了3—10岁儿童使用这两种复杂名词短语结构的情况。实验结果发现,3—4岁儿童极少产出外修饰短语,5岁及以上儿童在使用内、外修饰语表达定指上已经和成人没有显著差异,且外修饰短语一旦产出即表示定指,说明名词内部句法结构和外部指称性的习得是同步的。作者指出,外修饰短语定指性的习得困难度可能是由定指性表达的不同形式之间的竞争导致的:词汇、形态优先于句法手段。提出这一假设得益于吴庄等(2015)的另一项实验研究,该实验采用图片诱导法,全面考察了汉语(不)定指标记的儿童语言习得,通过观察记录3—9岁儿童在讲述故事时用来标记(不)定指的名词短语形式和相应的句法位置,研究发现汉语儿童较早习得了各类名词短语形式与(不)定指之间的对应关系,但句法位置的习得相对较晚,学前儿童普遍违反"主语定指限制条件",使用数量名形式充当主语。用句法手段标记指称性在儿童语言习得中具备一定难度,印证了句法—语用接口处习得较为困难的观点。

除名词外，动词是儿童早期句法习得的另一个重要范畴，伴随着对论元结构的习得。和论元结构紧密联系的是一系列特殊动词结构的存在，比如汉语的"把"字句、"在"字句、"给"字句等。汉语儿童语言习得研究在这方面有较为丰富的成果，研究在不同程度上支持"天赋说"。杨小璐和肖丹（2008）对现代汉语的"把"字句进行了个案研究，通过分析一个汉语儿童两岁半以前的"把"字句产出，发现该儿童在两岁左右就对"把"字结构的核心句法——语义特征敏感：儿童产出的"把"字句中"把"后名词都为受事且呈现出有定性效应，"把"后的动词性成分比较能产且都是复杂形式，"把"字句具有很强的处置义和高及物性。"把"字句的输出和成人父母语言输入不完全一致，说明早期"把"字句的发展不是模仿学习和符号组合的结果，这支持了普遍语法的存在。

张云秋和郭婷（2014）对动词前后"在"字句习得状况的探讨反映了"天赋说"和"使用说"各自的解释力。实验通过儿童自发产出记录和图片选择任务获取数据。对产出语料的分析表明，"在"字句的习得是模仿学习的结果，其不同用法的习得具备渐进性特征，这符合"使用说"，但图片选择任务的结果却显示，对于"在"的不同用法，儿童在同一习得阶段全部表现出敏感性，并且理解比产出的时间要早三个月，符合基于规则的语言习得观。该研究认为产出和理解的实验结果分别强调了语言习得的不同方面，肯定了输入作为参数化的"样本"在儿童语言习得中的重要作用，同时强调输入的诱发作用需要服从天赋的语言机制，后者决定了输入发挥作用的时间和条件。这一研究可以说是对"天赋说"和"使用说"的折中和调和。

类似观点在上文作者的另一项关于汉语儿童双及物结构的习得研究（张云秋等，2018）中再次得到展现。该研究详尽考察了3名4—6岁儿童的双及物构式的历时产出情况，发现和"给"有关的双及物结构经历了独词"给"到"给＋间接宾语"到"主语＋给＋直接宾语"再到"主语＋给＋间接宾语＋直接宾语"的"单论元—双论元—双及物"三个发展阶段，这几个关键阶段的顺序和成人双及物构式的输入有明显的不对等关系，这些表现是语言机制的蓝图决定的，但后天经验作为触发表现的因素同样不可或缺。

第 6 章　实证研究中的普通语言学研究

汉语的"自己"是句法研究中一个颇为热门的话题，其重要特征之一是"自己"对长距离约束的允准和"阻断效应"（blocking effect）：当从句的主语为非第三人称时，"自己"的长距离约束会被阻断，比如"张三知道我相信自己"中的"自己"只能回指"我"而非"张三"。生成语言学框架下的句法研究对"阻断效应"从不同角度进行了解释，比如"自己"的移位说（Huang & Tang, 1991），"自己"是语内指示语（Huang & Liu, 2001）等。在语言习得领域，研究者更加关心儿童是否对先行语的人称不一致敏感，是否可以区分主语和非主语，以及具备不同指称性的主语是否都具备阻断效应。李汝亚（2018）针对这些问题考察了 3—6 岁汉语儿童对"自己"的长距离约束的习得情况。实验采用真值判断任务检验儿童在不同条件下〔包括主句和从句先行语、主语和宾语、主语和从句领属语人称（不）一致共 7 种条件〕对"自己"的理解。实验结果发现，儿童对长距离约束的判断从 4 岁开始和成人类似，但在不涉及阻断效应的情况下，他们对长距离约束的接受率低于成人。该研究指出，对于长距离约束的判断和句法的局域性有关，这是受普遍语法规则的制约；而在不涉及阻断效应时，长距离约束和语义、语用等显著性知识有关，成熟较晚。这再次显示了普遍语法对于儿童语言习得过程的解释力。

反身代词属于显性的代词回指，与之相对应的汉语空代词的习得也得到了研究者的关注，在结论方面，二者殊途同归。汉语空代词的允准和意大利语等形态丰富的语言中的代词脱落本质不同，汉语的主宾语代词都可以省略，但二者的允准机制有所不同：主语空代词属于话题连续性制约下的代词省略，宾语空代词受到指称对象生命度的调节，无生命事物才倾向于使用空代词。从跨语言角度来看，研究者对形态丰富语言中空论元的一语习得提出了众多假说，有代表性的如 Hyams（1986）的"初始参数设定假说"，该假说认为所有儿童的语言习得初始阶段都有主语脱落，即 pro 参数设定为正值，儿童语言习得的过程是对这一初始参数完成重设的过程，比如在英语、法语中就进一步设定为负值。在此基础上，Wexler（1998, 1999）进一步提出儿童习得非 pro 脱落语言时会经历一个任意不定式的阶段。以上假说是否对形态贫乏的语言中空论元的习得有解释力，值得探究。李汝亚（2017）全面探索了汉语空代词的儿童语言习得，该实验采用诱导产出的方式（看图或动画讲故事）考察了 48 名 3—5 岁汉语儿童对空代词的使用情况。实验结果发现主语位置的空论元遵循话题连续性原则；对宾语位置的空代词来说，儿童倾向于对非人事物（包括无生命事物和动物）使用空代词，而成人只对无生命事物使用空代词。关于汉语约束效应和空代词的习得研究反映出语言能力和一般认知能力的区别与联结：主语位置的空代词是普遍语法规则，儿童较早习得；宾语位置的空代词涉及世界知识和普遍认知能力，习得相对滞后，体现了语言模块的独立性和认知能力对语言能力发展的制约，说明语言习得是内在机制和外在因素同时作用的结果。

总结来看，众多儿童句法习得的实证研究在不同程度上证实了"天赋说"，儿童语言发展和该阶段的语言输入有着明显的不对等关系，儿童语言产出的规则性、突变性都说明了内在语言机制的决定性作用。但是，语言环境和输入作为触发语言表现的因素同样不可或缺，儿童认知能力在某些方面也制约着语言能力的运用。儿童语言习得是一个综合的、复杂的系统性过程。

3）儿童语用和认知能力发展

"天赋说"假说认为语言机制具有独立性，由大脑中单独的模块负责，是独立于人的普遍认知能力的，但这并不否认语言能力和认知能力之间的紧密关系。Chomsky（2005）指出，除普遍语法外，语言获得同时需要原始语言输入（primary linguistic data, PLD）和第三因素（the third factor）发挥作用，第三因素不是语言官能独有的，包含和其他官能共享的普遍的生物性原则和认知原则。狭义的语言机制和普遍的认知机制最密切的互动体现在语用上。语用能力属于语言能力的一部分，但语用能力在会话过程中实现，对语境信息和听者意图的考量需要具备一定的认知能力，比如辨别自我和他者的心智、选择性注意、工作记忆等，由此看来，儿童认知水平的发展为语用能力的发展奠定了基础。

当前语言学视角下的儿童语用能力的发展聚焦儿童如何获得语用意义，如儿童对合作原则（Cooperative Principle）、礼貌原则（Politeness Principle）等语用原则的运用，各种不同类型的语用意义（预设义、衍推义、等级含义）的获得，以及语用意义和逻辑语义的习得顺序等。以

第6章　实证研究中的普通语言学研究

下就等级含义推导的习得来介绍相关研究。等级含义是量化词的语用意义，以"some"为例，当说话者使用"some"时，听话者根据合作原则中"量的准则"会解读为"some but not all"，这是量化词的语用等级含义。从真值的角度来看，"some"也可以表示"some and possibly all"，这是量化词的逻辑含义。默认理论（Default Theory）认为，语用意义是默认的，而逻辑意义是在缺乏语境的情况下对默认语用意义的剥离（Chierchia，2004；Levinson，2000）。关联理论（Relevance Theory）则认为逻辑语义是基本的，语用含义是由逻辑语义扩充而来（Slabakova，2010；Sperber & Wilson，1986），是语境驱动得到的意义。以儿童对等级含义的习得为例，研究结论基本支持关联理论，即儿童首先生成的是默认的逻辑解读，比如 Bott & Noveck（2004）、Breheny et al.（2006）、Huang & Snedeker（2011）、Musolino & Lidz（2002）、Noveck（2001）、Papafragou（2006）等研究发现儿童对逻辑解读更加敏感，而对语用意义不敏感。Teresa Guasti et al.（2005）的实验发现儿童对语用义的充实直到大约7岁才完成，据此提出"语用延后假说"（Pragmatic Delay Hypothesis）。范莉（2020）以数词的意义解读为切入点，探讨了数词的逻辑意义和语用意义的关系。数词的逻辑意义是确切的数字，"至多"和"至少"解读是语用意义。实验采用黑箱范式（covered box paradigm），要求被试儿童在听故事后选择与之相对应的图片，在考察了39名3—6岁儿童的表现后发现，儿童对数字逻辑意义的获得早于语用语义，从而支持了关联理论。类似结论在吴庄和谭娟（2009）的研究中也得到体现，该研究比较了儿童对量化词和数词的等级含义和逻辑含义理解的差异，发现儿童对量化词的语义解读表现出明显的"下限"趋势，即在语用不合适的语境下同样允准量化词的逻辑语义解读，这一点和成人有所不同；而对于数词的语义解读，儿童和成人的表现极为接近，都倾向于数词的确切逻辑解读。这种差异让研究者怀疑数词的量化词地位，得出数词的语义即为确切解读而非等级含义解读。

综上，儿童语用能力的研究同样体现了语言习得研究和理论语言学的良好互动机制：语义类型和性质的判断依赖理论语言学的阐释，而确定不同语义之间的关联性需要独立的经验证据，习得研究或可以在这方面提供支持。

2. 第二语言习得：普遍语法或者其他

儿童语言习得和成人的第二语言习得有诸多不同。首先，儿童语言习得可以短时快速地达到成人母语者水平；而成人二语习得往往耗时较长，习得最终状态往往也难以达到母语者水平。其次，儿童语言习得不是语言教学的结果，纠正性反馈在儿童语言习得中的作用微乎其微；而对于成人二语习得来说，教学活动，尤其是教师的纠正性反馈，在提高语言能力方面举足轻重。最后，儿童语言发展是系统且均衡的，是音系、词汇、语法、语义、语用的全面习得；而成人的二语习得往往有所侧重，难以实现各语言模块能力的均衡发展。如此看来，成人二语习得和儿童语言习得有着本质的不同。虽然如此，"天赋说"和"用法说"的对立在二语习得中同样存在，不过和儿童语言习得研究的侧重点有所不同。如果认为儿童语言习得是天赋的语言机制（普遍语法）发挥决定性作用的话，那么二语习得研究的几个关键性问题则是，普遍语法在第二语言习得中是否仍然起作用？二语习得的起点是普遍语法还是一语语法？如果认为语言习得是基于用法的建构过程，那么二语习得和一语习得的本质差异该如何解释？或者从更广义的角度来看，普遍语法、一语迁移、语言输入及频率、加工难度、教学活动和社会文化等因素在成人第二语言习得过程中各自扮演什么角色？回答这些问题对于认识语言本质，把握习得规律有重要意义。下文回顾和理论语言学密切相关的二语习得实证研究，探讨普遍语法、一语迁移、语言输入及频率对二语习得的影响，以此反观不同习得观的差异及其对理论语言学的启示。

1）二语词汇习得

从理论视角来看，国内二语词汇习得研究多从"基于使用"和联结主义理论出发，基于"投入量假设"（Involvement Load Hypothesis）（Hulstijn & Laufer, 2001），"资源分配模型"（Type of Processing Resource Allocation）（Barcroft, 2002）等理论解释二语词汇习得的知识体系和发展规律（孔繁霞、王歆，2014；吴旭东，2010；岳颖莱等，2012等）。研究内容集中探讨了二语词的加工表征方式（李嘉华等，2018；曲春红，2019；张北镇，2015等）、二语心理词典和词汇知识体系的建构（冯学芳，2014；李小撒，2016；刘绍龙等，2012；张萍，2010）、词汇习得方式和策略(苗丽霞,2013;王同顺等,2012;岳颖莱等,2012)等问题。词汇习得研究往往和语言教学策略紧密相关,对于语言本质的探讨并不多见,但我们仍能从对二语词汇加工和心理词库的建构这两个问题的探讨中窥知一二。

张北镇(2015)用启动任务考察了中国学习者对英语派生词的加工过程,发现派生词的词干加工存在显著效应,形态分解是复杂词的加工机制,这与一语词汇加工中的情况是相同的。岳颖莱等(2012)以阅读理解的方式考察了不同加工方式对于词汇附带习得的影响,发现语义加工在一些方面优于形式加工,体现了词汇习得的语义导向性。李嘉华等(2018)通过启动实验发现在二语词义加工过程中一语会自动激活,从而干扰二语加工,并且二语水平越高,二语和一语的自动通达度越高。曲春红(2019)的研究也发现了类似的结果。有关二语词汇加工方式的研究在一定程度上证明二语和一语加工的一致性,说明在二语者的心理词库中,一语和二语词汇知识相互交融。这在一定程度上支持了联结主义的习得观。类似观点在对二语者心理词汇联系模式的研究中再次得到证实,比如冯学芳(2014)和李小撒等(2016)的研究都采用语义的词汇联想测试,对比中国英语学习者与英语母语者的词汇语义联系模式。结果都发现英语二语者和母语者的心理词汇联结模式不存在本质差异,均以语义联结为主,但是和母语者相比,二语者的语义邻接组合和搭配的比例较少。

回顾以上研究,我们不难发现,词汇的加工和习得在一语和二语中具备相似性,体现在词汇的形态加工机制、心理词汇联结模式等方面。这说明二语发展是和一语紧密相关的,是整体语言知识的丰富和发展。

2)二语句法习得

理论语言学视角下二语习得的一个关键问题是探讨语言的可习得性并解释习得难度的来源,尤其是偏离母语者语言表现的原因。国内外语学界近十年来的二语句法习得研究主要集中于中国学生的英语二语习得,研究者从不同理论视角出发,针对不同句法现象进行广泛探索,所涉话题非常丰富。下面我们选取英语冠词系统和指称性习得、动词和事件结构的习得、(空)代词与约束效应的习得、时态与功能范畴习得这四个方面重点回顾，展现不同视角下二语习得的研究成果及其与理论语言学的互动。

冠词系统的习得被公认为英语第二语言习得的难点之一，其难度主要来源是母语中缺乏冠词系统导致的一语负迁移；在普遍语法可及性假说下，冠词习得的研究热点在于二语学习者能否正确完成和冠词相关的参数重设，以及他们的语法系统是否完善。比如 White（2003）对一名母语为土耳其语的英语学习者进行了质性研究，证明其冠词系统的句法表征是没有缺陷的。Ionin et al.（2004）提出了波动假说（Fluctuation Hypothesis），该假说认为普遍语法对于二语习得者来说是完全可及的，因此在二语习得过程中，学习者可能会出现既不属于一语也不属于二语但是被普遍语法所允准的参数值。冠词有 [definite]、[specific] 两个参数，有的语言中冠词编码 [definite]，有的语言编码 [specific]。二语习得者会在完成参数设置之前，在不同的参数之间波动，该研究认为足够的目标语输入可以让二语习得者设置正确的参数值。Xu et al.（2016）的实验以汉语母语者为实验对象，同样验证了波动假说，该实验探究了单数可数名词、复数可数名词和不可数名词在 [+definite +specific]、[+definite –specific]、[–definite +specific] 和 [–definite –specific] 四种语境之下的冠词使用情况，实验结果显示汉语母语者可以将 [+definite +specific]、[–definite –specific] 分别同 the 和 a 对应起来，但是在 [–definite +specific] 中也会使用 the 则说明他们把 the 和 specificity 这一特征也对应起来，反映出他们在参数设置时的"波动"，即不确定性。Cho（2017）在特征重组的理论视角下研究了韩语母语者对于英语不同形式定指表达的习得情况。该实验基于定指表达的唯一性解释（uniqueness approach）和熟悉性解释（anaphoric approach），实验结果表明，中高级学习者在回指性定指中，定指形式（the NP）与不定指形式（a NP）有显著差异而非回指性定指中没有，显示出母语迁移的影响。Feng（2019）在 Cho（2017）的基础上进行了复制性研究，实验对象为母语为汉语的英语学习者，汉语母语者和韩语母语者的区别在于，汉语的指示词"那"具有非回指性用法，因此可以出现在唯一性语境下，比如"他买了一辆老车，那轮胎都磨平了。""轮胎"在前文中并未出现，故不是回指用法，"轮胎"和"老车"之间是通过整体—部分的语义关

第 6 章　实证研究中的普通语言学研究

联建立起唯一性联系，从而允准定指性表达。在这种语境下，汉语的"那"和英语的定冠词"the"具有相同的特征束，因此二语学习者无须完成特征重组。但是实验结果显示非回指性关联定指的习得对中高级学习者来说较为困难。作者认为该定指表达的习得属于句法—语用界面的预设调节，而这对于二语学习者来说是有难度的，该实验在一定程度上证明了界面假说。

近十几年来，很多中国的二语习得研究对冠词的习得从偏误类型、语义特征、一语迁移、界面特征、特征组装、语言发展等视角下做出了很多有益探索（蔡金亭、吴一安，2006；常辉、赵勇，2014；刘艾娟等，2013；邵士洋、吴庄，2017；韦理、戴炜栋，2010 等）。这些研究中，比较典型的是从界面的角度探讨中国学生对英语冠词的习得。比如韦理和戴炜栋（2010）采用强制选择提取任务，设置了前指语境、百科语境和大情境语境三种定指语境，并测试了可数单数名词、可数复数名词和不可数名词三种形式在各种语境下的定指使用情况。结果表明学习者可以习得功能语类 DP，但是不同的语境构成了不同的学习难度，说明语用因素对句法能力的发展起了一定的制约作用。邵士洋和吴庄（2017）基于"冠词选择参数"设计诱导产出任务，来检验英语学习者将 the 映射到定指还是实指上。实验结果发现学习者都存在一定程度的冠词缺失，但是随着语言水平的提高，缺失有所减少；即使如此，到高级阶段仍然有将 the 误用到不定实指成分上的现象。该研究指出，功能语类 DP 是可以被习得的，中高级学习者偶尔的冠词缺失源于二语学习者句法—音系界面的脆弱性。这一点在常辉和赵勇（2014）文中也得到验证。该文还指出，低级学习者系统性的冠词缺失是中介语的表现，是句法—语用界面的问题。文章从语言界面的角度较为深入地分析了冠词习得的难点所在，体现了语言学理论对于二语习得研究的支撑作用。

与动词和论元结构相关的习得问题，学界也多有关注。比如 Talmy（1985，1991，2000b）提出了基于运动事件的动词框架和卫星框架的语言类型学差异之后，运动事件的二语习得研究大多基于这一类型学的差异；Inagaki（2002）针对日语母语者习得英语运动事件表达的情况进行了探究，日语是典型的动词框架语言而英语是典型的卫星框架语言，实验结果发现日语母语者不能正确习得"under/behind"这类介词所表达的运动路径含义。在国内这一问题也得到关注（胡阳、陈晶莉，2014；于翠红、张拥政，2017 等），并且发现了和日语母语者类似的结果。特殊动词结构和事件类型、动词语义、论元配置等问题紧密相关，其习得可能受到多种因素制约，比如英语的双宾语结构和与格结构的转换问题。向课书和常辉（2020）基于 Bresnan & Ford（2010）针对英语双宾语和与格结构转换的语料库研究，用混合效应回归模型对中国高水平英语学习者加工英语与格转换结构的情况进行分析，结果发现了影响这一转换习得的诸多因素。其中最为凸显的因素是生命度、句法复杂度和可及性。该研究从汉语的生命度效应、语言结构的"尾重原则"和信息结构的角度对这三个因素的显著性做了分析，再次体现出理论语言学在探讨影响习得因素时发挥的解释力。母语迁移和目标语输入在事件结构的习得中各自发挥什么作用？常辉（2014a）在探讨中国学生习得英语心理使役动词时回答了这一问题。从语义上看，英汉心理使役结构在表达上有差异，相当一部分英语心理使役动词对应汉语的分析性使役结构，还有一部分对应汉语的心理动词。通过组句测试和熟悉度判断任务，研究发现语义通过母语迁移发挥作用，对于英汉同结构的心理动词，二语者习得程度更高。结构形态通过目标语的输入发挥作用，相比于词根心理动词，缀化心理动词的习得程度更高，而汉语中不存在缀化心理动词，所以这一结果是输入的作用。可以看到，对于心理使役动词的习得涉及句法—语义—形态—词库多方面的语言知识，基于一语和二语的类型学比较是分离出不同影响因素的前提。近十年来国内其他的研究热点还有：动词论元结构的习得（蔡金亭，2018）、动词及物性及其句法表现的习得（赵晨、葛邵玲，2017；朱秀杰、王同顺，2017 等）、特殊动词结构比如使役结构的习得（康鑫，2010；赵静、王同顺，2016 等）、双宾和与格结构（韩百敬、薛芬，2014；马炳军等，2016；向课书、常辉，2020 等）。

在生成语言学的管约论中，约束三原则是解释照应语、代名词、指称语在句法结构中（不）受到何种约束以及如何获得共指的句法原则。其中，约束原则 A 要求照应语在约束域中必须被约束，具备"局部性"和"唯一性"，汉语的反身代词"自己"具有长距离约束效应而英语的"oneself"没有。对于此问题，学界的关注点在于英汉差异是否带来一

第 6 章　实证研究中的普通语言学研究

语迁移（常辉，2014b），比如吴明军和王同顺（2013）、吴明军（2014）采用基于故事的真值判断任务，检验了初级和高级英语学习者在限定性和非限定性双子句以及带领属语的图像义名词短语（如"John likes Bill's picture of himself."）中对约束 A 原则的习得情况。结果发现，二语习得者对于长距离约束的接受度和语言水平密切相关，展示了母语迁移的影响。约束原则 B 要求代名词在约束域中不能被约束，而对于代名词的共指对象为何并没有句法上的规定，是因为代词和先行词共指关系的建立需要句法加工和语用加工同时来完成，涉及的影响因素也更加多样，尤其是在一些允准空元元的语言中，比如汉语。从这个角度来看，照应语和代词指称的建立涉及句法和语用的界面问题：指称的获得既需要句法关系，也和语境密切相关，故学界多从"界面假说"的角度进行探究，比如 Zhao（2012）把句法语义和句法语篇界面结合起来进行对比考察。研究内容是汉语的照应消解问题，即在汉语复句中，主句或从句代词主语或空主语的指代问题。在汉语的主从句之间的代词照应上，可以使用空主语或显性主语"他"，"他"的指代对象的确定只需要句法层面的操作，空主语是小句话题的省略，涉及句法—语用的界面，属于外界面，该研究的实验证明，二语学习者都能做出空主语和另一小句的主语同指的判断，即已经掌握汉语的主语话题化规则，所以句法—语用界面已经习得。于善志和翟清旭（2017）考察了代词和先行词的线性序列关系、结构序列关系以及语篇条件三个因素对二语者加工英语代词的影响。通过考察句子阅读的反应时和判断的正确率，研究发现句法层面的语义加工具有强制性和优先性；而语篇共指条件下的代词理解需要语境中出现适当的语篇赋值，这一结果反映了句法规则在语言知识中的内核性。

　　动词时体和一致的屈折变化是中国学生习得英语的又一个难点。一方面，时体涉及句法结构中功能性范畴的实现，是语言学习者的瓶颈所在；另一方面，汉语缺乏显性时态范畴，更多依赖词汇和语境表达时态，因此一语负迁移可能产生影响。这类研究的焦点主要有规则和不规则动词的过去式和主谓一致的加工方式。"双机制理论"认为语素是基本的词汇单位，对规则屈折词分解加工，没有整词效应，而不规则屈折词采取整词加工。"单机制理论"认为规则和不规则屈折词的加工机制是一样的，屈折词和原形之间存在形式和意义两种关联模式。实证研究的结果对这两种观点莫衷一是。常辉和郑丽娜（2008）通过词汇产出实验发现，规则形式不具有词频效应和音系相似性效应，不规则形式则具有这两种效应，支持了"双机制理论"。但陈士法等（2016）的研究从词汇的熟悉度入手，发现高熟悉度动词过去式加工不受规则程度、屈折词和词干重叠程度的影响，支持了"单机制理论"。此外，药盼盼等（2012）和陈亚平（2015）的研究发现了词频效应，即高频词呈现分解加工特征，低频词为整词加工。"单机制"和"双机制"可能并不是严格二分的。

通过以上的回顾和总结，我们发现二语句法习得研究呈现丰富且复杂的图景，影响二语习得效果的因素是多种多样的。从理论语言学视角来看，一语迁移和目标结构的句法复杂性或界面性是重要的因素，这些因素通过影响二语者的句法表征或者加工过程影响最终的习得效果。从基于用法的视角来看，目标语的输入和频率效应也对二语习得的效果产生了一定影响。总之，语言学本体研究为二语习得研究提供了理论解释的支撑。

3）二语语用能力发展

如果说二语句法习得涉及语言类型差异带来的一语迁移，那么在二语语用能力的发展过程中，一语迁移的影响就变得微乎其微了。语用原则，比如（新）格莱斯会话原则、关联理论等体现了人类认知的普遍原则，具备跨语言的普遍性。但是，基于语用学原则推导或者撤销的语用等级含义、预设意义等却需要说（听）话人的额外语用加工，可能占据更多的认知资源。对于具备较强句子加工能力的母语者来说，额外加工不具备难度，因此也就无法观察语用处理对句子理解和产出的影响。在这方面，二语者为我们提供了一个比较好的研究窗口。对比母语者，二语者的在线加工能力较弱，认知资源分配能力不足，这可能导致二语者在句法语义—语用界面处，尤其是推导或者撤销语用意义时表现出不足（冯硕，2021；Slabakova，2010；Sorace，2011等）。考察这一点对于了解推导语用意义的过程、影响因素、语用加工和句法加工的关系有重要意义。

在儿童语言习得部分我们提到，"默认理论"和"关联理论"对于等级词的语用意义和逻辑含义的关系问题提出不同的观点，同理，基

第6章 实证研究中的普通语言学研究

于语用学原则的普遍性和二语者的特殊性，二语习得研究同样可以在这方面提供证据支持。此外，研究二语者对于等级含义的加工往往涉及对"界面假说"（Interface Hypothesis）的讨论。Sorace et al.（2006，2009，2011）提出"界面假说"，认为二语习得中纯句法知识可以被完全习得，而涉及句法和其他界面的知识不容易被完全习得，在此基础上其研究区分了内部界面和外部界面，只涉及语法系统内部界面比如句法—音系界面、句法—语义界面的知识相对容易，而涉及句法和外部认知系统界面的知识比较难习得，比如句法—语用的界面。等级含义的推导涉及语义—语用的外部界面，根据该假说的预测，往往具备较高的认知复杂度和加工难度，因此可能会对习得造成困难。

Slabakova（2010）研究了母语为韩语的英语学习者如何理解英语和汉语的等级含义，结果发现这些学习者比母语者更多依赖语用解读而非逻辑解读。该研究认为这是因为二语加工占用了太多的认知资源，二语者不能像母语者一样通过消除等级含义来获取逻辑含义；从这个角度来看，该研究支持母语加工的默认理论。Miller 等（2016）探究了母语是英语的西班牙语学习者对西班牙语等级含义的习得，西班牙语中有 2 个量化词分别对应英语中存在量化词 some 的逻辑含义（some and possibly all）和等级含义（some but not all），在英语母语者学习西班牙语的过程中，预测一语迁移是可能发生的，但是实验结果却并没有发现母语的显著影响，再次验证了语用原则的跨语言普遍性。从国内的研究来看，马拯等（2018）探究了格莱斯会话原则中"量的准则"在二语加工中的作用。信息过量和信息不足都违反了量的准则，可能会为二语者带来加工困难。实验通过移动窗口技术，发现信息过量和信息不足对二语者加工英语句子有不同的影响，相较于信息不足，二语者对信息过量的敏感度更高。但是吴诗玉（2020）对相同问题的研究却得到了相反的结论，该研究同样采用移动窗口技术，却发现信息不足导致的指称歧义对二语指称加工有干扰作用，信息冗余却不会造成影响。尽管存在结论上的差异，二者都说明了初始的二语加工不严格受到语用原则的制约，语用原则在句子加工中不具有优先性。冯硕（2021）研究了二语者对预设和等级含义的推导是否存在一致性的问题，实验通过黑箱范式，发现二语者和母语者对预设和等级含义推导的加工机制存在差异，说明预设和等级含义的加工属于两种不同的推导类型。

张军和伍彦（2020）研究了语境因素对二语学习者等级词项在线加工的影响。通过得体性判断和自定速阅读实验，对some的等级含义和逻辑含义在上限语境和下限语境中的推导和撤销进行了考察。实验结果发现，二语学习者获得等级含义的能力与母语者相近，而且在上限语境中获得语用语义比下限语境中获得逻辑语义的加工时间要短，这支持了"默认理论"，上限和下限语境中的差异源于隐性和显性的论题的差异。该研究据此提出"基于制约"的模型，认为语境中不同类型的诱因决定了等级词项的解读过程。

目前，国内语言学界逐渐开始探究语用信息尤其是等级含义的推导在二语加工中的表现，但是相关的实证研究相对缺乏，仍停留在对于国外实验语用学实验的引介、述评和重复性实验的阶段，不如二语词汇、句法习得研究丰富和深入。我们期待在未来看到这方面更加成熟的研究，以此推动二语习得领域的全面发展。

6.2.2 非习得类研究综述

本节回顾普通语言学近十年来的非习得类研究。如表6-1所示，基于对文献的统计，我们发现除语言习得外，近十年来国内外语届的实证研究也十分关注母语者的语言加工过程。这些研究分析语言理解及产出的过程和数据，试图揭示语言本质和语言共性。在所得文献中，这类研究所涉及的话题较为分散，但仍可大致从研究对象上分为三类（如表6-1中所示）：词汇层面相关研究；短语句子层面相关研究；语篇语用层面相关研究。以下综述将围绕这三个层面展开，介绍每个层面相应的热点话题和代表性研究成果。

1. 词汇层面

近十年的实证研究中有不少对词汇的探讨，但基于此延伸到跨语言共性的研究十分有限，仅有4篇相关文献（姜红，2012；王冲等，2018；王洪磊，2015；张珊珊、杨亦鸣，2012），可大致分为两大话题：

第6章　实证研究中的普通语言学研究

词库和具体词类。

1）词库

语言使用者关于词汇的知识储存于大脑的心理词库（mental lexicon）中（Lieber，2009），但何为词库中的基本单位一直存在争议。有观点认为心理词库的存取都以整词为单位（Rubin et al.，1979）；也有观点认为语素才是词库存储的基本单位（Kintsch，1972；Taft & Forster，1975，1976）；还有观点认为整词和语素在大脑中混合存储（Caramazza et al.，1985）。国外已有许多研究从实证的角度力求对这些假设做出验证，但着眼于汉语的研究并不算丰富，从近十年的研究来看，张珊珊和杨亦鸣（2012）较有代表性。该研究运用事件相关电位技术（Event-related Potential，ERP），设计了针对汉语母语者的词汇加工实验，实验结果支持了整词为词库基本语言单位的观点。实验选取了三类单音节汉字作为语料，分别是词、非自由语素和无意义的字，且确保了所选语料不存在笔画数和熟悉度上的显著差异。实验采取"学习—再认"范式，"学习阶段"要求被试尽可能记住呈现的刺激，"再认阶段"要求被试辨别呈现的刺激是否在前一阶段见过。研究记录了三类语料所诱发的 ERP 曲线，主要有三项发现。第一，加工词时的中央区 P2 波幅在200ms左右，明显大于非自由语素。该时间点是词汇通达完成的时间，而非自由语素没有这一明显的波幅变化。中央区 P200 还与长时记忆中的词汇提取有关，词诱发的波幅更大，体现了更早和更有效的编码加工。第二，非自由语素在后部脑区诱发的 N400 成分波幅比词大，这反映了非自由语素的加工调用了较多长时记忆资源，与语义自足的词表现有显著差异。第三，非自由语素的 LPC[1] 成分小，揭示其较大的记忆负荷。这些成果都反映出词的语义完整性和对激活长时记忆的有效性，而非自由语素的编码加工方式明显不同且更为复杂。基于此，该研究得出结论，认为非自由语素独立存储的可能性很小，词库中的基本语言单位更可能是整词。这一研究加深了我们对于词库的认识，对词法学、句法学等研究也有一定启示。

1　LPC: Late Positive Complex，脑电位晚正成分，可能与记忆痕迹的增强有关。

2）具体词类

更多词汇层面的实证研究是基于词库中特定词类的加工展开，尤其是对于动词和形容词的研究，这是由于这些词较常作为谓词，从而牵扯较为复杂的论元结构和搭配等问题。实证类的词类研究主要有两类，一类着眼单一语言，一类涉及跨语言对比。

对于前一类研究，在此选择动词和形容词各一篇代表研究做简要介绍。动词的配价和论元结构是理论语言学的经典话题，但少有研究关注动词配价的心理现实性，国外的相关研究也主要以欧洲语言为对象，如 Friederici & Frisch（2000）对德语动词配价的研究，针对其他语言的研究相较而言比较缺乏。王洪磊（2015）从汉语角度为这一话题提供了较有价值的参考。该文证实了不同配价的动词属不同的心理实体，也支持了动词配价是句法范畴的观点。研究选取了在频率和形象度方面无显著差别的不同配价的动词，设计了针对失语症患者的两组实验。第一组实验要求被试根据图片描述出对应的动词，第二组实验要求被试根据动词选择对应的图片，实验过程记录了被试的正确率和反应时。结果显示，被试在三价动词上的正确率显著低于一价和二价动词；在反应时上，一价动词显著快于二价动词，二价动词显著快于三价动词。这表明对于失语症患者而言，不同配价的动词受损伤程度不同，三类动词在语言表征系统中属于不同的心理实体。另外，动词配价能力影响着后续句法加工，表明动词配价本质属句法范畴而非语义范畴。虽然这一研究所选被试数量十分有限（4名），对反应时的记录方式稍显粗糙（主要使用 Praat 语音学专业软件来标注分析数字化的语音信号），但作为为数不多关注论元结构的实证研究，具有较大价值。更多的词汇研究是基于语料库对词语多义现象的分析，并基于语义扩展过程来反映人类普遍的认知过程，如姜红（2012）对日语形容词"甘い"（"甜、香、不严格"等）的语料库研究。该研究从形容词和名词的搭配关系入手探究形容词语义，结合语料库检索和母语者理解度判断实验，得出了 61 个可理解度较高的形名组合并基于此进行语义分析，最终总结出"甘い"的多个义项和认知图式。从语言普遍性的角度看，该研究主要有两项价值：第一，"甘い"的语义扩展体现了从身体性体验到认知主体精神领域的人类普遍认知发

第6章　实证研究中的普通语言学研究

展过程；第二，"甘い"的肯定义到否定义的扩展体现了语言学的经济原则和乐观原则等，对词义扩展问题有普遍意义。

另外，有较多跨语言研究对比了不同语言在特定词类上的表现，用实证方法寻找词类共性的较少，但对词类共性的探究对于揭示词类本质、验证理论假说有着重要意义。例如，认知语言学认为词汇是人类对认知世界的范畴化结果，而动词由于其概念的抽象性，其范畴化的跨语言差异较大。值得思考的是，跨语言的范畴化差异之下是否仍可找到一些普遍特征？Majid et al.（2008）就从实证研究的角度考察了28种不同语言的母语者对于切割损坏类事件的范畴化，发现范畴化存在普遍性制约。受此启发，王冲等（2018）以汉语和日语作为对象，对切割类动词继续进行深入研究，考察该类动词的范畴共性。该研究选取汉语母语者和日语母语者作为被试，要求其对28个"切割"事件的录像进行描述。这些录像覆盖的切割事件分别涉及不同的工具、对象（不同软硬、维度等）、切割方向、动作速度等。实验记录了被试所用动词的种类和频率，并对两组结果做相似度矩阵分析。结果显示，汉语和日语切割类动词有两个范畴共性，一是按切割工具种类划分（手还是刀具），二是按切割物外力方向划分（纵向还是横向）。该研究可看作对Majid et al.（2008）研究的补充，虽然只涉及汉语和日语"切割"类动词，但是所采纳的方法应用性强，为后续研究提供了有益思路。

2. 短语句子层面

近十年针对短语和句子层面的实证研究较为丰富，如表6-1所示，共计14篇文献试图探究该层面的跨语言共性，涵盖的三大热点话题有：对生成语言学理论假设的验证；主语关系从句加工优势普遍性之争；歧义结构的原型表征。

1) 对生成语言学理论假设的验证

生成语言学对句法结构做了诸多假设，但大多是从语言产出的角度出发。囿于实验需要具备的可操作性，相关的实证研究往往从语言的理解加工入手，虽然如此，仍能作为对理论研究极有价值的证据。

生成语言学有诸多经典假设，如轻动词假设（Light Verb Hypothesis）[1]。学界有不少与轻动词相关的实证研究，如Wittenberg & Piñango（2011）。封世文和杨亦鸣（2011）指出，从汉语句法角度能为轻动词的神经机制提供有力依据。早期研究指出汉语中"丰富生活—生活丰富"这样可以变换位置的词组与轻动词有关（沈阳等，2001）。这样的词组中存在一个使役义轻动词，而"丰富生活"是实义动词移位到轻动词位置的结果。基于此，封世文和杨亦鸣（2011）设计了一个功能性磁共振（functional Magnetic Resonance Imaging，fMRI）实验，对比被试在可变换位置词组（如"繁荣经济—经济繁荣"）和不可变换位置词组（如"友情出演"）的刺激下的脑激活情况。实验发现大脑在加工可变换位置词组时大量使用了左侧额叶，这是句法活动的中枢脑区，佐证了词组中存在隐性轻动词及动词移位这一分析的合理性。该研究还有一些不足，如实验只基于词组层面，加工差异也存在由其他因素导致的可能，但仍为轻动词假设提供了有力的支持。

2）主语关系从句加工优势普遍性之争

国外许多对于关系从句加工的研究结果显示，主语关系从句的加工具有普遍优势。这一优势不仅在中心语前置的德语、荷兰语等语言中被发现，也在中心语后置的日语、韩语等研究中被观察到（Kwon et al., 2006; Mak et al., 2006; Mecklinger et al., 1995; Ueno & Garnsey, 2008）。这一优势可以从名词短语可及性等级假设（Noun Phrase Accessibility Hierarchy Hypothesis）[2]中得到解释，也可以从"视角转移假设"（Perspective Shift Hypothesis）（MacWhinney, 1982）[3]、"距离假

---

[1] 轻动词假设的提出主要基于Grimshaw（1988）、Larson（1988）、Hale & Keyser（1993）等研究。主要观点大致是认为句法结构中，在传统的VP投射之上还有一层vP投射，表致使义；v可以由独立的语素实现，也可以通过内部合并，由基础生成于V位置的动词移位到v来实现。

[2] 该假设认为简单句关系化时提取句法成分的难易度有所区别，难度等级从低到高为主语 > 直接宾语 > 间接宾语 > 旁语（Keenan & Comrie, 1977）。

[3] 这一假说认为句内发生视角转移时需要消耗更多的加工资源（MacWhinney, 1982）。加工主语关系从句时，从句主语也是主句主语，无需视角转移；但加工宾语关系从句时，视角需要转换视角，从主句主语到从句主语再回到主句主语，消耗资源更多，加工更困难。

设"（Distance Hypothesis）（Gibson，1998；O'Grady，1997）[1]等理论中得到支持。然而，近十年有不少针对汉语的研究在这一问题上产生了争议。

有研究指出汉语的情况并非如此，关系从句的加工难度的确存在非一致性，但具有加工优势的不是主语关系从句，而是宾语关系从句。关系从句的加工难度可能与其他因素有关，并不具有普遍性倾向。王慧莉和邴文铎（2013）即持这一观点。研究设计了配备合理语境的主宾语关系从句作为实验句，记录被试在加工这些句子时的 ERP 数据。结果显示，主语关系从句在从句首词位置诱发了 P600 成分，表明主语的缺失增加了被试的加工负荷；在从句中的多个位置，主语关系从句诱发的 N400 成分均显著大于宾语关系从句，反映了更大的加工消耗；而主语关系从句仅在中心语位置显示出轻微的加工优势，这可能与宾语从句包含话题转换有关。这些结果表明汉语中宾语从句具备加工优势。至于为何汉语中主语关系从句频率远高于宾语关系从句，该研究认为这与统计方式的缺陷有关。姚岚（2016）还基于数据库详细评述了支持汉语主语加工优势的研究存在的实验和统计上的缺陷，从而支持了宾语加工优势之说。

亦有实证研究指出汉语也体现了主语关系从句加工优势，如刘涛等（2011）设计了六种不同类型的实验句，除了区分主宾语关系从句外，还将从句中宾语的有生性和指称性纳入考虑范围。实验记录了被试理解实验句时的 ERP 数据。结果显示无论动词论元有生与否，均存在汉语主语关系从句加工优势，且当宾语为无生名词时，两类句子加工难度差异扩大。仅当主语或宾语之一为人称代词时，两类从句加工难度差异消失。该研究结果总体上支持了主语关系从句加工优势的普遍性。

由此可见，对于关系从句的加工问题目前尚无定论。即使同为 ERP 研究，也可能呈现出不同的实验结果。导致这一差异的原因以及这个问题的答案，值得后续研究进一步探讨。

---

[1] 从"线性距离假设"（Linear Distance Hypothesis）（Gibson，1998）来看，主语关系从句中中心语和从句内语迹的线性距离更短，加工更容易。从"结构距离假设"（Structural Distance Hypothesis）（O'Grady，1997）来看，主语从句的移位跨过的句法节点更少，加工更容易。

3）歧义结构的原型表征

歧义是个较为宽泛的概念，句法、语义、语用甚至语音等诸多因素都可能导致歧义，这里主要讨论句法歧义。句法歧义的根本原因在于不同的底层结构可能实现为同一个表层结构。对于歧义句的加工过程有线性加工和平行加工之争。线性加工的观点认为加工者在意识到歧义后会选择其中一种解读作为主要的加工对象而放弃另一种解读。而平行加工的观点认为不同解释都会被平行激活，获得最大程度激活的解释最终会被选择。不少实证研究都试图为两种取向或其关联的各种模型提供验证（如Mason et al., 2003），探讨的主要是加工策略问题。但国内近十年存在较为明显的话题偏向，即讨论不同意义是否同等可及、歧义结构是否存在一个在语言加工中的默认解读。换言之，对于该语言的使用者而言，某个结构是否在认知上有对应的原型表征。

在汉语方面，近十年有不少研究试图为歧义偏向性提供实证支持，尤其是汉语"V+NP1+的+NP2"结构的歧义加工。"V+NP1+的+NP2"（如"关心学校的老师"）有两种解读：一种是偏正结构，一种是述宾结构。研究普遍显示，偏正结构解读是默认解读，在此介绍两个支持这一结论的研究，它们分别运用了不同的研究方法。首先是魏行等（2017）基于结构启动[1]所设计的自定步速阅读实验。该研究包含两个子实验。实验一的启动句有三种类型：无歧义的偏正结构和述宾结构的"V+NP1+的+NP2"短语及控制组，而目标句在语境中均是以偏正解歧的短语。实验二的启动句类型与实验一相同，但目标句是在语境中以述宾解歧的短语。实验记录被试阅读时间。结果显示，当目标句以偏正解歧时，无论何种类型的启动句都未产生显著的启动效应。可能的解释是偏正结构本身的激活程度已经很高，产生了"天花板效应"；而当目标句以述宾解歧时，述宾启动句对目标句没有明显的启动效应，但偏正启动句对目标句显示出负启动效应，也就是说被试需要更多时间抑制偏正分析。这些结果表明偏正结构的心理表征性较强，是该结构的默认解读。顾介鑫等（2018）从脑成像研究的角度也支持了这一说法。由于结

---

[1] "结构启动"指人们受之前接触过的句法结构影响在随后的语言使用中表现出结构重复的倾向。

构歧义可能受词汇语义影响而得以消解,该研究设计了 2×2 因素的实验,两个因素分别是歧义偏向性(偏正或述宾)和词义特征(高致歧动词和低致歧动词)。实验采集了被试在语料加工过程中的脑功能成像等数据。实验结果显示:(1)述宾解读较偏正解读需要更长的反应时,且表现出更低的正确率;(2)在许多脑区,述宾解读的句子都引起更强的激活,特别是额下回岛盖部这一句法加工关键脑区,这表明述宾结构在加工上表现出了困难,得到述宾解读需要更复杂的操作;(3)偏正结构下动词致歧度对句子加工没有显著影响,但述宾结构下,动词差异显著影响加工难度。这些结果表明偏正解读的心理表征占据绝对优势。

以上以"V+NP1+的+NP2"为例介绍了相关研究,而偏正结构成为默认解读可能与结构频率有关。其他歧义结构中是否也存在原型心理表征、这一表征是否受频率决定,这些是后续研究中值得探究的问题。

除此之外,还有许多研究探究了其他诸多语言现象,其中对"宏事件特征假设"[1]的研究不在少数,属热点话题,但囿于篇幅,仅在此简短介绍。袁毅敏等(2015)采用问卷调查和访谈的方式,考察了汉语动结式,提出动结式包含的行为和结果事件之间不存在时间间隔,并以此支持了"宏事件特征假说",即宏事件内部的子事件之间时间关系紧凑。另外李金妹和李福印(2020)通过要求被试描述视频的方式探究了因果句的表征方式,发现包含持续因果的情景(即受因事件和使因事件同时发生)倾向于用单句结构表征,而包含初始因果关系的情景(即使因事件发生之后受因事件再发生)倾向于用两个单句表征,这实际上也在支持"宏事件中子事件没有时间差"这一事件融合的理论视角。除了宏事件相关问题外,还有许多关于其他话题的研究,如对于不同类型因果句反应时及其跨语言普遍性的研究(廖巧云等,2015);对于汉语运动事件切分的语义类型学研究(邓宇、李福印,2015);通过 ERP 技术探究成语加工过程并以此支持韵律句法学的研究(张辉等,2013);关于代词句法约束情况的眼动研究(吕骏,2020)等。

---

[1] "宏事件特征"指自然语言中将包含两种或两种以上因果关系的子事件融合为单一的宏事件并用单句表征。

3. 语篇语用层面

语用学实证研究较为丰富，但能反哺语言理论、探究语言共性的研究相对有限。如表6-1所示，在所得文献中，有共计10篇文献探讨了相关话题，其中两个较为热点的话题是："回指"相关问题和"一般会话含义"相关问题。

1)"回指"相关问题

回指是一个受句法、语义、语用等诸多因素影响的复杂问题。国际学界已有不少研究探究这一话题，一些较为热门的话题有先行词的位置和其认知突显度的关联（如Fukumura & van Compel, 2010; Koornneef & van Berkum, 2006）、动词语义对回指的影响（如McDonald & Mac-Whinney, 1995）等。国内近十年来也涌现了不少相关研究，下面将继续从上述角度探讨回指问题。

回指问题的核心是先行词的解读倾向。当语境中有一个以上先行词时，可能出现指代模糊，引发歧义。不少因素会影响解读倾向，其中一个因素是话题结构。基于许多语言的研究都表明，话题具有较为凸显的句法位置和语篇特征，在代词的先行词选择中具备优先性。另一个因素是动词语义，动词隐含的因果性会影响回指取向，如动词"担心"偏向主语回指，而"批评"偏向宾语回指。但这些影响因素是否具备普遍性，它们影响了产出还是理解，以及不同因素之间如何互动？徐晓东等（2013, 2017）尝试对这些问题做出回答。徐晓东等（2013）设计了两个子实验，分别针对语言产出和语言理解。第一个实验采用句子补全任务，向被试展示两类表述因果关系的小句后（一类是话题结构，一类是非话题结构），要求被试在其后续写出完整句子。第二个实验针对句子理解，设计了四类句子（话题句回指话题、话题句回指宾语、非话题句回指主语、非话题句回指宾语），要求被试对句子进行接受度评定。结果显示：(1)无论是产生还是理解，代词均倾向与话题同指；(2)主语回指倾向动词的语义影响大于宾语回指倾向的动词；(3)话题效应在理解中的作用大于产出，动词语义在产出中的作用大于理解。由于该研究局限于离线考察，研究者后续又设计了一个在线的ERP实验（徐晓东等，2017），实验语料大致延用上一研究中实验二的四类句子，实验记录了被试阅读过程中的 ERP 数据。结果显示：（1）非话题结构中，主宾语话题回指诱发的 P600 无显著差异；（2）主宾语回指都比话题回指诱发了更大的 P600；（3）话题结构中的宾语回指比非话题结构中的宾语回指诱发了更大的 P600。这一结果表明，话题回指具备更高的认知显著度和可及度，汉语中的话题结构比动词语义对代词回指的约束作用更大。总的来看，这一系列研究反映了话题结构对代词回指的重大影响，结合多语言研究来看，或许具有跨语言的普遍意义。

除了先行词的解读倾向，还有许多研究着眼于其他问题。例如，王倩和梁君英（2020）记录了其自定步速阅读实验和语料库研究的结果，揭示了空代词和显性代词的分工机制：（1）当先行语为主语时，空代词的作用更大；当先行语为宾语时，显性代词的作用更大；（2）空代词对主语先行语有显著的回指倾向，但显性代词没有显著的回指倾向。这一发现从汉语角度为代词脱落语言的类型学研究提供了新的支持。此外还有许多针对汉语"自己"的回指研究，值得一提的是，张时倩和张德禄（2016）针对"自己"设计了一项语义启动实验，发现语境信息一旦被获取就即时影响"自己"的回指加工，以此说明句子理解遵从"平行加工模型"，即在语言加工过程当中，不同的信息因素一旦被获取就会立即作用于句子加工。

2）"一般会话含义"相关问题

许多实证研究立足于语用学理论，尤其是对（新）格莱斯理论和关联理论的对比。（新）格莱斯理论区分了无须语境的"一般会话含义"（generalized conversational implicature）和依赖语境的"特殊会话含义"（particularized conversational implicature）。其中前者属默认推论，是直觉上常态的解读，在加工时比较容易，在一定语境下可被取消。但在关联理论下，隐义（implicature）是听话人在关联原则指导下根据语境、以最小的认知努力进行语用扩充的结果，故"一般会话含义"和"特殊会话含义"本质相同。由此，不少研究从"一般会话含义"的加工入手，来对不同的理论假设做出验证。

从近十年研究成果来看，关联理论得到了较多的实证支持。其中较有代表性的是陈冰飞和张绍杰（2012）基于汉语数量词"一些"的研究。（新）格莱斯理论认为等级含义是一种迅速产生的默认推理，只有在语境中有和等级含义矛盾的信息时，默认义取消，反应时加长。但根据关联理论，等级含义不是一种默认推论，等级词项在仅作字面解读的语境中反应时短，在受语境制约的加工中反应时长。举例来说，面对一张所有灯泡都点亮了的图片和对应文字"一些灯泡亮了"，（新）格莱斯理论认为，否定回答（即认为这句话不是对该图片的恰当描述）是对等级含义"不是全部"的默认推论，反应时短，而肯定回答（即认为这句话是对该图片的恰当描述）是默认义取消的结果，反应时长；但关联理论认为肯定回答仅涉及语义解码，反应时短，而否定回答需要语用扩充，反应时长。该研究实验记录了被试在一系列类似的图片文字阅读过程中的回答和反应时。结果支持了关联理论，表明等级含义是一种语用而非默认推论。此外该实验还加入了诸多对比项，展示出不同限制词下的词项的语用加工难度的差异。

也有学者对两种理论解释都提出了质疑，认为两种理论框架都应被修正。持此立场的有的多篇研究（阿卜杜外力、徐万治，2016，2018；刘振前等，2018）。这些研究主要采取了鼠标跟踪的实验方法，提供给被试句子的逻辑释义和一般会话含义的语用释义，要求被试判断释义能否反映话语所表达的意义，在此过程中记录被试的判断频率、反应时和手部运动轨迹。结果显示一般会话含义在脱离语境时比所言加工更快，在上下限语境中也比可替代意义加工更快，符合（新）格莱斯理论的预测；但一般会话含义在语境冲突下也未被取消，仍以交际意义的形式存在，与（新）格莱斯理论预测不符；同时，下限语境中不同话语类型表现有差异，显示出对语境不同的依赖程度。

此外，语用学领域还有一些优秀的实证研究。庞杨（2015）设计的词汇产出实验探讨了词汇同义关系对语境的依赖性，揭示了词汇解读的语用推理调节机制，支持了关联理论；陈香兰和陈海员（2014）设计的眼动实验揭示了转喻的加工过程，支持了关于转喻的"平行加工理论""过程启动"等假设；杨波等（2020）运用 ERP 技术探讨了反语的加工机制等。

总的来看，探讨语言加工处理等问题的非习得类文献大部分都从短语或句子层面展开，讨论相应语法单位的句法及语义。从词汇层面和语用层面入手探究语言共性的还比较少，很多问题值得研究者深入探索。

6.3 近十年国内外语界普通语言学实证研究主要研究方法

表 6-2 为对近十年国内外语界普通语言学实证研究的研究方法的分类梳理。由表可见，近十年普通语言学实证研究涉及的研究方法丰富多样，如事件相关电位技术、功能性磁共振、眼动实验、语料库等。相关代表性文献亦有展示，以供参考。

表 6-2　国内外语界 2011—2020 年普通语言学实证研究主要研究方法 [1]

主要研究方法	文献数量（篇）及代表文献	
	习得类文献	非习得类文献
事件相关电位技术（ERP）	7（陈士法等，2015；耿立波、杨亦鸣，2013；肖巍、倪传斌 2016 等）	7（王慧莉、郝文锋，2013；张珊珊、杨亦鸣，2012 等）
功能性磁共振（fMRI）	0	2（封世文、杨亦鸣，2011；顾介鑫等，2018）
眼动实验	1（贾光茂，2020）	2（陈香兰、陈海员，2014；吕骏，2020）
自控步速阅读	6（唐铁雯、陈晓湘，2018；赵晨、葛邵玲，2017 等）	7（魏行等，2017 等）
语料库	6（常辉、赵勇，2014；向课书、常辉，2020；张云秋等，2018；张云秋、李若凡，2019 等）	3（李金妹、李福印，2020；姜红，2012；王倩、梁君英，2020）
诱导实验	31（范莉，2020；李汝亚，2017；施嘉伟等，2019 等）	5（邓宇、李福印，2015；王洪磊，2015；王冲等，2018 等）
问卷调查	26（常辉，2014；刘艾娟等，2013；马炳军等，2016；吴庄，2017 等）	9（李金妹、李福印，2020；袁毅敏等，2015 等）

---

[1] 该表中文献数目总和大于本章所综述的文献总数，这是由于有的研究同时采取了多种研究方法。如王倩和梁君英（2020）的研究中就同时采用自控步速阅读和语料库两种研究手段，分别从理解及产出两个不同角度对研究问题进行探究。

由上表可见，近十年来国内外语届普通语言学实证研究所采纳的研究方法十分丰富，不仅包括较为传统的问卷调查、语料库等手段，也包括相对而言较新的功能性磁共振、眼动实验等手段。研究方法的选取一方面取决于研究问题，另一方面也受制于研究成本。从统计结果来看，大量的研究仍采取问卷调查、诱导产出（如图片或视频描述）、语料库分析等对成本及设备要求较低的研究方法，而成本较高的研究方法，如功能性磁共振、眼动实验等，使用仍然十分有限。但这些技术的使用，对研究语言的在线加工过程是极为有用的。我们期待后续有更多的研究能运用这些研究方法，为探究语言本质添砖加瓦。

下文对这些研究方法和实验技术进行简要介绍，以期增进读者对相关技术及目前领域内相应技术运用情况的了解，为将来研究提供参考借鉴。由于上文已对具体的研究内容进行详述，本节不再赘述研究内容，仅关注研究方法和实验技术。

1. 事件相关电位（ERP）

事件相关电位技术主要通过将电极置于头皮表面来检测大脑进行某项活动时的反应速度和神经元活动。通过反应时体现反应速度，通过脑电图（EEG）呈现神经元活动。ERP可以全面检测大脑在语言理解过程中的神经活动机制，从句法、语义、语音等各个层面对大脑的线上语言加工和处理过程进行研究。一般认为语义违反会在刺激后400毫秒内引起中央顶叶区的负值脑电波，也称N400（Kutas & Hillyard, 1980）；句法违反会引起500—600毫秒的正向电位，也就是P600，主要分布于中央顶叶区（Friederici, 2002）；N250则和语音违反相关。ERP从神经科学的角度为语言各个模块的独立性提供了经验证据。从表6–2可以看出，近十年实证研究中ERP的使用较为广泛。

2. 功能性磁共振（fMRI）

功能性磁共振是一种无创且可重复的临床影像学技术，使用的具体步骤大致包括确定实验系统、制定刺激方案、优化扫描序列、定位像扫描、BOLD加权像扫描、数据获取、数据处理、数据可视化等。20世纪 90 年代以来，fMRI 逐渐被用于语言学研究，国内外大量研究已证明各脑区在处理不同语言对象时激活情况不同，如左前额皮质和双侧颞叶皮质可能参与句子处理，而左下前额皮质和双侧顶叶皮质可能与语音加工有关（李黎、李霄翔，2006）。运用 fMRI 可以较为精确地考察被试的语言加工过程。从表 6–2 可见，fMRI 目前在国内的使用还十分有限，这可能是囿于该技术较高的设备要求。未来随着研究条件的进一步改善，fMRI 技术有望得到更广泛的运用。

3. 眼动实验

眼动即眼球的运动。在眼动实验中，研究者采用相关仪器记录眼球在观测文字、图片或视频过程中的运动轨迹，并以此推断大脑处理信息的过程。实验一般将对象材料划分为不同测试区，相关的考察指标主要包括时间类指标（如首次注视时间、总注视时间等）和空间类指标（如回视次数、眼跳距离等）（袁周敏等，2020）。目前，眼动技术在语言学领域主要应用在阅读任务中，考察对象主要限于句子或句子以下的语法单位。热门的研究话题有词汇识别、句子歧义消除、语法分析等（孔菊芳，2017）。虽然眼动实验对探究语言的在线加工过程十分有效，但从表 6–2 可见，目前眼动实验在学界的使用仍然很有限，在本文所综述文献中仅有 3 篇文献使用了该实验技术，这主要是由于眼动实验对设备的要求较高，实验成本不菲。我们期待随着研究环境的不断改善，未来有很多的研究者能有机会使用这项技术。

4. 自控步速阅读

自控步速阅读（self-paced reading）早在 20 世纪 70 年代就被用于语言学研究（Marsden et al., 2018）。实验要求被试阅读屏幕上的材料，被试可以通过控制翻页按钮自行控制每一个页面的阅读时间。实验者记录被试的阅读反应时。多数自控步速阅读实验基于 E-prime 软件。自控步速阅读作为一种在线技术，有助于丰富加工过程的参数，且与其他在线技术如眼动实验等相比对硬件的要求较低（张超等，2020），因此，该项手段在当前的使用范围较广。如表 6-2 所示，有共计 13 项研究采用了这项技术。

5. 语料库

语料库可以帮助研究者获得大量语料，是语言学研究的重要资源，在语言学研究诸多领域都有广泛应用。在儿童语言习得领域，最著名的有 CHILDES 国际儿童语料库。此外，众多英语学习者语料库和中介语语料库也为国内二语习得研究获得产出性数据提供了思路。语料库获取相对便捷，但多针对特定语言，普通语言学视角下的语料库研究较少。

6. 诱导实验

诱导实验是获取产出类数据的一种方式，一般要求被试对图片或者视频进行描述，由研究者记录被试的产出内容，并进行后续的处理和分析。诱导实验有利于获得语言使用者直觉性的语言产出数据，且成本较低，因此在研究中的使用较广。如表 6-2 所示，有超过 30 项研究都采用了不同形式的诱导实验来获取数据，在各种使用方法中占比最高。

7. 问卷调查

问卷调查具有灵活简单、操作性强、成本低、效率高的特点，是线下研究中最常用的形式。其缺点在于只能检测出语言处理加工的结果，不能关注过程，且难以对被试进行有效的监控。问卷调查的内容和设计可以根据实验目的和测试对象灵活设置，以此关注被试对某一语言项目的理解或产出情况。例如，理解性实验主要要求被试做出选择或者判断，比如可接受度判断、语法性判断、真值判断、相似性判断等，而产出性实验要求被试产出一定的语法结构，比如完成句子补全、翻译任务、图片描述任务等。需要注意的是，相比于社会调查、消费者调查等其他以问卷形式获得数据的方式，语言学领域的研究涉及的被试数量较小，一般人数在每组几十人左右。因为数据规模较小，在分析处理时需要考虑统计方法的适用性问题。互联网的发展大大提升了问卷调查的便捷度和

第6章 实证研究中的普通语言学研究

效率,使之成为相关研究中最广泛的研究手段。如表6-2所示,有约三分之一的文献把问卷调查作为主要研究手段,在使用占比上仅次于诱导实验。

6.4 总结与前瞻

本章回顾了近十年来中国外语学界在实证研究领域的普通语言学研究所取得的主要成果,展现了语言学实证研究与普通语言学的良好互动。理论语言学对人的语言能力进行刻画,语言的实证研究对人的语言表现进行观察,并以此反映语言能力,反馈语言学理论。着眼于语言习得和语言的加工与处理这两个角度,研究者采用问卷调查、ERP、眼动等多种实验方式收集语言的产出和理解性数据,展开了词汇、句法、语义、语篇、语用等不同维度的实证研究,旨在探究语言共性,揭示语言本质。从语言习得角度来看,在儿童语言习得和第二语言习得中,都存在着"天赋说"和"使用说"的争论,即语言的内在机制和外在环境在语言习得中各自发挥什么作用。实证研究分别对这两种习得观进行验证,给出支持或者反对的实验证据。从语言加工处理的角度看,心理词库和词类划分的心理表征、轻动词和句法移位等句法理论假设、句子加工难度、歧义结构表征、代词指称消解、会话含义推导等心理现实性问题都通过实验研究方式得到了探索。

与此同时我们也发现,理论语言学和实证研究之间的互动还不够理想。一方面,理论语言学发展时间较长,积淀深厚,而语言学领域内的实证研究兴起较晚,面对纷繁复杂的语言学理论,实证研究要回答的第一个问题是"验证什么"。这需要研究者具备较好的理论语言学敏感度,能够从众多理论中甄别、选择出合适的理论;也需要研究者能不断跟进理论发展动向,了解理论前沿动态,从而选择出合适的研究话题,真正做到构建和完善理论。其次,实证研究最重要的问题是"怎么验证"。方法是实证研究的核心,过去的十几年来,语言学研究者借鉴国外的研究范式和研究方法,进行了大量的实证研究,其中不乏许多复制性研究。在未来的实证研究中,我们也可以关注汉语的个性,更多开展原创性研究，让国际语言学界更多地听到来自中国的"全新的声音"。最后，目前的实证研究对于语言各个模块的关注程度是不同的，比如在词汇、句法加工、习得方面的研究数量多、范围广，而在语用、语音等方面起步较晚，稍显不足，我们期待在未来看到这些方面更多更成熟的研究。

  限于篇幅和人工筛选的一定的主观性，本章的梳理可能未能覆盖过去十年语言学实证研究领域的所有进展和动态。希望通过本章可以让读者大致了解近年来语言学实证研究领域的关注问题和发展趋势，以及具有研究潜力的问题和话题，也期待更多的研究者参与到这方面的研究中来。

参考文献

阿卜杜外力·热合曼，刘振前．2018．一般会话含义解读模式的鼠标跟踪实验研究．外语教学，（1）：19-25．
阿卜杜外力·热合曼，徐万治．2016．会话隐意解读模式探究．外语研究，（1）：47-54．
鲍贵，王立非．2002．对索绪尔语言系统价值观的诠释与思考．山东外语教学，（3）：11-13，16．
布占廷．2013．基于评价理论的语言学书评标题研究．外语与外语教学，（4）：53-57．
蔡洪，吴文．2018．巴赫金对索绪尔"语言观"的挑战与发展．浙江外国语学院学报，（4）：1-7．
蔡金亭．2018．母语迁移对中国大学生使用英语动名搭配的动态影响．外语教学与研究，（1）：60-73．
蔡金亭，吴一安．2006．中国大学生英语冠词使用研究．外语教学与研究，（4）：243-250．
蔡维天．2015．从微观到宏观——汉语语法的生成视野．北京：商务印书馆．
蔡维天．2016．论汉语内、外轻动词的分布与诠释．语言科学，（4）：362-376．
蔡维天．2019．制图理论和汉语语法．语言学研究，（25）：28-44．
曹秀平．2013．语篇分析框架中听力理解动态认知模式研究．外语学刊，（5）：114-118．
常晨光．2008．作为评价手段的情态附加语探析．外语与外语教学，（1）：11-13．
常辉．2014a．语义和形态对中国学生习得英语心理使役动词的影响．现代外语，（5）：657-667．
常辉．2014b．二语英语空论元不对称习失研究综述．中国外语研究，（0）：1-8．
常辉，赵勇．2014．冠词缺失与中介语句法损伤研究．外语教学理论与实践，（1）：12-18．
常辉，郑丽娜．2008．二语动词规则形式与不规则形式的大脑形式表征研究．现代外语，（4）：415-422，438．
车向前，郭继荣．2018．保罗·利科语言哲学的索绪尔渊源．外语学刊，（5）：23-28．
陈保亚．1997．世纪语言研究中的同质化运动——索绪尔语言观与博厄斯方法论的殊途与同归．北京大学学报（哲学社会科学版），（2）：54-60，159-160．

陈贝佳. 2020. 索绪尔与保罗之关联——以两组二分概念为例. 外语教学与研究，（3）：337-348，479.

陈冰飞，张绍杰. 2012. 汉语数量词"一些"的极差含义实验研究——新格赖斯语用学理论面临的困境. 外国语，（6）：53-59.

陈嘉映. 2003/2006. 语言哲学. 北京：北京大学出版社.

陈梅，文军. 2013. 评价理论态度系统视阈下的白居易诗歌英译研究. 外语教学，（4）：99-104.

陈士法，崔涛涛，刘佳，杜玲，杨连瑞. 2016. 中国学习者英语动词过去式的加工机制研究. 外语教学与研究，（6）：887-898.

陈士法，刘晴晴，侯林平，吕茂丽，杨洪娟，崔涛涛. 2015. 英汉心理词典中英语单词再认模式的 ERP 研究. 解放军外国语学院学报，（1）：1-9.

陈树坤. 2017. 角度成分的人际功能及其翻译：基于《红楼梦》平行语料库的研究. 外语与外语教学，（6）：134-144.

陈望道. 1932/2008. 修辞学发凡. 上海：复旦大学出版社.

陈玮. 2016. 语法分析、功能语篇分析及其语言学意义. 外语教学，（4）：34-38.

陈香兰，陈海员. 2014. 转喻有无信息提示的眼动实验对比研究. 外语学刊，（4）：83-87.

陈晓湘，周洁. 2008. 中国南方汉语儿童母语词汇习得中的互斥假设原则. 外语与外语教学，（5）：32-36.

陈亚平. 2015. 熟练汉英双语者屈折词加工模式研究. 外语教学与研究. （1）：55-66.

陈旸. 2012. 从功能语篇分析到翻译教学. 中国外语，（1）：94-97，111.

陈瑜敏，黄国文. 2016. 系统功能语言学中的"意义". 外语教学，（5）：11-14.

陈征，俞东明. 2017. 基于信度分析的英语论辩语篇言据性对比研究. 现代外语，（6）：766-777，872-873.

程工. 1999. 语言共性论. 上海：上海外语教育出版社.

程工. 2019. 句法构词理论中的语素和词. 语言学研究，（25）：60-70.

程工. 2018. 词库应该是什么样的？——基于生物语言学的思考. 外国语，（1）：23-30.

程工，邢ுதுகுந். 2018. 生成语法的目标与体系——与人工智能途径的对比. 现代外语，（3）：293-305.

程工，李海. 2016. 分布式形态学的最新进展。当代语言学，（1）：94-114.

程工，杨大然. 2016. 现代汉语动结式复合词的语序及相关问题. 中国语文，（5）：526-540.

程工，周光磊，2015，分布式形态学框架下的汉语动宾复合词研究. 外语教学与研究，（2）：163-175.

程瑞兰，张德禄．2017．多模态话语分析在中国研究的现状、特点和发展趋势——以期刊成果为例．中国外语，（3）：36–44．

丛迎旭．2014．系统功能语言学语法隐喻理论的贡献与问题．解放军外国语学院学报，（5）：73–81．

丛迎旭，王红阳．2013．基于语义变化的概念语法隐喻模式与类型．现代外语，（1）：33–39，108–109．

丛迎旭，王红阳．2017．语法隐喻一致式的认知特征与阐释．中国外语，（4）：28–34．

崔靓，王文斌．2019．汉英对动作和时间的不同概念化：时空性差异的映显．外语教学理论与实践，（1）：29，30–38．

戴曼纯．2011．最简句法的格问题．外国语，（2）：2–13．

戴瑞亮．2012．索绪尔语言理论探源．湖南社会科学，（6）：185–188．

淡晓红，何伟．2017．新"被"字结构之功能视角研究．西安外国语大学学报，（3）：14–18．

邓仁华．2015．汉语存在句的系统功能语法研究．现代外语，（1）：37–47．

邓仁华．2018．"王冕死了父亲"的系统功能语言学阐释．现代外语，（2）：186–196．

邓仁华，廖婷．2020．评价框架视阈下的国内旅游网页翻译研究．中国外语，（3）：85–93．

邓思颖．2010．形式汉语句法学．上海：上海教育出版社．

邓思颖．2019a．词汇层次的句末助词．语言教学与研究，（3），38–45．

邓思颖．2019b．句末助词的冷热类型．外语教学与研究，（5），643–652．

邓思颖．2018．粤语动词后缀与完句问题．何大安，姚玉敏，孙景涛，陈忠敏，张洪年主编．汉语与汉藏语前沿研究：丁邦新先生八秩寿庆论文集．北京：社会科学文献出版社，686–696．

邓宇，李福印．2015．现代汉语运动事件切分的语义类型实证研究．现代外语，（2）：194–205．

丁肇芬，张德禄．2018．儿童话语分析的多模态意义模块建构探索——模态系统框架．西安外国语大学学报，（1）：19–24．

董保华，全冬．2015．认知识解与语义构建：认知与功能的互补视角．外语教学，（1）：17–21．

董娟，张德禄．2017．语法隐喻理论再思考——语篇隐喻概念探源．现代外语，（3）：293–303，437．

董敏．2017．局部语法与系统功能语法的互补性初探——以评价子语言为例．外语与外语教学，（2）：38–47．

董敏，徐琳瑶．2017．逻辑语法隐喻的局部语法视角．中国外语，（6）：27–34．

段慧敏．2019．关于法国符号学理论的基本定义问题．天津外国语大学学报，（4）：80–87，160．

段芸，莫启扬，文旭 . 2012. 认知语料库语言学刍议 . 外语与外语教学，（6）：35–39.
范莉 . 2020. 数词逻辑意义与语用意义的儿童习得 . 外语学刊，（4）：58–65.
范文芳，王倩，许颖 . 2002. 试论语言符号的理据性 . 清华大学学报（哲学社会科学版），
　　（3）：87–90.
范祥涛，陆碧霄 . 2019. 认知翻译研究的观念和方法 . 外语教学，（4）：8–12.
方立，胡壮麟，徐克容 . 1978. 谈转换—生成语法 . 外语教学与研究，(2)：61–72.
房红梅 . 2014. 论评价理论对系统功能语言学的发展 . 现代外语，（3）：303–311, 437.
封世文，杨亦鸣 . 2011. 基于功能性磁共振成像的汉语轻动词及其神经机制研究 .
　　语言文字应用，（2）：43–53.
封宗信，2011. 系统功能语言学中的情态系统：逻辑、语义、语用 . 外语教学，（6）：
　　1–10.
费尔迪南·德·索绪尔 . 1980/2019. 普通语言学教程 . 高名凯，译 . 北京：商务印书馆 .
费尔迪南·德·索绪尔 . 2001. 普通语言学教程：1910—1911 索绪尔第三度讲授 .
　　张绍杰，译 . 长沙：湖南教育出版社 .
费尔迪南·德·索绪尔 . 2002a. 普通语言学教程 . 裴文，译 . 南京：江苏教育出版社 .
费尔迪南·德·索绪尔 . 2002b. 索绪尔第三次普通语言学教程 . 屠友祥，译 . 上海：
　　上海人民出版社 .
费尔迪南·德·索绪尔 . 2011. 普通语言学手稿 . 于秀英，译 . 南京：南京大学出版社 .
费尔迪南·德·索绪尔 . 2020. 普通语言学手稿 . 于秀英，译 . 北京：商务印书馆 .
冯德正 . 2011. 多模态隐喻的构建与分类 . 外语研究，（1）：24–29.
冯德正 . 2015. 视觉语法的新发展：基于图画书的视觉叙事分析框架 . 外语教学，（3）：
　　23–27.
冯德正，亓玉杰 . 2014. 态度意义的多模态建构——基于认知评价理论的分析模式 .
　　现代外语，（5）：585–596, 729.
冯德正，张德禄，O'Halloran. 2014. 多模态语篇分析的进展与前沿 . 当代语言学，
　　（1）：88–99.
冯硕 . 2021. 中国英语学习者预设与等级含义的加工机制 . 现代外语，（6）：791–803.
冯文敬 . 2012. 从索绪尔的言语到哈贝马斯的语言交往：语言的在与是 . 外语学刊，
　　（5）：16–19.
冯学芳 . 2014. 中国英语学习者心理词典中的语义网络研究 . 外语教学与研究，（3）：
　　435–445.
冯志伟 . 2013. 对于索绪尔语言符号特性理论的再认识 . 当代外语研究，（7）：6–12, 77.
高航 . 2020. 民族思维如何塑造语法体系？——兼评王文斌教授新著《论英汉的时空
　　性差异》. 外语与外语教学，（1）：101–108.
高莉，文旭 . 2012. 语言"主观性"研究的多维视角 . 外语教学，（6）：15–18.

高生文. 2013. 系统功能语言学语域思想新解. 外语学刊,（6）: 1–5.
高生文, 何伟. 2015. 系统功能语言学语域思想流变. 外语与外语教学,（3）: 48–54.
高彦梅. 2015. 语篇语义框架研究. 北京: 北京大学出版社.
高彦梅. 2018a. 语境隐喻中的映射与偏离. 中国外语,（1）: 33–41.
高彦梅. 2018b. 对话共鸣与衔接和谐. 现代外语,（3）: 320–322.
耿立波, 杨亦鸣. 2013. 第二语言句法的自动加工: 来自脑电的证据. 外语教学与研究,（3）: 374–384.
顾介鑫, 周昕, 翁婧琦. 2018. "挂念小芳的爷爷"类句法歧义加工的脑功能成像研究. 语言科学,（6）: 647–662.
顾曰国. 2010. 当代语言学的波形发展主题一: 语言、符号与社会. 当代语言学,（3）: 193–219, 285.
韩百敬, 薛芬. 2014. 中国英语学习者对英语与格转换的习得研究. 外语教学与研究,（5）: 759–770.
韩颖. 2014. 格林童话的教育功能探析——以评价意义为视角. 外语与外语教学,（3）: 5–10.
何宏华. 2017. 关于语言本质问题的反思. 外语教学与研究,（3）: 440–448.
何兰. 2008. 关于索绪尔语言价值理论的重新诠释. 外国语言文学,（4）: 224–228, 270, 288.
何鸣, 张绍杰. 2019. 国外情态研究对汉语语气研究的借鉴与启示. 外语教学,（5）: 13–17.
何伟. 2016. 现代汉语副词"就"字的功能视角研究. 外语学刊,（5）: 78–84.
何伟. 2018. 关于生态语言学作为一门学科的几个重要问题. 中国外语,（4）: 1, 11–17.
何伟, 高生文. 2011. 传统语法、悉尼语法、加的夫语法的句法描述思想——从三者对一类语言现象的分析谈起. 中国外语,（6）: 26–33.
何伟, 马宸. 2020. 生态语言学视角下的主位系统. 中国外语,（4）: 23–32.
何伟, 王连柱. 2019. 系统功能语言学术思想的源起、流变、融合与发展. 外语教学与研究,（2）: 212–224, 320.
何伟, 王敏辰. 2017. 英汉语复合时相之功能视角比较研究. 中国外语,（1）: 26–35.
何伟, 王敏辰. 2018. 英汉语存在句研究: 现状、问题和解决思路. 外语教学理论与实践,（1）: 12, 38–47.
何伟, 魏银霞. 2019. 英语经验型强势主位结构的功能视角研究. 外语教学,（2）: 38–43.
何伟, 张存玉. 2016a. 系统功能视角下的现代汉语情状体系统. 外语研究,（6）: 13–17, 112.

何伟，张存玉．2016b．系统功能视角下时态的意义系统．中国外语，(1)：25–30.

何伟，张存玉．2016c．表达气象意义小句的及物性研究：系统功能类型学视角．解放军外国语学院学报，(1)：36–43.

何伟，张瑞杰．2017．现代汉语使役句的功能视角研究．外语学刊，(6)：53–59.

何伟，仲伟．2017．系统功能语法视角下汉语小句的限定与非限定之分．外语教学，(5)：7–12.

何伟，仲伟．2018．汉语非限定小句之功能研究．语文研究，(3)：8–14.

何伟，仲伟．2019．英汉非限定小句之功能视角对比研究．外语教学理论与实践，(3)：41–49.

胡光伟，刘焰华．2020．学科性与学术语篇．外语教学，(2)：29–33.

胡健，张佳易．2012．认知语言学与语料库语言学的结合：构式搭配分析法．外国语，(4)：61–69.

胡建华．2006．题元、论元和GF：格效应与语言差异．东亚语言比较国际研讨会．中国：上海．

胡建华．2007．题元，论元和语法功能项——格标效应与语言差异．外语教学与研究，(3)：163–168.

胡建华．2010．论元的分布与选择——语法中的显著性和局部性．中国语文，(1)：3–20.

胡剑波．2011．索绪尔的意义理论．求索，(11)：116–118.

胡剑波．2018．索绪尔语言哲学思想研究综述．外语与翻译，(4)：45–52.

胡剑波．2019．试论索绪尔的概念化理论．湖南科技大学学报（社会科学版），(4)：127–137.

胡剑波，毛帅梅．2015．索绪尔的纯粹语言价值思想．湖南科技大学学报（社会科学版），(5)：124–130.

胡伟．2020．生物语言学背景下分布式形态学与最简方案的对比．当代语言学，(2)：274–294.

胡旭辉．2012．认知和生成学派视角下的构式理论对比研究——以构式语法和第一语段句法为例．外国语，(3)：13–23.

胡旭辉．2013．Evans与Levinson"文化—生物混合理论"介绍与反思．外语教学与研究，(2)：276–287.

胡旭辉．2019a．事件终结性的"词汇—句法"界面研究——基于生成构式理论的分析．语言学研究，(25)：45–59.

胡旭辉．2019b．跨语言视角下的汉语中动句研究．当代语言学，(1)：83–103.

胡旭辉．2019c．英法中动结构：最简方案下的参数化研究．外语教学与研究，(1)：3–16.

胡旭辉. 2021. 生成构式语法理论：构词、事件结构与名词结构. 语言学研究, (31): 52–64.

胡阳, 陈晶莉. 2014. 二语习得中不可解特征的可及性研究——以英语 VPP 歧义习得为例. 外语教学与研究, (5): 771–782.

胡永近, 张德禄. 2013. 英语专业听力教学中多模态功能的实验研究. 外语界, (5): 20–25, 44.

胡壮麟. 1984. 韩礼德的语言观. 外语教学与研究, (1): 23–29.

胡壮麟. 1994. 语篇的衔接与连贯. 上海：上海外语教育出版社.

胡壮麟. 2010. Interview with M. A. K. Halliday 后记. 黄国文, 常晨光, 廖海青编. 系统功能语言学群言集. 北京：高等教育出版社, 63–68.

胡壮麟. 2010. 对语言象似性和任意性之争的反思（英文）. 当代外语研究, (1): 5–13.

胡壮麟. 2012a. 积极话语分析和批评话语分析的互补性. 当代外语研究, (7): 3–8, 76.

胡壮麟. 2012b. 超学科研究与学科发展. 中国外语, (6): 16–22.

胡壮麟. 2014. 系统功能语言学的认知观. 外语学刊, (3): 44–50.

胡壮麟. 2016. 韩礼德学术思想的中国渊源与回归. 外语研究, (5): 9–13.

胡壮麟. 2018. 韩礼德学术思想的中国渊源与回归. 北京：外语教学与研究出版社.

胡壮麟. 2021. 系统功能语言学视野中的体认语言学. 浙江外国语学院学报, (1): 1–7.

胡壮麟, 朱永生, 张德禄, 李战子. 2005. 系统功能语言学概论. 北京：北京大学出版社.

黄蓓. 2016. Langacker 主观性理论的贡献与不足. 现代外语, (2): 207–214.

黄蓓, 文旭. 2012. 意义的心智之维——作为表征主观性的意义. 外语学刊, (2): 1–5.

黄国文. 1995. 功能主义者的大集会——记国际功能语法会议. 国外语言学, (4): 40–45.

黄国文. 2007. 系统功能句法分析的目的和原则. 外语学刊, (3): 38–45.

黄国文. 2010. 语篇分析与系统功能语言学理论的建构. 外语与外语教学, (5): 1–4.

黄国文. 2011.《论语》的篇章结构及英语翻译的几个问题. 中国外语, (6): 88–95.

黄国文. 2012. 两类英语介词短语的功能语法分析. 外语教学与研究, (6): 815–821, 959.

黄国文. 2017. 系统功能语言学视角看政治演讲语篇——以习近平第 70 届联合国大会一般性辩论中的演讲为例. 外语学刊, (3): 7–11.

黄国文. 2018. 系统功能语言学在中国的 40 年. 外语教学与研究, (6): 817–820.

黄国文. 2019. 中国系统功能语言学研究 40 年. 外语教育研究前沿, (1): 13–19, 87.

黄国文, 辛志英. 2011. 功能语言学通论. 北京：外语教学与研究出版社.

黄国文, 辛志英. 2012. 系统功能语言学研究现状和发展趋势. 北京：外语教学与研究出版社.

黄国文, 余娟. 2015. 功能语篇分析视角下的翻译显化研究. 外语与外语教学, (3): 41–47.

黄国文，赵蕊华. 2013. 英语识别小句中的不确定性特征——基于系统功能语言学的符号视角. 中国外语，（2）：42–49.

黄国文，赵蕊华. 2019. 什么是生态语言学. 上海：上海外语教育出版社.

黄雪娥. 2013.《献给爱米丽的玫瑰》中"态度"的表达与意识形态的体现. 中国外语，（1）：36–40.

黄雅丹，孙丽莎. 2013. 索绪尔语言学说与系统功能语法比较研究. 沈阳大学学报（社会科学版），（5）：714–716.

黄正德. 1988. 汉语正反问句的模组语法. 中国语文，（4）：247–264.

霍永寿. 2014. 从指称到表义：论索绪尔语言哲学的本质特征. 外语学刊，（2）：1–6.

霍永寿. 2016. 语言哲学视野下的负性原则：索绪尔语言理论探要. 山东外语教学，（5）：9–15.

霍永寿，孙晨. 2017. 语言哲学视野下的索绪尔符号任意性. 外国语，（6）：49–56.

贾光茂. 2020. 中国英语学习者变量约束加工的眼动研究. 外语教学与研究，（5）：713–723.

贾晓庆，张德禄. 2013. 认知文体学理论构建的几个重要问题探讨. 外语与外语教学，（3）：6–10.

江怡. 2014. 作为哲学家的索绪尔. 外语学刊，（1）：1–8.

姜灿中，匡芳涛. 2019. 构式使用的社会认知动因. 现代外语，（3）：328–338.

姜红. 2012. 基于语料库的日语形容词词语搭配及语义的认知研究——以"甘い"为例. 外语教学与研究，（6）：845–855.

姜望琪. 2012. Halliday 论语篇分析及有关学科. 中国外语，（2）：29–37, 52.

姜望琪. 2020. 语篇语言学研究（第二版）. 北京：北京大学出版社.

姜永琢. 2014. 被"延异"的语言——德里达对索绪尔的批判再审视. 外语学刊，（6）：1–6.

金立鑫. 2006. 语言类型学——当代语言学中的一门显学. 外国语，（5）：33–41.

金立鑫. 2017. 语言类型学探索. 北京：商务印书馆.

鞠玉梅. 2015. 伯克修辞学说的索绪尔渊源. 当代修辞学，（5）：64–70.

康鑫. 2010. 中国英语学习者英语使役转换的习得——语义结构理论和固化假说的实证检验. 外语教学与研究，（6）：431–437.

孔繁霞，王歆. 2014. 任务模式与类型对词汇附带习得的影响研究. 外语界，（6）：21–29.

孔菊芳. 2017. 眼动技术在语言测试研究中的应用展望. 外语测试与教学，（3）：51–64.

赖良涛，王任华. 2018. 语言学期刊研究论文的语类布局策略. 外语教学，（6）：39–43.

兰盖克. 2013. 认知语法基础（第一卷）：理论前提. 牛保义，王义娜，席留生，高航，译. 北京：北京大学出版社.
雷茜，张德禄. 2018. 英语多模态写作中的学习者身份认同研究. 外语电化教学,（6）: 52–57, 64.
雷璇. 2020. 科普语篇与科学语篇的文体关系——以霍金有关"黑洞"的两个文本为例. 外语教学,（6）: 54–59.
李葆嘉，邱雪玫. 2013. 现代语言学理论形成的群体模式考察. 外语教学与研究,（3）: 323–338, 479.
李成陈，江桂英. 2017. 评价理论态度系统视角下中英学术专著他序对比研究. 外语教学,（5）: 43–48.
李福印. 2013. 宏事件研究中的两大系统性误区. 中国外语,（2）: 25–33.
李福印. 2015a. 静态事件的词汇化模式. 外语学刊,（1）: 38–43.
李福印. 2015b. Leonard Talmy 的语言哲学思想. 中国外语,（6）: 41–47.
李洪儒. 2010. 索绪尔语言学的语言本体论预设——语言主观意义论题的提出. 外语学刊,（6）: 17–24.
李晖. 2010. 指称—陈述理论视角下的英语关系过程研究. 外语与外语教学,（5）: 15–18.
李基安. 2008. 情态与介入. 外国语,（4）: 60–63.
李嘉华，郑莹，杨静. 2018. 二语熟练水平对汉英双语者二语词汇通达中一语自动激活的影响. 外语教学与研究,（1）: 101–113.
李金妹，李福印. 2020. 事件融合理论视角下初始因果关系与持续因果关系的语言表征. 解放军外国语学院学报,（1）: 109–117.
李晶洁，胡文杰. 2016. 短语学视域下的学术话语功能研究. 外语教学理论与实践,（4）: 17–30.
李黎，李霄翔. 2006. 功能性磁共振与脑语言功能研究综述. 东南大学学报,（3）: 116–120.
李莉华. 2011. 情态动词 will 和 may 在英语学术论文写作和新闻语体中的使用——一项基于语料库的跨语体研究. 外语教学,（6）: 38–43.
李美霞，宋二春. 2010. 从多模态语篇分析角度解读意义共建——以一幅中国古代山水写意画为例. 外语教学,（2）: 6–10.
李梦骁，刘永兵. 2017. 评价理论视域下中外学者期刊论文评论结果语步词块比较研究. 外语与外语教学,（5）: 73–80, 121.
李明. 2008. 语言符号的根本属性是任意性的——兼与陆丙甫、郭中两位先生商榷. 外国语,（2）: 40–48.
李霓. 2013. 索绪尔的二元符号观和语义三角理论：继承与发展. 外语学刊,（6）: 6–9.

李汝亚. 2017. 空论元儿童语言习得研究. 外语教学与研究,（2）: 163–176.
李汝亚. 2018. 反身代词约束阻断效应的儿童语言获得研究. 中国语文,（4）: 446–459.
李曙光. 2013. 社会与个人"夹缝"中的索绪尔——巴赫金与乔姆斯基对索绪尔的继承与批判. 俄罗斯文艺,（4）: 130–136.
李曙光. 2014. 巴赫金哲学思想视域中的索绪尔与乔姆斯基语言学. 外语学刊,（2）: 18–24.
李涛, 胡开宝. 2015. 政治语篇口笔译中的级差资源重构. 现代外语,（5）: 615–623.
李文, 杨炳钧. 2018. 现代医学英语书面语语料库建设及其意义. 外语教学,（5）: 26–30.
李文新. 2011. 语言任意性与索绪尔理论的总体思想. 东莞理工学院学报,（6）: 71–75.
李文新. 2012. 索绪尔的语言本体论刍议. 外语学刊,（2）: 6–9.
李文新. 2013. 论索绪尔语言符号价值和意义的关系. 长江大学学报（社会科学版）,（4）: 81–83.
李小撒, 王文宇. 2016. Wordnet 与 BNC 介入下的第二语言心理词汇联系模式实证研究. 语言科学,（1）: 74–84.
李雪. 2010. 英汉移动动词词汇化的对比研究. 西安外国语大学学报,（2）: 39–42.
李艳玲, 赵雪. 2020. 功能句法视角下的英语介词词组非连续现象研究. 外语学刊,（2）: 35–39.
李燕飞, 冯德正. 2019. 多元读写教学法的系统功能语言学阐释. 外语教学理论与实践,（2）: 8–14.
李战子. 2003. 多模态话语的社会符号学分析. 外语研究,（5）: 1–8.
李战子. 2005. 从语气、情态到评价. 外语研究,（6）: 14–19.
李战子. 2020. 后疫情时代的功能语言学话语分析. 外语研究,（5）: 1–6, 112.
李战子, 陆丹云. 2012. 系统功能语言学的研究热点和发展方向. 中国外语,（6）: 91–95.
李忠华. 2015. 基于功能语域理论视角的大学分科英语教学. 外语界,（3）: 25–32.
梁海英. 2015. 及物与作格系统功能再分析. 外语教学,（4）: 23–27.
梁海英. 2020. 叙事语篇中身份建构研究的多元功能视角. 外语教学,（1）: 17–21.
廖巧云, 王鲁男, 孟利君, 姜孟. 2015. 不同类汉语因果复句通达的反应时研究. 解放军外国语学院学报,（6）: 1–9.
林克勤, 姜孟. 2011. 从涉身认知科学看语言涉身性研究的维度. 外国语,（6）: 47–55.
林正军, 王克非. 2013. 语言符号论与构式论探析. 外语教学与研究,（3）: 351–362, 479–480.

林正军, 王萌. 2020. 英语语态的功能 – 认知研究. 外语教学理论与实践,（2）: 7–14.
林正军, 杨忠. 2016. 语法隐喻的语用发生理据. 现代外语,（6）: 763–772, 873.
林正军, 张姝祎. 2018. 语法隐喻的语义发生理据. 外语与外语教学,（5）: 26–33, 147–148.
刘艾娟, 戴曼纯, 李芝. 2013. 特征组装视角的英语冠词习得研究. 外语教学与研究,（3）: 385–397.
刘芬. 2013. 语言意义的本体识解研究. 外语教学,（5）: 36–39.
刘建鹏, 杜惠芳, 洪明. 2014. 语篇元功能的语料库支撑范式介入. 外语教学理论与实践,（4）: 41–48.
刘建鹏, 杜惠芳. 2013. 系统功能语法研究的新视角——语料库支撑的系统功能语法研究. 外语教学,（6）: 34–38.
刘建鹏, 杨炳钧. 2011. 基于语料库的系统功能语法研究之词汇倾向性探讨. 现代外语,（4）: 364–371.
刘江, 岑运强. 2013. 索绪尔语言学思想在当代的理论价值研究——基于当代理论语言学研究转向的视角. 外语学刊,（4）: 10–14.
刘瑾, 段红. 2019. 社会认知视角下情感话语识解的概念整合分析. 现代外语, 42（3）: 316–327.
刘立华. 2019. 马丁对语类研究的贡献. 外语学刊,（1）: 12–17.
刘丽芬, 聂卫东. 2012. 学术论文摘要的词汇和语法结构范式——以俄语学位论文摘要为例. 中国外语,（5）: 41–46.
刘宓庆. 2006. 新编汉英对比与翻译. 北京：中国对外翻译出版公司.
刘明. 2016. 及物分析、作格分析及其在批评话语分析中的应用. 外国语,（5）: 66–74.
刘萍, 梁小平. 2012. 从课本语篇和讲座语篇看因果语篇的功能重述. 现代外语,（2）: 142–148, 219.
刘润清. 1995. 西方语言学流派. 北京：外语教学与研究出版社.
刘绍龙, 傅蓓, 胡爱梅. 2012. 不同二语水平者心理词汇表征纵横网络的实证研究. 解放军外国语学院学报,（2）: 59–62.
刘涛, 周统权, 杨亦鸣. 2011. 主语关系从句加工优势的普遍性——来自汉语关系从句ERP研究的证据. 语言科学,（1）: 1–20.
刘婷婷, 张奕. 2014. 概念语法隐喻的认知解读. 现代外语,（5）: 628–637, 730.
刘应亮, 陈洋. 2020. 中美学生硕士论文写作中立场标记语对比研究. 中国外语,（2）: 81–89.
刘宇红. 2012. 索绪尔符号学二元结构的合理性研究——兼谈索绪尔符号学与皮尔斯符号学的比较. 俄罗斯文艺,（1）: 119–125.

刘振前，阿卜杜外力·热合曼，徐万治. 2018. 一般会话含义理解中语境作用的鼠标追踪研究. 现代外语，(5)：633–646.
刘正光，李易. 2019. 认知语义对比：理论，原则，目标与方法. 外语教学，(4)：1–7.
刘正光，徐皓琪. 2019. 英汉时空概念化方式差异：时空分立与时空同态. 外语教学与研究，(2)：6–18，162.
卢德平. 2013. 从索绪尔到戈夫曼：符号学的转折. 当代外语研究，(9)：10–13，77.
卢德平. 2014. 符号任意性理论的历史来源：从惠特尼到索绪尔. 外语学刊，(1)：14–19.
陆丙甫，郭中. 2005. 语言符号理据性面面观. 外国语，(6)：32–39.
陆丹云. 2018. 系统功能语言学视野下的篇章结构个性化研究. 外语研究，(3)：11–18.
陆志军. 2017. Chomsky 最简方案理论的新进展. 外国语文研究，(1)，9–16.
陆志军，何晓炜. 2017. Chomsky 标符理论及其原则解释力分析. 外国语，(2)：2–10.
陆志军，曾丹. 2020. 乔姆斯基 I– 语言 /E– 语言之分的原则化诠释. 外语教学与研究，(3)：323–336.
罗纳德·W. 兰艾克. 2016. 认知句法导论（上／下卷). 黄蓓，译. 北京：商务印书馆.
罗思明. 2007. 英汉"缓步"类动词的语义成分及词化模式分析. 外语研究，(1)：12–16.
罗思明，王文斌，王佳敏. 2018. 英汉时间词特质及其语言蕴含共性. 外语教学与研究，(5)：643–655.
罗晓亮. 2016. Amacker 校注本索绪尔《语言科学——论语言的二元本质》述评. 外语教学与研究，(3)：466–472.
罗杏焕. 2008. 英汉运动事件词汇化模式的类型学研究. 外语教学，(5)：29–33.
罗载兵. 2019. 论语义波分形的词汇语法：系统功能语言学视角. 外语教学理论与实践，(3)：68–75.
罗载兵. 2020. 论语义波的显性识解：以科学语篇为例. 外国语，(2)：61–71.
罗载兵，杨炳钧，李孝英. 2017. 论语义波的三维分形模型：合法化语码理论与系统功能语言学的界面研究. 外语与外语教学，(2)：48–60.
吕红周. 2010. 索绪尔的语言系统观研究. 外语学刊，(4)：57–60.
吕红周，单红. 2014. 语言符号学：索绪尔遗志的继承与发展. 山东外语教学，(2)：47–52.
吕骏. 2020. 英语弱跨越结构中代词约束的眼动研究. 现代外语，(2)：174–187.
吕长竑. 2012. 语言研究的可能进路：索绪尔和乔姆斯基所带来的方法论启示. 国外社会科学，(3)：64–71.
马炳军，常辉，赵婉莉. 2016. 中国学生习得英语双宾结构及其格转化结构的实证研究. 解放军外国语学院学报,（1）: 113–120.
马秋武. 2008. 优选论. 上海: 上海教育出版社.
马云霞. 2019. 系统功能语言学视角下建构对立的意义生成. 外语学刊,（1）: 32–38.
马拯, 吴诗玉, 张宇英. 2018. 格赖斯的量准则在二语加工中的心理现实性. 现代外语,
　　（5）: 686–697.
马壮寰. 2002. 任意性: 语言的根本属性. 外语研究,（4）: 10–13.
马壮寰. 2004. 索绪尔的语言价值观. 当代语言学,（4）: 350–356, 380.
毛眺源. 2019. 论语言的生物属性及语言演化. 语言学研究,（25）: 16–27.
毛眺源、戴曼纯. 2019. 原则与参数新论. 语言科学,（5）, 460–471.
米哈伊尔·米哈伊洛维奇·巴赫金. 1998. 巴赫金全集（第二卷）. 钱中文等, 编. 石家庄:
　　河北教育出版社.
苗丽霞. 2013. 国内第二语言词汇附带习得研究: 现状与发展. 外语界,（5）: 86–92.
苗兴伟. 2011. 否定结构的语篇功能. 外语教学与研究,（2）: 220–229, 320.
苗兴伟, 李珂. 2020. 抗击新冠肺炎疫情与共同体身份的话语建构. 天津外国语大学
　　学报,（2）: 88–99.
苗兴伟, 梁海英. 2016. 假拟作格句的句法语义特征与语篇功能. 外语教学,（5）: 1–5.
苗兴伟, 梁海英. 2020. 作格系统的运作机制与语篇功能. 外国语,（2）: 20–29.
莫启扬, 文旭. 2017. 认知语法框架下的主观化和语法化简. 外语教学,（3）: 23–28.
宁春岩. 2011. 在 MP 理论平台上的人类语言研究. 当代语言学,（3）: 226–236.
宁春岩. 2014. 生成语法中的 LF 缺失. 当代语言学,（1）: 1–14.
牛保义. 2016. 认知语法的具身性. 外语教学,（37）: 1–6.
诺姆·乔姆斯基. 1979. 句法结构. 黄长著, 林书武, 庞秉均, 邢公畹, 译. 北京:
　　中国社会科学出版社.
诺姆·乔姆斯基. 1986. 句法理论的若干问题. 黄长著, 林书武, 沈家煊, 译. 北京:
　　中国社会科学出版社.
潘俊楠. 2019. 最简方案下的标签理论. 语言学研究,（25）: 5–15.
潘文国. 2004. 语言哲学与哲学语言学. 华东师范大学学报,（3）: 96–102, 125.
潘文国. 2013. 索绪尔研究的哲学语言学视角——纪念索绪尔逝世 100 周年. 杭州
　　师范大学学报（社会科学版）,（6）: 81–87.
潘章先. 2002. 多学科、多视角的语言研究——话语分析. 浙江师范大学学报,（6）:
　　109–113.
庞杨. 2015. 词汇同义关系的语境依赖性与构建机制实验研究. 外语研究,（6）:
　　48–52.
彭宣维. 2011. 语言与语言学概论——汉语系统功能语法. 北京: 北京大学出版社.
彭宣维. 2017. 系统功能语言学的学理及发展走向. 中国外语,（1）: 1, 10–14.

彭宣维. 2018. 话语回应中的衔接性隐喻及其数学表征. 现代外语,（4）: 439–452.
彭宣维. 2019. 学科英语研究——高水平英语教育问题与对策述要. 外语教学,（2）: 1–7.
彭宣维, 程晓堂. 2013. 理论之于应用的非自足性——评价文体学建构中的理论问题与解决方案. 中国外语,（1）: 27–35.
彭宣维, 杨晓军, 何中清. 2012. 汉英对应评价意义语料库. 外语电化教学,（5）: 3–10.
戚雨村. 1997. 现代语言学的特点和发展趋势. 上海: 上海外语教育出版社.
戚雨村. 2001. 索绪尔符号价值理论. 外语研究,（2）: 5–9.
齐曦. 2010. 英语语篇中的评论附加语——人际意义的协商和构建. 外语教学,（5）: 25–29.
钱冠连. 2013. 论索氏语言哲学——初探《普通语言学手稿》. 中西语言哲学研究会编. 索绪尔语言哲学思想研究——第二届中西语言哲学高层论坛暨纪念索绪尔逝世 100 周年论文集, 524–541.
乔纳森·卡勒. 1989. 索绪尔. 张景智, 译. 北京: 中国社会科学出版社.
仇伟. 2014. 英语乏词义结构的系统功能语法研究. 外语研究,（1）: 21–24, 50.
曲春红. 2019. 二语词汇水平对汉英双语者词汇通达中一语自动激活的影响研究. 外语教学与研究,（4）: 560–571.
任凯, 王振华. 2017. 系统功能语言学视角下的英汉情态对比研究——以政治新闻语篇为例. 当代外语研究,（2）: 20–26, 45.
任龙波, 李福印. 2018. 汉语框架卫星语素探析. 外语教学,（4）: 41–45.
剡璇, 徐玉臣. 2011. 科技语篇中的鉴赏系统及其评价机制. 外语教学理论与实践,（1）: 60–67, 51.
邵士洋, 吴庄. 2017. 语言接口视角下中国学生英语冠词习得研究. 现代外语,（4）: 552–563.
单伟龙. 2017. 认知识解之理论本体探索. 外语教学,（3）: 45–48.
沈家煊. 1993. 句法的象似性问题. 外语教学与研究,（1）: 2–8, 80.
沈家煊. 2012. 怎样对比才有说服力——以英汉名动对比为例. 现代外语,（1）: 1–13.
沈家煊. 2016. 名词和动词. 北京: 商务印书馆.
沈家煊. 2020. 有关思维模式的英汉差异. 现代外语,（1）: 1–17.
沈阳, 何元健, 顾阳. 2001. 生成语法理论与汉语语法研究. 哈尔滨: 黑龙江教育出版社.
施嘉伟, 周鹏, Iain Giblin, Stephen Crain. 2019. 儿童语言中的递归领属结构. 外语教学与研究,（3）: 323–333.
石定栩. 2018. 生成语法研究在中国的发展. 外语教学与研究,（6）: 806–808.
石琳. 2015. 历史学术语篇评价意义的批评解读. 外语研究,（5）: 31–36.

束定芳. 2013. 认知语言学研究方法. 上海：上海外语教育出版社.
束定芳. 2018. 认知语言学在中国：引进与发展. 外语教学与研究,（6）: 22–24.
束定芳, 张立飞. 2021. 后"经典"认知语言学：社会转向和实证转向. 现代外语,（3）: 420–420.
司富珍. 2013. "简约"之问. 语言科学,（5）: 497–504.
司富珍. 2015. 双宾结构中的领属关系. 外国语文研究,（3）: 2–11.
司富珍. 2018. 轻动词结构的层级制图. 语文研究,（1）: 11–17.
司富珍. 2019. 句法制图研究的新视野. 语言教学与研究,（3）: 25–37.
司显柱. 2016. 翻译质量评估模式再研究. 外语学刊,（3）: 84–94.
司显柱, 程瑾涛. 2018. 从系统功能语言学视角论《红楼梦》的"译味". 外语研究,（2）: 65–70, 112.
司显柱, 庞玉厚. 2018. 评价理论、态度系统与语篇翻译. 中国外语,（1）: 96–102.
苏杭, 卫乃兴. 2017. 评价语言的局部语法研究. 中国外语,（3）: 27–35.
孙崇飞, 王恒兰, 张辉. 2018. 认知语言学和语言类型学视角下的词类认知神经科学研究. 外语教学,（3）: 19–24.
孙铭悦, 张德禄. 2015. 评价系统组篇机制研究. 现代外语,（1）: 26–36, 145.
孙铭悦, 张德禄. 2018. 评价策略分析框架探索——以英语社论语篇为例. 外语学刊,（2）: 27–34.
谭欣, 黄国文. 2020. 作为问题导向理论的适用语言学探究. 外语电化教学,（4）: 8, 46–50.
汤斌. 2014. Maton 的合理化语码理论与系统功能语言学的合作. 现代外语,（1）, 52–61.
唐革亮, 杨忠. 2015. 功能视阈下名词化实证研究的路径与方法述评. 外语教学,（5）: 13–16, 89.
唐晓磊. 2008. 现代汉语运动类事件表达的结构特征. 天津外国语学院学报,（4）: 27–30.
唐轶雯, 陈晓湘. 2018. 中国学习者英语量化辖域解读的实验研究. 外语教学与研究,（2）: 205–217.
屠友祥. 2013. 指称关系和任意关系、差异关系——索绪尔语言符号观排除外在事物原因探究. 外语教学与研究,（3）: 339–350.
屠友祥. 2019. 索绪尔手稿初检（修订版）. 上海：上海人民出版社.
完权. 2020. 从皮尔斯符号学到语用整体论. 当代修辞学,（3）: 11–24.
汪徽, 辛斌. 2017. 系统功能语言学语境理论：质疑与反思. 外语研究,（1）: 27–31.
王冲, 洪春子, 佐治伸郎. 2018. 汉日"切割"类动词范畴化的跨语言实证研究. 外语教学与研究,（4）: 516–528.

王初明. 2011. 基于使用的语言习得观. 中国外语,（5）: 1–1.
王德亮. 2018. 论对话句法共鸣. 当代语言学,（2）: 214–229.
王馥芳. 2013. 语言隐喻理论可能"消解"论. 外语与外语教学,（1）: 22–29.
王馥芳. 2014. 认知语言学：外部批评、理论回应和反思. 外语教学理论与实践,（3）: 1–8.
王馥芳. 2019. 话语构建的社会认知语言学研究. 现代外语,（3）: 306–315.
王国凤. 2017. 政治性新闻语篇翻译中的评价——基于《华盛顿邮报》和《参考消息》中的钓鱼岛事件. 外语教学,（3）: 34–39.
王国凤, 庞继贤. 2013. 语篇的社会认知研究框架——以新闻语篇的言据性分析为例. 外语与外语教学,（1）: 41–45.
王和玉. 2020. 一元分裂句法：最简方案的新路径. 外语教学与研究,（6）: 844–855.
王洪磊. 2015. 基于失语症患者的汉语动词配价实证研究. 外语研究,（6）: 42–47.
王欢, 王国凤. 2012. 语言语境与新闻理解——英语硬新闻语篇评价策略解读. 外语教学与研究,（5）: 671–681.
王慧莉, 邝文铎. 2013. 汉语关系从句使用频率与加工难度的非一致性. 外语研究,（3）: 12–22.
王铭玉, 王双燕. 2019.《符号学思想论》之说论. 当代修辞学,（1）: 36–42.
王铭玉, 于鑫. 2013. 索绪尔语言学理论的继承与批判. 外语教学与研究,（3）: 363–373, 480.
王倩, 梁君英. 2020. 空代词和显性代词在语篇回指中的分工机制研究. 外国语,（1）: 2–12.
王天翼, 王寅. 2010. 从"意义用法论"到"基于用法的模型". 外语教学,（6）: 10–13, 50.
王同顺, 姚禹, 许莹莹. 2012. 听读输入模式下二语词汇附带习得的对比研究. 外语与外语教学,（6）: 1–5.
王伟. 2014. 评价系统态度资源的接受研究. 西安外国语大学学报,（4）: 61–64.
王文斌. 2013a. 论英语的时间性特质与汉语的空间性特质. 外语教学与研究,（2）: 163–173.
王文斌. 2013b. 论英汉表象性差异背后的时空性——从Humboldt的"内蕴语言形式"观谈起. 中国外语,（3）: 29–36.
王文斌. 2015. 从"形动结构"看行为动作在汉语中的空间化表征. 外语教学与研究,（6）: 803–813.
王文斌. 2017. 对比语言学：语言研究之要. 外语与外语教学,（5）: 29–44.
王文斌. 2019. 论英汉的时空性差异. 北京: 外语教学与研究出版社.
王文斌, 何清强. 2016. 汉英篇章结构的时空性差异——基于对汉语话题链的回指及其英译的分析. 外语教学与研究,（5）: 657–668.

王文斌，宋聚磊.2020.象似性视野下的英汉名词重叠对比.外语与外语教学，(1)：1–10.

王文峰，张敬源.2018.系统功能语言学的"选择"思想.现代外语，(1)：33–42，145–146.

王寅.2002.象似说和任意说的哲学基础与辩证关系.解放军外国语学院学报，(2)：1–6.

王寅.2003.象似性辩证说优于任意性支配说.外语与外语教学，(5)：3–8.

王寅.2012a.后现代哲学视野下的语言学前沿——体验人本观与认知语言学.外国语，(6)：17–26.

王寅.2012b.认知翻译研究.中国翻译，(4)：17–23.

王寅.2012c.认知语言学和历史语言学的最新发展——历史认知语言学.外语教学与研究，(6)：925–934.

王寅.2013a.体验哲学和认知语言学为语言哲学之延续——二十九论语言的体认性.中国外语，(1)：18–26.

王寅.2013b.再论索绪尔与语言哲学.山东外语教学，(1)：8–14.

王寅.2013c.索绪尔语言学哥白尼革命意义之所在(之一).外国语文，(1)：1–7.

王寅.2013d.新认知语用学——语言的认知—社会研究取向.外语与外语教学，(1)：1–4.

王寅.2013e.索绪尔语言学哥白尼革命意义之所在(之二).外语教学，(4)：1–5，55.

王寅.2014.认知翻译研究：理论与方法.外语与外语教学，(2)：1–8.

王寅.2015.体认一元观：理论探索与应用价值——心智哲学的新思考.中国外语，(2)：24–31.

王寅.2018.认知生态语言学初探.中国外语，(2)：22–30.

王寅.2019.体认语言学发凡.中国外语，(6)：18–25.

王永祥.2010."语言"与"话语"：两种语言哲学视角论略.外语学刊，(4)：21–25.

王永祥，潘新宁.2011.语言符号学：从索绪尔到巴赫金.俄罗斯文艺，(3)：109–115.

王永祥，潘新宁.2013.历史语言学的终结者和功能语言学的奠基者——再论索绪尔语言学理论的价值和意义.俄罗斯文艺，(4)：124–129.

王勇.2011.评价型强势主位结构的功能理据分析.外语学刊，(2)：56–61.

王勇.2019.领主属宾句的功能分析.汉语学报，(4)：50–59，96.

王勇，周迎芳.2011.存在句主语的类型学研究.外语教学与研究，(2)：163–182，319.

王勇，周迎芳.2014.现代汉语中的事件类存在句.外国语，(3)：71–82.

王勇，周迎芳.2020.及物性和作格性的并协与互补——从《继承者》的作格分析说起.外语教学，(4)：18–24.

王振华. 2001. 评价系统及其运作——系统功能语言学的新发展. 外国语,(6): 13–20.
王振华. 2017. 语类,评价:理论及其适用性. 北京科技大学学报,(1): 1–2.
王振华, 刘成博. 2014. 作为社会过程的法律语篇——态度纽带与人际和谐. 中国外语,(3): 19–25, 33.
王振华, 路洋. 2010. "介入系统"嬗变. 外语学刊,(3): 51–56.
王振华, 马玉蕾. 2007. 评价理论:魅力与困惑. 外语教学,(6): 19–23.
王振华, 石春煦. 2016a. 名物化语言现象在语篇中的作用. 现代外语,(6): 751–762, 872.
王振华, 石春煦. 2016b. 悉尼学派与欧洲大陆学派在语篇语义研究上的异同. 外国语,(1): 64–70.
王振华, 吴启竞. 2017. 自顶向下的语篇连结机制——以法律教科书语篇为例. 外语教学,(6): 12–17.
王振华, 张庆彬. 2015. 作为社会过程的法律语篇及其谋篇语义. 外语教学,(1): 1–6.
王正, 张德禄. 2016. 基于语料库的多模态语类研究——以期刊封面语类为例. 外语教学,(5): 15–20.
韦理, 戴炜栋. 2010. 大学生英语定冠词句法语用接口习得研究. 中国外语,(2): 47–53.
魏晓敏, 刘正光, 李晓芳. 2018. 应用认知语言学三十年. 外语教学与研究,(2): 230–240.
魏行, 董燕萍, 袁芳. 2017. 偏正/述宾歧义短语 V N1 de N2 的表征:来自结构启动的证据. 解放军外国语学院学报,(1): 77–84.
魏银霞. 2017. 英语 V-to-V 结构及物性归属的功能句法研究. 现代外语,(2): 189–200, 291–292.
魏银霞. 2018. 英语谓语扩展式的功能语法研究. 外语与外语教学,(5): 58–68.
魏银霞, 杨连瑞. 2020. 评价型"V 得 C"小句嵌入显赫趋向特征的系统功能语法研究. 外国语, 43(1): 23–33.
魏在江. 2011. 语用预设的语篇评价功能——语篇语用学界面研究. 中国外语,(2): 23–29.
文炳、陈嘉映. 2010. 普通语法,形式语法和哲学语法比较. 外语学刊,(1): 14–18.
文旭. 2014. 认知语言学的基本特征及其对外语教学的启示——应用认知语言学探索之二. 外语教学理论与实践,(3): 16–22.
文旭. 2019. 基于"社会认知"的社会认知语言学. 现代外语,(3): 293–305.
吴明军. 2014. 中国英语学习者中介语语法中的照应语约束原则. 外语教学与研究,(5): 735–747.

吴明军，王同顺 . 2013. 中国初级学习者英语照应语习得研究 . 外语教学与研究，（2）：253–263.
吴明军，吴迪 . 2019. 二语动词的隐含因果性对代词先行语指派影响的研究 . 中国外语，（3）：39–46.
吴诗玉 . 2020. "信息最优"的语用预期对中国高水平外语学习者指称加工的影响 . 外语教学与研究，（1）：103–116.
吴旭东 . 2010. 学习任务能影响词汇附带习得吗？外语教学与研究，（3）：109–116.
吴义诚，杨小龙 . 2015. 生成语法与汉语研究三十年 . 当代语言学，（2）：188–203，251–252.
吴庄 . 2017. 汉语儿童同音词习得的实验研究 . 外语教学与研究，（2）：177–187.
吴庄，黄荣，张政豪 . 2015，汉语（不）定指标记儿童习得研究 . 外语教学与研究，（2）：176–189.
吴庄，邵士洋 . 2016. 汉语复杂名词短语指称性质的儿童习得研究 . 中南大学学报（社会科学版），（5）：188–194.
吴庄，邵士洋 . 2019. 双语（方言）经历对儿童习得名词指称对象的影响 . 现代外语，（3）：374–384.
吴庄，谭娟 . 2009. 汉语儿童语言中的等级含义——一项实验研究 . 外国语，（3）：69–75.
夏登山，蓝纯 . 2016. 索绪尔语言价值理论源考 . 外语教学与研究，（3）：335–343，478.
向大军，刘承宇 . 2017. 论加的夫语法对系统功能语言学的发展 . 外语与外语教学，（1）：49–59.
向大军 . 2016. 系统功能认知视域下英语名词性"同义反复"的元功能分析 . 外语研究，（1）：55–59.
向课书，常辉 . 2020. 高水平二语者加工英语与格转换结构的多因素研究 . 现代外语，（2）：188–199.
向明友 . 2000. 索绪尔语言理论的经济学背景 . 外国语，（2）：15–20.
肖祎，刘承宇 . 2014. 系统功能语言学中的语义发生理论：回顾与展望 . 外语学刊，（6）：17–21.
肖巍，倪传斌 . 2016. 中国英语学习者的一语自动激活：来自 ERPs 的证据 . 外语教学与研究，（2）：236–248.
谢翠平，刘承宇 . 2015. 历史认知语言学：复杂性范式的兴起 . 外语与外语教学，（2）：32–37.
谢刚 . 2019. 索绪尔社会语言观源考 . 东北师大学报（哲学社会科学版），（3）：59–65.
辛斌 . 2013. 索绪尔语言学理论的认知语言学解读——重读《普通语言学教程》. 外语学刊，（4）：1–9.
辛志英 . 2011. 构建主体间性的投射小句系统 . 中国外语，（1）：44–50.

辛志英. 2012. 系统功能适用语言学发展五十年回顾. 中国外语,（3）: 16–23.
辛志英, 黄国文. 2010. 系统功能语言学研究方法论. 外语研究,（5）: 1–5, 112.
幸君珺, 朱永生. 2018. 语篇语义视角下新闻报道参与者的身份识别资源研究. 外语教学,（2）: 14–18.
熊仲儒. 2019. 学科建设离不开三大要素, 中国社会科学报, 2019 年 3 月 12 日.
徐浩. 2020. 论不可解读特征的问题及其取消的可能. 解放军外国语学院学报,（3）: 1–9.
徐宏亮. 2011. 中国高级英语学习者学术语篇中的作者立场标记语的使用特点——一项基于语料库的对比研究. 外语教学,（6）: 44–48.
徐烈炯. 2019. 生成语法理论: 标准理论到最简方案. 上海: 上海教育出版社.
徐琳瑶, 向明友, 董敏, 胡静. 2018. 新闻态度研究述评——大众传播与话语分析双视角. 中国外语,（2）: 48–56.
徐晓东, 陈丽娟, 倪传斌. 2017. 汉语话题回指如何受动词语义关系约束——来自脑电研究的证据. 外语教学与研究,（3）: 323–334.
徐晓东, 倪传斌, 陈丽娟. 2013. 话题结构和动词语义对代词回指的影响——一项基于语言产生和语言理解任务的实证研究. 现代外语,（4）: 331–339.
徐晓东, 吴诗玉. 2019. 语用信息加工的神经机制. 当代外语研究,（2）: 31–43.
徐燕, 冯德正. 2020. 新媒体商务话语中的多模态体裁互文: 语域类型学视角. 外语教学,（3）: 23–28.
徐玉臣. 2015. 情态评价意义的语义学视角. 外语教学,（3）: 17–22.
许国璋. 1988. 语言符号的任意性问题——语言哲学探索之一. 外语教学与研究,（3）: 2–10, 79.
许酉萍, 彭宣维. 2017. 及物性过程模式重构. 外语教学,（4）: 18–24.
严辰松. 2005. 英汉语表达"实现"意义的词汇化模式. 外国语,（1）: 23–29.
严辰松. 2010. 语言使用建构语言知识——基于使用的语言观概述. 解放军外国语学院学报,（6）: 1–7.
颜林海. 2014. 试论认知翻译操作模式的建构. 外语与外语教学,（2）: 9–14.
杨贝. 2011. 奎因难题与儿童词汇习得理论. 外语教学与研究,（4）: 562–573.
杨炳钧. 2016. 语法隐喻理论及有关质疑. 语言学研究,（2）: 6–20.
杨炳钧. 2019. "台上坐着主席团"的概念语法隐喻阐释. 中国外语,（1）: 48–54.
杨波. 2018. 解读概念语法隐喻. 外语研究,（6）: 30–35, 62.
杨波, 卞京, 张辉. 2020. 汉语反语认知加工机制的 ERP 研究. 语言科学,（5）: 449–462.
杨彩梅. 2014. "唯递归假说"及其证据——一项基于儿童内递归能力发展规律的实验研究. 外语教学与研究,（6）: 817–829.

杨国文. 2017. 汉语句段的主从投射和嵌入投射. 当代语言学, (2): 207-221.
杨红燕, 石琳霏. 2016. 学位论文语篇的语言学研究. 外语教学, (1): 37-42.
杨烈祥, 伍雅清. 2018a. 原则与参数理论的生物语言学批评. 外国语, (3): 23-30.
杨烈祥, 伍雅清. 2018b. 句法标签与最简合并. 外语学刊, (4): 24-28.
杨林秀. 2015. 英文学术论文中的作者身份构建: 言据性视角. 外语教学, (2): 21-25.
杨汝福. 2010. 系统功能语言学观照下的共向互文性模式研究. 外国语, (2): 12-19.
杨曙, 常晨光. 2011. 情态的系统功能语言学考量. 外语学刊, (3): 27-31.
杨曙, 常晨光. 2012. 情态的评价系统. 外语教学, (4): 13-17.
杨小虎, 蒋凌翔. 2014. 立法文本语篇的连贯和不连贯. 外语教学, (3): 36-39.
杨小璐, 肖丹. 2008. 现代汉语把字句习得的个案研究. 当代语言学, (3): 200-210.
杨信彰. 2009. 多模态语篇分析与系统功能语言学. 外语教学, (4): 11-14.
杨信彰. 2013. 话语与语篇的研究: 理论和方法. 中国外语, (4): 1, 18-19.
杨信彰. 2019. 学科语篇研究的若干问题. 外语教学, (2): 8-12.
杨雪芹. 2015. 韩礼德的层次化思想与系统功能语言学理论的建构. 外语研究, (1): 24-28.
杨延宁. 2016. 基于语料分析的汉语语法隐喻研究. 语言学研究, (2): 77-91.
杨延宁. 2019. 语言演变研究的系统功能模式——般盈余使役构式和古汉语动结式构式分析为例. 中国外语, (1): 36-47.
杨衍春. 2010. 博杜恩·德·库尔德内语言学理论研究. 上海: 复旦大学出版社.
杨玉晨, 张琳琳. 2013. "问题—解决"式对学术论文摘要的篇章构建. 中国外语, (5): 42-48.
杨增成. 2019. 系统功能语言学视角下的图文关系研究述评. 中国外语, (2): 48-54.
杨忠. 2013. 索绪尔语言符号系统观的贡献与局限. 外语学刊, (4): 20-26.
姚俊. 2010. 英语论文摘要的语篇模式与作者介入——英语本科毕业论文摘要的实证研究. 外语教学, (4): 29-33.
姚岚. 2016. 汉语主、宾语关系从句在理解过程中的相对加工优势及其解释. 解放军外国语学院学报, (5): 40-48.
姚银燕, 陈晓燕. 2012. 英语学术书评语篇让步语义资源的介入意义. 外语教学理论与实践, (1): 38-46.
姚振军. 2014. 认知翻译学视野下的翻译批评. 外语与外语教学, (2): 15-19.
药盼盼, 李妮, 陈宝国. 2012. 词根频率对汉语母语者英语屈折词和派生词表征方式的影响. 外语教学与研究, (5): 694-800.
叶起昌. 2010. 思想与语言、语言二重性、差别与"区—分"以及语言创造性——海德格尔与索绪尔的对话. 外语学刊, (3): 1-6.

叶起昌. 2011. 索绪尔与海德格尔语言观——本体论层面比较. 外语学刊,（1）: 1-5.
叶起昌. 2013a. 索绪尔与海德格尔的语言观比较：方法论与方法. 外语学刊,（1）: 82-89.
叶起昌. 2013b. 论索绪尔与海德格尔语言理论中"人"之概念. 当代外语研究,（7）: 13-19, 77.
叶起昌, 赵新. 2014. 历时与共时中"时"之追问——索绪尔的"时间"解读. 外语学刊,（2）: 7-11.
于昌利. 2014. A(n)... of ... 类延展数量型结构的功能语法分析. 外语教学与研究,（3）: 375-388.
于翠红, 张拥政. 2017. 中国学习者在线加工英语运动事件表达中的启动效应与认知机制研究. 外语教学与研究,（3）: 416-427.
于晖. 2010. 内在连接词对语篇体裁结构成分转折的识别功能. 外语教学,（4）: 15-19.
于晖. 2012. 伯恩斯坦知识结构理论的系统功能语言学解读. 中国外语,（6）: 43-50.
于晖. 2018a. 基于语义密度的教育语篇累积性知识建构分析. 中国外语,（3）: 21-30.
于晖. 2018b. 系统功能语言学视阈下教育语言学研究范式. 解放军外国语学院学报,（4）: 52-60.
于晖, 刘盟. 2016. 论语境重置对历史语篇知识结构的影响. 北京科技大学学报（社会科学版）,（2）: 16-23.
于晖, 于婷婷. 2017. 不同学科教育语篇知识结构的对比研究. 北京科技大学学报（社会科学版）,（2）: 1-7.
于善志, 翟清旭. 2017. 中国英语学习者代词理解实证研究. 外语教学与研究,（6）: 833-846.
于秀金, 金立鑫. 2019. 认知类型学：跨语言差异与共性的认知阐释. 外语教学,（4）: 13-19.
袁琳. 2014. 俄语呼语的系统功能语言学角度观察. 中国俄语教育,（4）: 34-39.
袁周敏, 易保树, 张砚妮. 2020. 国外语言学学科眼动研究：现状与前瞻（1934-2020）. 外语界,（6）: 46-53.
岳颖莱, 戴建东, 张海燕. 2012. 形式加工和语义加工对词汇附带习得的影响——"资源分配模型"与"投入量假设"再探. 解放军外国语学院学报,（2）: 61-65.
詹宏伟, 朱永生. 2017. 韩礼德与语料库研究. 外语学刊,（4）: 1-5.
张北镇. 2015. 二语词汇表征与加工中的形态影响. 解放军外国语学院学报,（6）: 70-77.
张超, 冯茵, 周榕. 2020. 自定步速阅读在二语习得研究中的应用. 外国语言文学,（6）: 634-644.

张春燕. 2016. 小句连结配列关系的多功能分析. 中国外语,（1）: 31–40.
张德禄. 2018. 系统功能语言学60年发展趋势探索. 外语教学与研究,（1）: 37–48, 160.
张德禄. 2019. 评价理论介入系统中的语法模式研究. 外国语,（2）: 2–10.
张德禄, 丁肇芬. 2013. 外语教学多模态选择框架探索. 外语界,（3）: 39–46, 56.
张德禄, 董娟. 2014. 语法隐喻理论发展模式研究. 外语教学与研究,（1）: 32–44, 158.
张德禄, 郭恩华. 2013. 多模态话语分析的双重视角——社会符号观与概念隐喻观的连接与互补. 外国语,（3）: 20–28.
张德禄, 郭恩华. 2019. 体裁混合综合分析框架探索. 中国外语,（1）: 20–27.
张德禄, 雷茜. 2013. 语法隐喻研究在中国. 外语教学,（3）: 1–6.
张德禄, 李玉香. 2012. 多模态课堂话语的模态配合研究. 外语与外语教学,（1）: 39–43.
张德禄, 孙仕光. 2015. 政治演讲语篇中的认同语义系统及语言资源选择——以奥巴马的一次演讲为例. 外语教学,（1）: 13–17.
张德禄, 覃玖英. 2016. 语义波理论及其在教师课堂话语分析和建构中的作用. 外语教学,（2）: 52–55.
张德禄, 王正. 2016. 多模态互动分析框架探索. 中国外语,（2）: 54–61.
张辉, 孙和涛, 顾介鑫. 2013. 成语加工中韵律与句法互动的事件相关电位研究. 外国语,（1）: 22–31.
张辉, 杨艳琴. 2019. 批评认知语言学: 理论基础与研究现状. 外语教学,（3）: 5–15.
张辉, 周红英. 2010. 认知语言学的新发展——认知社会语言学——兼评Kristiansen & Dirven（2008）的认知社会语言学. 外语学刊,（3）: 36–42.
张会平, 刘永兵. 2011. 人际隐喻认知视域下的英汉否定转移现象研究. 外语教学,（5）: 21–25.
张敬源, 王文峰. 2016. 中国加的夫语法研究二十年: 回顾、思索与展望. 外语研究,（5）: 28–34.
张军, 伍彦. 2020. 语境对二语学习者等级词项在线加工的影响. 现代外语,（2）: 213–225.
张克定. 1997. 预设与割裂句的强调. 外语与外语教学,（4）: 26–27, 30.
张克定. 2011. 英语方位倒装构式的认知语篇研究. 外语教学与研究,（4）: 529–539, 639.
张克定. 2012. 英语句首空间附加语的语篇功能. 中国外语,（5）: 28–33.
张连文. 2018. 最简语段推导与语义接口解释. 外语学刊,（2）: 41–49.
张萍. 2010. 中国英语学习者心理词库联想模式对比研究. 外语教学与研究,（1）: 9–16.
张瑞杰, 何伟. 2018. 生态语言学视角下的人际意义系统. 外语与外语教学,（2）: 99–108.

张珊珊, 杨亦鸣. 2012. 从记忆编码加工看人脑中的基本语言单位——一项基于单音节语言单位的 ERPs 研究. 外语与外语教学, (2): 1–6.

张绍杰. 2004. 语言符号任意性研究: 索绪尔语言哲学思想探索. 上海: 上海外语教育出版社.

张绍杰. 2013. 语言机制对任意性的限制: 语言系统运行机理探究. 外语学刊, (4): 15–19.

张绍杰, 张延飞. 2007. 语言符号的任意性和象似性: 相互排斥还是相互依存?——与王寅先生商榷. 外语与外语教学, (7): 62–64.

张时倩, 张德禄. 2016. 语境何时开始影响"自己"回指加工?——一项语义启动实验研究. 解放军外国语学院学报, (5): 65–72.

张天伟. 2019. 认知社会语言学前沿述评: 趋势与特点. 外语教学, (3): 30–35.

张玮. 2019. 语篇衔接的主体可及性分析路径探索. 外语教学与研究, (2): 239–249, 320.

张现荣, 苗兴伟. 2017. 主观化与主位信息组织. 外国语, (5): 2–10.

张新木. 2013. 论索绪尔对符号学发展的贡献. 俄罗斯文艺, (4): 118–123.

张延飞, 刘振前. 2015. 任意性的限制: 索绪尔的理性观探究. 外语教学, (2): 17–20.

张延飞, 张绍杰. 2014. 再论索绪尔的语言本体论——与李文新先生商榷. 外语学刊, (1): 9–13.

张一平. 2011. 对索绪尔语言符号价值系统的再诠释——兼评何兰《关于索绪尔语言价值理论的重新诠释》. 外国语言文学, (2): 73–77.

张玉波, 杨炳钧. 2016. 限定系统的功能语言学再描写. 外语教学与研究, (4): 522–534, 639–640.

张玉波, 杨炳钧. 2019. 小句极性的元功能归属. 外语教学与研究, (2): 225–238, 320.

张媛, 王文斌. 2019. 认知语言学与互动语言学的可互动性探讨——宏观和微观层面. 外语教学与研究, (4): 496–507, 639.

张云秋, 高亮, 王琛. 2018. 汉语双及物结构式的儿童语言习得. 当代语言学, (3): 334–356.

张云秋, 郭婷. 2014. 从"在"字句习得看儿童的早期句法发展. 当代语言学, (4): 422–435.

张云秋, 李若凡. 2019. 从简单句关系化的最初习得到名词短语可及性等级的解释维度. 外语教学与研究, (2): 128–140.

张智庭. 2014. 索绪尔符号学传统: 基础与发展. 天津外国语大学学报, (6): 2–7.

赵晨, 葛邵玲. 2017. 中国学生英语非宾格动词在线加工研究: 基于用法的理论视角. 现代外语, (1): 80–90.

赵宏伟，何伟. 2018. 英语"从属型动词词组复合体"归属之功能视角研究. 外语与外语教学，（5）: 69–78, 149.

赵静，王同顺. 2016. 从"接口假说"视角看中国学生对英语心理动词的语言表征及加工效率. 现代外语，（4）: 539–548.

赵蓉晖. 2005. 索绪尔研究在中国. 北京：商务印书馆.

赵蕊华. 2014. 系统功能语言学符号视角下英语识别小句的"穷尽". 解放军外国语学院学报，（5）: 99–107.

赵秀凤. 2010. 语言的主观性研究概览. 外语教学，（1）: 21–26.

赵彦春. 2014a. 认知语言学：批判与应用. 天津：南开大学出版社.

赵彦春. 2014b. 雅克布森对索绪尔的误判. 山东外语教学，（5）: 28–32.

赵永峰. 2013. 认知社会语言学视域下的认知参照点与概念整合理论研究. 外语与外语教学，（1）: 5–9.

赵永刚. 2012. 认知音系学：认知科学与音系理论的交互研究. 外语教学，（1）: 38–41.

赵永青，陈婧，黄滔，秦丽莉. 2012. 基于评价系统的 EFL 演讲者话语身份构建研究. 外语教学，（2）: 22–26.

周海明. 2019. 论韩礼德的语言进化观. 外语教学，（3）: 49–55.

周红英. 2010. 音位变异与社会意义的建构：认知社会语言学的视角. 外语研究，（4）: 41–46, 116.

周惠，刘永兵. 2014. 意义·思维·学习——Halliday 的语言发展理论. 中国外语，（4）: 33–41.

周娜娜. 2018. 系统功能语言学中 conjunction 概念的嬗变. 外国语，（5）: 61–69.

周频，朱文茜. 2013. 对索绪尔语言理论的科学精神与科学方法的探析与反思. 当代外语研究，（7）: 19–24, 77.

周兴武. 2019. 索绪尔言语观与巴赫金言语体裁之话语观的比较. 俄语学习，（4）: 49–52.

周迎芳，王勇. 2012. 存在小句的几种类型. 外国语，（3）: 59–67.

朱德熙. 1982. 语法讲义. 北京：商务印书馆.

朱佳蕾，胡建华. 2015. 概念—句法接口处的题元系统. 当代语言学，（1）: 1–22.

朱秀杰，王同顺. 2017. 中国学生英语不及物动词不对称习得研究. 外语教学与研究，（1）: 85–97.

朱永生. 2006. 积极话语分析：对批评话语分析的反拨与补充. 英语研究，（4）: 36–42.

朱永生. 2011. 系统功能语言学中的个体发生学. 中国外语，（6）: 18–25.

朱永生. 2012. 系统功能语言学个体化研究的动因及哲学指导思想. 现代外语，（4）: 331–337, 436.

朱永生 . 2014. 合法化语码理论对 Bernstein 知识结构理论的传承与创新 . 中国外语，（6）: 1，10–13.

朱永生 . 2015. 试论儿童进入成人语言阶段的判断标准 . 当代外语研究，（7）: 4–7，76.

朱永生 . 2017. 中国儿童早期母语子系统发育的个案研究 . 西安外国语大学学报，（1）: 55–60.

朱永生 . 2020. 系统功能语言学札记 . 上海：上海外语教育出版社 .

朱永生，王振华 . 2013. 马丁学术思想研究 . 北京：北京大学出版社 .

朱永生，严世清 . 2012. 系统功能语言学再思考 . 上海：上海外语教育出版社 .

邹兵，穆雷 . 2020. 语言学对翻译学的方法论贡献——特征、问题与前景 . 中国外语，77–84.

Acedo-Matellán, V. 2016. *The Morphosyntax of Transitions: A Case Study in Latin and Other Languages*, Vol. 62. Oxford: Oxford University Press.

Adger, D. 2021. On doing theoretical linguistics. *Theoretical Linguistics*, 47(1–2): 33–45.

Baker, M. C. 2001. *The Atoms of Language: The Mind's Hidden Rules of Grammar*. New York: Basic Books.

Baker, M. C. 2009. Language universals: Abstract but not mythological. *Behavioural and Brain Science*, 32: 448–449.

Baker, M. C. 2010. Formal generative typology. In B. Heine & H. Narrog (Eds.), *The Oxford Handbook of Linguistic Analysis*. Oxford: Oxford University Press, 285–312.

Baker, M. C. 2015. *Case: Its Principles and Its Parameters*. Cambridge: Cambridge University Press.

Baker, M. C. 1988. *Incorporation: A Theory of Grammatical Function Changing*. Chicago: University of Chicago Press.

Baker, M. C. 2008. The macroparameter in a microparametric world. In T. Biberauer (Ed.), *The Limits of Syntactic Variation*. Amsterdam: Benjamins, 351–374.

Baker, M. & Souza, L. C. 2020. Agree without agreement: Switch-reference and reflexive voice in two Panoan languages. *Natural Language & Linguistic Theory*, 38(4), 1053–1114.

Barcroft, J. 2002. Semantic and structural elaboration in L2 lexical acquisition. *Language Learning*, 2: 323–363.

Benson, J. D., Greaves, W. S. & Stillar, G. 1995. Transitivity and ergativity in "The Lotos-Eaters". *Language and Literature*, (4): 31–48.

Benveniste, E. 1971. *Problems in General Linguistics* (M. E. Meek, Trans.). Florida: University of Miami Press.

Benveniste, E. 1966. La nature du signe linguistique. In E. Benveniste (Ed.), *Problèmes de Linguistique Générale 1*. Paris: Galimard, 49–55.

Berwick, R. & Chomsky. N. 2016. *Why Only Us*. Cambridge: MIT Press.

Bloomfield, L. 1933. *Language*. New York: Henry Holt.

Boeckx, C. 2006. *Linguistic Minimalism, Origins, Concepts, Methods and Aims*. Oxford: Oxford University Press.

Borer, H. 2005a. *Structuring Sense. Volume 1. In Name Only*. Oxford: Oxford University Press.

Borer, H. 2005b. *Structuring Sense. Volume 2. The Normal Course of Events*. Oxford: Oxford University Press.

Borer, H. 2013. *Structuring Sense. Volume 3. Taking Form*. Oxford: Oxford University Press.

Bott, L. & Noveck, I. 2004. Some utterances are underinformative: The onset and time course of scalar inferences. *Journal of Memory and Language, 51*(3): 437–457.

Breheny, R., Katsos, N. & Williams, J. 2006. Are generalized scalar implicatures generated by default? An on-line investigation into the role of context in generating pragmatic inferences. *Cognition, 100*: 434–463.

Bresnan, J. & Ford, M. 2010. Predicting syntax: Processing dative constructions in American and Australian varieties of English. *Language, 86*(1): 168–213.

Buchler, J. 1990. *Metaphysics of Natural Complexes*. Albany: Sony Press.

Bybee, J. 2003. Cognitive processes in grammaticalization. In M. Tomasello (Ed.), *The New Psychology of Language*, Vol. II. Mahwah: Lawrence Erlbaum, 151–174.

Bybee, J. 2006. From usage to grammar: The mind's response to repetition. *Language, 82*(4): 711–733.

Caramazza, A., Miceli, G., Silveri, C. & Landanna, A. 1985. Reading mechanisms and the organization of the lexicon: Evidence from acquired dyslexia. *Cognitive Neuropsychology, 2*(1): 81–114.

Cinque, G. 1999. *Adverbs and Functional Heads: A Cross-linguistic Perspective*. New York: Oxford University Press.

Cinque, G. 2010. *The Syntax of Adjectives: A Comparative Study*. Cambridge: MIT Press.

Cheng, L. L. S. & Sybesma, R. 1999. Bare and not-so-bare nouns and the structure of NP. *Linguistic Inquiry, 30*(4): 509–542.

Chierchia, G. 1998. Reference to kinds across language. *Natural Language Semantics, 6*(4): 339–405.

Chierchia, G. 2004. Scalar implicatures, polarity phenomena, and the syntax/pragmatics interface. In A. Belletti (Ed.), *Structures and Beyond*. Oxford: Oxford University Press, 39–103.

Cho, J. 2017. The acquisition of different types of definite noun phrases in L2-English. *International Journal of Bilingualism*, 21(3): 367–382.

Chomsky, N. 1963. Formal properties of grammar. In R. D. Luce, R. R. Bush & E. Galanter (Eds.), *Handbook of Mathematical Psychology* (Vol. II, Chapters 9–14). London / New York: John Wiley & Sons, 323–418.

Chomsky, N. 1965. *Aspects of the Theory of Syntax*. Cambridge: MIT Press.

Chomsky, N. 1970. Remarks on Nominalization. In R. Jacobs & P. Rosenbaum (Eds.), *Reading in English Transformational Grammar*. Waltham: Ginn, 184–221.

Chomsky, N. 1973. Conditions on transformations. In S. Anderson & P. Kiparsky (Eds.), *A Festschrift for Morris Halle*. New York: Holt, Rinehart & Winston, 232–286.

Chomsky, N. 1977. On wh-movement. In P. Culicover, T. Wasow & A. Akmajian (Eds.), *Formal Syntax*. New York: Academic Press, 71–132.

Chomsky, N. 1981. *Lectures on Government and Binding*. Dordrecht: Foris.

Chomsky, N. 1986. *Knowledge of Language*. New York: Praeger.

Chomsky, N. 1995. *The Minimalist Program*. Cambridge: MIT Press.

Chomsky, N. 2000. Minimalist inquiries: The framework. In R. Martin, D. Michaels & J. Uriagereka (Eds.), *Step by Step: Essays on Minimalism in Honor of Howard Lasnik*. Cambridge: MIT Press, 89–155.

Chomsky, N. 2001. Derivation by phase. In M. Kenstowicz (Ed.), *Ken Hale: A Life in Language*. Cambridge: MIT Press, 1–52.

Chomsky, N. 2005. Three factors in language design. *Linguistic Inquiry*, 36(1): 1–22.

Chomsky, N. 2007. Approaching UG from below. In U. Sauerland & H. M. Gärtner (Eds.), *Interfaces + Recursion = Language? Chomsky's Minimalism and the View from Syntax-Semantics*. Berlin: Mouton de Gruyter, 1–30.

Chomsky, N. 2008. On phases: Foundational issues in linguistic theory. In R. Freidin, C. P. Otero & M. L. Zubizarreta (Eds.), *Essays in Honor of Jean-Roger Vergnaud*. Cambridge: MIT Press, 133–166.

Chomsky, N. 2013. Problems of projection. *Lingua*, 130: 33–49.

Chomsky, N. 2015a. Problems of projections: Extensions. In E. D. Domenico, C. Hamann & S. Matteini (Eds.), *Structures, Strategies and Beyond: Studies in Honour of Adriana Belletti*. Amsterdam: John Benjamins, 1–16.

Chomsky, N. 2015b. *What Kind of Creatures Are We?* New York: Columbia University Press.

Clark, E. V. 1990. On the pragmatics of contrast. *Journal of Child Language*, 17(2): 417–431.

Crano, W. D. & Hemovich, V. 2011. Intergroup relations and majority or minority group influence. In R. M. Kramer, G. J. Leonardelli & R. W. Livingston (Eds.),

Social Cognition, Social Identity, and Intergroup Relations. New York / London: Psychology Press, 221–246.

Croft, W. 2005. *Radical Construction Grammar*. Cambridge: Cambridge University Press.

Croft, W. 2009. Toward a social cognitive linguistics. In V. Evans & S. Pourcel (Eds.), *New Directions in Cognitive Linguistics*. Amsterdam / Philadelphia: John Benjarnins, 395–420.

Croft, W. & Cruse, A. 2004. *Cognitive Linguistics*. Cambridge: Cambridge University Press.

Croft, W. & Wood, E. 2000. Construal operations in linguistics and artificial intelligence. In L. Albertazzi (Ed.), *Meaning and Cognition: A Multidisciplinary Approach*. Amsterdam/Philadelphia: John Benjamins, 51–78.

Davidse, K. 2002. Transitivity/ergativity: The Janus-headed grammar of actions and events. In M. Davies & L. Raveli (Eds.), *Advances in Systemic Linguistics: Recent Theory and Practice*. London: Pinter, 105–135.

Davidson, D. 1980. *Essays on Actions and Events*. Oxford: Clarendon Press.

De Cat, C. 2013. Egocentric definiteness errors and perspective evaluation in preschool children. *Journal of Pragmatics, 56*: 58–69.

De Saussure. 1959. *Course in General Linguistics* (W. Bakin, Trans.). New York: Columbia University Press.

Den Dikken, M. 2010. On the functional structure of locative and directional PPs. In G. Cinque & L. Rizzi (Eds.), *Mapping Spatial PPs: The Cartography of Syntactic Structures*. Oxford: Oxford University Press, 74–126.

Demirdache, H. & Uribe-Etxebarria, M. 2000. The primitives of temporal relations. In R. Martin, D. Michaels & J. Uriagereka (Eds.), *Step by Step: Essays on Minimalism in Honor of Howard Lasnik*. Cambridge: MIT Press, 157–186.

Demirdache, H. & Uribe-Etxebarria, M. 2007. The syntax of time arguments. *Lingua, 117*(2): 330–366.

Demirdache, H. & Uribe-Etxebarria, M. 2014. Aspect and temporal anaphora. *Natural Language & Linguistic Theory, 32*(3): 855–895.

Diercks, M. 2012. Parameterizing case: Evidence from Bantu. *Syntax, 15*(3): 253–286.

Dovidio, J. F. & Gaertner, S. L. 2010. Intergroup bias. In S. T. Fiske, D. T. Gilbert & G. Lindzey (Eds.), *Handbook of Social Psychology*. Hoboken: John Wiley & Sons, 1084–1121.

Dryer, M. & Haspelmath, M. (Eds.). *The World Atlas of Language Structures Online*. Leipzig: Max Planck Institute for Evolutionary Anthropology.

Du Bois, J. W. 2014. Towards a dialogic syntax. *Cognitive Linguistics, 25*(3): 359–410.

Embick. D. 2010. *Localism versus Globalism in Morphology and Phonology*. Cambridge: MIT Press.

Embick, E. & Noyer, R. 2015. Distributed morphology and the syntax–morphology interface. In G. Ramchand & C. Reiss (Eds.), *The Oxford Handbook of Linguistic Interface*. Oxford: Oxford University Press, 289–324.

Evans, N. & Levinson, S. 2009. The myth of language universals: language diversity and its importance for cognitive science. *Behavioural and Brain Science, 32*: 429–448.

Evans, V. & Green, M. 2006. *Cognitive Linguistics: An Introduction*. Edinburgh: Edinburgh University Press.

Evans, V. & Green, M. 2015. 认知语言学导论. 张辉, 孙崇飞, 导读. 北京: 世界图书出版公司.

Everett, D. L. 2005. Cultural constraints on grammar and cognition in Piraha: Another look at the design features of human language. *Current Anthropology, 46*: 621–646.

Everett, D. L. 2009. Piraha culture and grammar: A response to some criticisms. *Language*, 85: 405–442.

Fauconnier, G. & Turner, M. 2002. *The Way We Think*. New York: Basic Books.

Fawcett, R. P. 1974. Some proposals for systemic syntax 1–3. *MALS Journal*, 1–2.

Fawcett, R. P. 1980. *Cognitive Linguistics and Social Interaction: Towards an Integrated Model of a Systemic Functional Grammar and the Other Components of an Interacting Mind*. Heidelberg: Julian Groos.

Fawcett, R. P. 1981. Generating a sentence in systemic functional grammar. In M. A. K. Halliday & J. R. Martin (Eds.), *Readings in Systemic Linguistics*. London: Basford, 146–183.

Fawcett, R. P. 2008. *Invitation to Systemic Functional Linguistics Through the Cardiff Grammar: An Extension and Simplification of Halliday's Systemic Functional Grammar*. London: Equinox.

Feng, S. 2019. The acquisition of English definite noun phrases by Mandarin Chinese speakers. *Studies in Second Language Acquisition*, 41(4), 881–896.

Fillmore, C., Kay, P. & O'Connor, M. 1988. Regularity and idiomaticity in grammatical constructions: The case of let alone. *Language*, 64: 501–538.

Fillmore, C., Kay, P., Michaelis, L. & Sag, I. 2003. *Construction Grammar*. Stanford: Center for the Study of Language and Information.

Firth, J. R. 1950. Personality and Language in Society. *The Sociological Review*, 42(1), 37–52.

Fischer, K. 2006. *What Computer Talk Is and Isn't*. Saarbrücken: AQ-Verlag.

Freidin, R. 2009. A note on methodology in linguistics. *Behavioural and Brain Science*, 32: 454–455.

Friederici, A. D. 2002. Towards a neural basis of auditory sentence processing. *Trends in Cognitive Sciences*, 6: 78–84.

Friederici, A. D. & Frisch, S. 2000. Verb argument structure processing: The role of verb-specific and argument-specific information. *Journal of Memory and Language*, 43(3): 476–507.

Friederici, A. D., Chomsky, N., Berwick, R., Moro, A. & Bolhuis, J. 2017. Language, mind and brain. *Nature (Human Behavior)*, 1: 713–722.

Fukumura, K. & van Gompel, R. P. G. 2010. Choosing anaphoric expressions: Do people take into account likelihood of reference? *Journal of Memory and Language*, 62: 52–66.

Geeraerts, D. (Ed.). 2006. *Cognitive Linguistics: Basic Readings*. Berlin / New York: Mouton de Gruyter.

Geeraerts, D., Kristiansen, G. & Peirsman, Y. 2014. *Advances in Cognitive Sociolinguistics*. Berlin / New York: Mouton de Gruyter.

Gibson, E. 1998. Syntactic complexity: Locality of syntactic dependencies. *Cognition*, 68: 1–75.

Givón, T. 1979. *On Understanding Grammar*. New York: Academic Press.

Goldberg, A. E. 1995. *Constructions: A Construction Grammar Approach to Argument Structure*. Chicago: University of Chicago Press.

Goldberg, A. E. 2006. *Constructions at Work*. Oxford: Oxford University Press.

Goldberg, A. E. 2006. *Constructions at Work: The Nature of Generalization in Language*. New York: Oxford University Press.

Golinkoff, R. M., Mervis, C. B. & Hirsh-Pasek, K. 1994. Early object labels: The case for a developmental lexical principles framework. *Journal of Child Language*, 21(1): 125–155.

Greenberg, J. H. (Ed.). 1963. *Universals of Language*. Cambridge: MIT Press.

Gries, S. 2006. Some proposals towards a more rigorous corpus linguistics. *Zeitschrift fuür Anglistik und Amerikanistik*, 54(2): 191–202.

Gries, S. & Stefanowitsch, A. (Eds.). 2006. *Corpora in Cognitive Linguistics: Corpus-based Approaches to Syntax and Lexis*. Berlin: Mouton de Gruyter.

Grimshaw, J. & Mester, A. 1988. Light verbs and θ-marking. *Linguistic Inquiry*, 19: 205–232.

Guasti, M. T., Chierchia, G., Crain, S., Foppolo, F., Gualmini, A. & Meroni, L. 2005. Why children and adults sometimes (but not always) compute implicatures.

Language and Cognitive Processes, 20(5): 667–696.

Halberda, J. 2003. The development of a word-learning strategy. *Cognition, 87*(1): B23–B34.

Hale, K. & Keyser, S. J. 1993. On argument structure and the lexical expression of syntactic relations. In K. Hale & S. J. Kayser (Eds.), *The View from Building 20: Essays in Linguistics in Honor of Sylvain Bromberger*. Cambridge: MIT Press, 53–109.

Halle, M. & Marantz, A. 1993. Distributed morphology and the pieces of inflection. In K. Hale & S. J. Keyser (Eds), *The View from Building 20*: Cambridge: MIT Press, 117–176.

Halliday, M. A. K. 1961. Categories of the theory of grammar. *Word, 17*(3): 242–292.

Halliday, M. A. K. 1966. Some notes on "deep" grammar. *Journal of Linguistics, 2*(1): 57–67.

Halliday, M. A. K. 1967a. Notes on transitivity and theme in English: Parts 1. *Journal of Linguistics, 3*(1):37–81.

Halliday, M. A. K. 1967b. Notes on transitivity and theme in English: Parts 2. *Journal of Linguistics, 3*(2):199–244.

Halliday, M. A. K. 1968. Notes on transitivity and theme in English: Parts 3. *Journal of Linguistics, 4*(2):179–215.

Halliday, M. A. K. 1970. Language structure and language function. In J. Lyons (Ed.), *New Horizons in Linguistics*. Harmondsworth: Penguin Books, 140–165.

Halliday, M. A. K. 1973. *Explorations in the Functions of Language*. London: Edward Arnold.

Halliday, M. A. K. 1982. How is a text like a clause? In S. Allén(Ed.), *Text Processing*. Stockholm: Almqvist & Wiksell, 209–247.

Halliday, M. A. K. 1985. *An Introduction to Functional Grammar*. London: Aronld.

Halliday, M. A. K. 1992. The notion of 'context' in language education. In T. Le & M. McCausland (Eds.), *Interaction and Development: Proceedings of the International Conference, Vietnam*, 30 March-1 April 1991. Launceston, University of Tasmania, 1–26.

Halliday, M. A. K. 2009. Indeterminacy in language. In J. Webster (Ed.), *The Essential Halliday*. London & New York: Continuum, 152–164.

Halliday, M. A. K. & Hasan, R. 1976. *Cohesion in English*. London: Longman.

Halliday, M. A. K. & Hasan, R. 1985. *Language, Context and Text: A Social Semiotic Perspective*. Geelong: Deakin University Press.

Halliday, M. A. K., McIntosh, A & Strevens, P. 1964. *The Linguistic Sciences and Language Teaching*. London: Longman.

Harder, P. 2010. *Meaning in Mind and Society: A Functional Contribution to the Social Turn in Cognitive Linguistics*. Berlin / New York: Walter de Gruyter.

Hasan, R. 1978. Text in the systemic-functional model. In W. Dressler (Ed.), *Current Trends in Textlinguistics*. Berlin: De Gruyter, 229–245.

Hasan, R. 1984. Coherence and cohesive harmony. In J. Flood (Ed.), *Understanding Reading Comprehension*. Newark: International Reading Association. 181–219.

Hasan, R. 2016. In the nature of language: Reflections on permeability and hybridity. In D. Miller & P. Bayley (Eds.), *Hybridity in Systemic Functional Linguistics: Grammar, Text and Discursive Context*. London: Equinox, 337–383.

Haspelmath, M. 2021. General linguistics must be based on universals (or non-conventional aspects of language). *Theoretical Linguistics*, 47(1–2):1–31.

Hauser, M. D., Chomsky, N. & Fitch, W. T. 2002. The faculty of language: What is it, who has it, and how did it evolve?. *Science*, 298(5598): 1569–1579.

Hawkins, J. A. 1983. *Word Order Universals*. New York: Academic Press.

Hawkins, J. A. 1994. *A Performance Theory of Order and Constituency*. Cambridge: Cambridge University Press.

Heim, I. 1982. *The Semantics of Definite and Indefinite Noun Phrases*. Doctoral dissertation, University of Massachusetts Amherst.

Hjelmslev, L. 1943. *Omkring sprogteoriens grundlaeggelse*. København: Akademisk Forlag. (English translation, 1953, *Prolegomena to a Theory of Language*. Madison: University of Wisconsin Press.)

Hopper, P. J. & Traugott, E. 1993. *Grammaticalization*. Cambridge: Cambridge University Press.

Hopper, P. J. & Thompson, S. A. 1984. The discourse basis for lexical categories in universal grammar. *Language*, 60(4): 703–752.

Horvath, J. & Siloni, T. 2010. Lexicon versus Syntax: Evidence from morphological causatives. In M. R. Hovav, E. Doron & I. Sichel (Eds.), *Lexical Semantics, Syntax, and Event Structure*. Oxford: Oxford University Press, 153–176.

Horvath, J & Siloni, T. 2011. Causatives across components. *Natural Language & Linguistic Theory*, 29: 657–704.

Hu, X. 2018. *Encoding Events: Functional Structure and Variation*. Oxford: Oxford University Press.

Hu, X. 2022a. Same root, different categories: Encoding direction in Chinese. *Linguistic Inquiry*, 53: 41–85.

Hu, X. 2022b. Predicate formation in the XS-Model. In L. Stockall, L. Martí, D. Adger,

I. Roy & S. Ouwayda (Eds.), *For Hagit: A Celebration (QMUL Occasional Papers in Linguistics 47)*. Department of Linguistics, Queen Mary University of London.

Hu, X. 2023. Bounding telicity, verbal quantification, and perfective aspect: A study on lə in Yixing Chinese. *Journal of Linguistics,* First View, 1–37.

Huang, C. T. J. 1982a. *Logical Relations in Chinese and the Theory of Grammar*. Doctoral dissertation, Massachusetts Institute of Technology.

Huang, C. T. J. 1982b. Move-WH in a language without WH-movement. *The Linguistic Review*, 1: 369–416.

Huang, C. T. J. 2015. On syntactic analyticity and parametric theory. In Y.-H. A. Li, A. Simpson & W.-T. D. Tsai (Eds.), *Chinese Syntax in a Cross-linguistic Perspective*. Oxford: Oxford University Press, 1–47.

Huang, C. T. J. & Liu, C. S. L. 2001. Logophoricity, attitudes and ziji at the interface. In P. Cole, P. C. Hermon & C. T. J. Huang (Eds.), *Syntax and Semantics Vol. 33, Long-distance Reflexives*. San Diego: Academic Press, 141–196.

Huang C. T. J. & Roberts, I. 2017. Principles and parameters of Universal Grammar. In I. Roberts (Ed.), *The Oxford Handbook of Universal Grammar*. Oxford: Oxford University Press, 307–354.

Huang, C. T. J. & Tang, C. C. J. 1991. The local nature of the long-distance reflexive in Chinese. In J. Koster & E. Reuland (Eds.), *Long-distance Anaphora*. Cambridge: Cambridge University Press, 263–282.

Huang, Y. T. & Snedeker, J. 2011. Logic and conversation revisited: Evidence for a division between semantic and pragmatic content in real-time language comprehension. *Language and Cognitive Processes*, 26: 1161–1172.

Hulstijn, J. & Laufer, B. 2001. Some empirical evidences for the Involvement Load Hypothesis in vocabulary acquisition. *Language Learning*, 3: 539–558.

Hyams, N. & K. Wexler. 1993. On the grammatical basis of null subjects in child language. *Linguistic Inquiry*, 24: 421–459.

Hyams, N. 1986. *Language Acquisition and the Theory of Parameters*. Dordrecht: Reidel.

Hyams, N. 1992. A reanalysis of null subjects in child language. In J. Weissenborn, H. Goodluck & T. Roeper (Eds.), *Theoretical Issues in Language Acquisition: Continuity and Change in Development*. Hillsdale: Lawrence Erlbaum, 249–267.

Inagaki, S. 2002. Japanese learners' acquisition of English manner-of-motion verbs with locational/directional PPs. *Second Language Research*, 18(1): 3–27.

Ionin, T., Ko, H. & Wexler, K. 2004. Article semantics in L2 acquisition: the role of specificity. *Language Acquisition*, 12(1): 3–69.

Jackendoff, R. 1977a. *X-bar-Syntax: A Study of Phrase Structure*. Cambridge: MIT Press.

Jackendoff, R. 1977b. Constraints on phrase structure rules. In P. W. Culicover, T. Wasow & A. Akmajian (Eds.), *Formal Syntax*. New York: Academic Press, 249–83.

Jacob, F. 1977. Evolution and tinkering. *Science, 196*: 1161–1166.

Jakobson, R. 1996/2004. Quest for the essence of language. In F. Katamba (Ed.), *Morphology, Critical Concepts in Linguistics*. London: Routledge, 14–18.

Jenkins, L. 2013. Biolinguistics: a historical perspective. In C. Boeckx & K. Grohmann (Eds.), *The Cambridge Handbook of Biolinguistics*. New York: Cambridge University Press, 4–11.

Kayne, R. 1994. *The Antisymmetry of Syntax*. Cambridge: MIT Press.

Keenan, E. & Comrie, B. 1977. Noun phrase accessibility and universal grammar. *Linguistic Inquiry, 8*: 63–99.

Kintsch, W. 1972. Notes on the structure of semantic memory. In E. Tulving & W. Donaldson (Eds.), *Organization of Memory*. New York: Academic Press, 247–308.

Koopman, H. J. 2010. Prepositions, postpositions, circumpositions, and particles. In G. Cinque & L. Rizzi (Eds.), *Mapping Spatial PPs: The Cartography of Syntactic Structures*. Oxford: Oxford University Press, 26–73.

Koornneef, A. W. & van Berkum, J. S. A. 2006. On the use of verb-based implicit causality in sentence comprehension: evidence from self-paced reading and eye tracking. *Journal of Memory and Language, 54*: 445–465.

Kristiansen, G. & Dirven, R. (Eds.). 2008. *Cognitive Sociolinguistics: Language Variation, Cultural Models, Social Systems*. Berlin / New York: Mouton de Gruyter.

Kuhn, T. S. 1962. *The Structure of Scientific Revolutions*. Chicago: University of Chicago Press.

Kutas, M. & Hillyard, S. A. 1980. Event-related brain potentials to semantically inappropriate and surprisingly large words. *Biological Psychology, 11*: 99–116.

Kwon, N., Polinsky, M. & Kluender, R. 2006. Subject preference in Korean. In D. Baumer, D. Montero & M. Scanlon (Eds.), *Proceedings of the 25th West Coast Conference on Formal Linguistics*. Somerville: Cascadilla Proceedings Project, 1–14.

Lakoff, G. 1990. The invariance hypothesis: Is abstract reason based on image-schemas? *Cognitive Linguistics, 1*(1): 39–74.

Lakoff, G. 1993. Cognitive phonology. In Goldsmith-John (Ed.), *The Last Phonological Rule: Reflections on Constraints and Derivations*. Chicago: University of Chicago Press, 117–145.

Lakoff, G. 2012. Explaining Embodied Cognition Results. *Topics in Cognitive Science, 4*(4): 773–785.

Lakoff, G. & Johnson, M. 1980. *Metaphors We Live By*. Chicago: University of Chicago

Press.

Lakoff, G. & Johnson, M. 1999. *Philosophy in the Flesh: The Embodied Mind and Its Challenge to Western Thought*. New York: Basic Books.

Langacker, R. W. 1993. Reference-point constructions. *Cognitive Linguistics*, 4(1): 1–38.

Langacker, R. W. 1987. *Foundations of Cognitive Grammar. Vol. 1: Theoretical Prerequisites*. Stanford: Stanford University Press.

Langacker, R. W. 1990. *Concept, Image and Symbol*. Berlin / New York: Mouton de Gruyter.

Langacker, R. W. 1991. *Foundations of Cognitive Grammar. Vol. 2: Descriptive Applications*. Stanford: Stanford University Press.

Langacker, R. W. 2008. *Cognitive Grammar: A Basic Introduction*. Oxford: Oxford University Press.

Larson, R. K. 1988. On the double object construction. *Linguistic Inquiry*, 19(3), 335–391.

Ledgeway, A. 2012. *From Latin to Romance: Morphosyntactic Typology and Change*. Oxford: Oxford University Press.

Levinson, S. 2000. *Presumptive Meanings*. Cambridge: MIT Press.

Li, Y. 1990. On V-V compounds in Chinese. *Natural Language & Linguistic Theory*, 8: 177–207.

Li, Y. 1995. The thematic hierarchy and causativity. *Natural Language & Linguistic Theory*, 13: 255–282.

Li, Y. 2022. *Universal Grammar and Iconicity*. Cambridge: Cambridge University Press.

Li, Y. A. 1985. *Abstract Case in Mandarin Chinese*. Doctoral dissertation, University of Southern California.

Li, Y. A. 1990. *Order and Constituency in Mandarin Chinese*. Dordrecht: Kluwer.

Li, Y. A. 2008. Case, 20 years later. In M. K. M. Chan & H. Kang (Eds.), *Proceedings of the 20th North American Conference on Chinese Linguistics (NACCL-20). Volume 1*. Columbus: The Ohio State University, 41–68.

Lieber, R. 2009. *Introducing Morphology*. New York: Cambridge University Press.

Longobardi, G. 1994. Reference and proper names: A theory of N-movement in syntax and logical form. *Linguistic Inquiry*, 25(4): 609–665.

Longobardi, G. & Roberts, I. 2010. Universals, diversity and change in the science of language: Reaction to "The myth of language universals and cognitive science". *Lingua*, 120: 2699–2703.

Longobardi, G. & Roberts, I. 2011. No-arguments about non-universals. *Linguistic Typology*, 15: 483–495.

Lyons, J. 1982. Deixis and subjectivity: Loquor, ergosum. In R. J. Jarvella & W. Klein

(Eds.), *Speech, Place, and Action: Studies in Deixis and Related Topics*. Chichester / New York: JohnWiley & Sons, 101–124.

MacWhinney, B. 1982. Basic syntactic processes in language development. In S. Kuczaj (Ed.), *Syntax and Semantics*. Hillsdale: Lawrence Erlbaum, 73–136.

Majid, A., Boster, J. S. & Bowerman, M. 2008. The cross-linguistic categorization of everyday events: A study of cutting and breaking. *Cognition, 109*(2): 235–250.

Mak, W. M., Vonk, W. & Schriefers, H. 2006. Animacy in processing relative clauses: The hikers that rocks crush. *Journal of Memory and Language, 54*: 466–490.

Marantz, A. 1991. Case and licensing. In G. Westphal, B. Ao & H-R. Chae (Eds.), *Eastern States Conference on Linguistics (ESCOL) 8*. Ithaca: CLC Publications, 234–253.

Marantz, A. 1997. No escape from syntax: Don't try morphological analysis in the privacy of your own lexicon. *University of Pennsylvania Working Papers in Linguistics, 4*: 201–225.

Marantz, A. 2007. Phases and words. In S-H. Choe (Ed.), *Phases in the Theory of Grammar*. Seoul: Dong-In, 191–222.

Marantz, A. 2013. Verbal argument structure: Events and participants. *Lingua, 130*: 152–168.

Markman, E. M. 1989. *Categorization and Naming in Children: Problems of Induction*. Cambridge: MIT Press.

Markman, E. M., Wasow, J. L. & Hansen, M. B. 2003. Use of the mutual exclusivity assumption by young word learners. *Cognitive Psychology, 47*(3), 241–275.

Markman, V. G. 2009. On the parametric variation of case and agreement. *Natural Language & Linguistic Theory, 27*(2), 379–426.

Marsden, E., Thompson, S. & Plonsky, L. 2018. A methodological synthesis of self-paced reading in second language research. *Applied Psycholinguistics, 39*: 1–44.

Martin, J. R. 1992. *English Text: System and Structure*. Amsterdam: John Benjamins.

Martin, J. R. 1993. Life as a noun: Arresting the universe in science and humanities. In M. A. K. Halliday & J. R. Martin (Eds.), *Writing Science: Literacy and Discourse Power*. Pittsburgh: University of Pittsburgh Press, 221–267.

Martin, J. R. 2000. Beyond exchange: APPRAISAL systems in English. In S. Hunston & G. Thompson (Eds.), *Evaluation in Text: Authorial Stance and the Construction of Discourse*. Oxford: Oxford University Press, 142–177.

Martin, J. R. 2010. The author's introduction. In Z. Wang (Ed.), *The Collected Works of J. R. Martin Vol 3: Genre Studies*. Shanghai: Shanghai Jiaotong University Press, 1–8.

Martin, J. R. 2016. Meaning matters: A short history of systemic functional linguistics. *Word*, 62(1), 35–58.

Martin, J. R. & Rose, D. *Working with Discourse: Meaning Beyond the Clause*. London / New York: Continuum.

Martin, J. R. & White, P. R. 2005. *The Language of Evaluation—Appraisal in English*. London / New York: Palgrave Macmillan.

Mason, R. A., Just, M. A., Keller, T. A. & Carpenter, P. A. 2003. Ambiguity in the brain: What brain imaging reveals about the processing of syntactically ambiguous sentences. *Journal of Experimental Psychology*, 29(6): 1319–1338.

Matthiessen, C. M. 1987. Rhetorical Structure Theory and systemic approaches to text organization. Unpublished manuscript, USC/Information Sciences Institute, Marina Del Rey.

Matthiessen, C. M. 2005. The "architecture" of language according to systemic functional theory: Developments since the 1970s. In R. Hasan, C. M. Matthiessen & J. J. Webster. 2007. *Continuing Discourse on Language: A Functional Perspective*. London: Equinox Publishing, 505–561.

McDonald, J. L. & MacWhinney, B. 1995. The time course of anaphor resolution: Effects of implicit verb causality and gender. *Journal of Memory and Language*, 34: 543–566.

Mecklinger, A., Schriefers, H., Steinhauer, K. & Friederici, A. D. 1995. Processing relative clause varying on syntactic and semantic dimensions: An analysis with event-related potentials. *Memory and Cognition*, 23: 477–494.

Miller, D., Giancaspro, D., Iverson, M., Rothman, J. & Slabakova, R. 2016. Not just algunos, but indeed unos L2ers can acquire scalar implicatures in L2 Spanish. *Language Acquisition Beyond Parameters*, 51: 125–145.

Moro, A., Tettamanti, M., Perani, D., Donati, C., Cappa, S. F. & Fazio, F. 2001. Syntax and the brain: Disentangling grammar by selective anomalies. *Neuroimage*, 13(1), 110–118.

Musolino, J. & Lidz, J. 2002. Preschool logic: Truth and felicity in the acquisition of quantification. In *Proceedings of the 26th Boston University Conference on Language Development*. Medford: Cascadilla Press, 406–416.

Nevins, A. Pesetsky, D. & Rodrigues, C. 2009a. Piraha exceptionality: A reassessment. *Language*, 85: 355–404.

Nevins, A., Pesetsky, D. & Rodrigues, C. 2009b. Evidence and argumentation: A reply to Everett. *Language*, 85: 671–681.

Noveck, I. A. 2001. When children are more logical than adults: Experimental investigations of scalar implicature. *Cognition, 78*(2): 165–188.

O'Grady, W. 1997. *Syntactic Development*. Chicago: University of Chicago Press.

Pan, V. J. 2022. Deriving head-final order in the peripheral domain of Chinese. *Linguistic Inquiry, 53*(1), 121–154.

Papafragou, A. 2006. From scalar semantics to implicature: Children's interpretation of aspectuals. *Journal of Child Language, 33*(4): 721–757.

Paradis, C. 2005. Ontologies and construals in lexical semanitics. *Axiomathes*, (15): 541–573.

Pariente, J. 1969. *Esais sur le Langage*. Paris: De Minuit.

Parsons, T. 1990. *Events in the Semantics of English*. Cambridge: MIT Press.

Pérez-Leroux, A. T., Castilla-Earls, A. P., Bejar, S. & Massam, D. 2012. Elmo's sister's ball: The problem of acquiring nominal recursion. *Language Acquisition, 19*(4): 301–311.

Pesetsky, D. & Torrego, E. 2001. In M. Kenstowicz (Ed.), *Ken Hale: A Life in Language*. Cambridge: MIT Press, 355–426.

Pesetsky, D. & Torrego, E. 2004. Tense, case and the nature of syntactic categories. In J. Guéron & J. Lecarme (Eds.), *The Syntax of Time*. Cambridge: MIT Press, 495–538.

Poeppel, D., & Embick, D. 2005. The relation between linguistics and neuroscience. In A. Cutler (Ed.), *Twenty-first Century Psycholinguistics: Four Cornerstones*. Mahwah: Lawrence Erlbaum, 103–120.

Quine, W. V. O. 1960. *Word and Object*. Cambridge: Cambridge University Press.

Ramchand, G. 2008. *Verb Meaning and the Lexicon: A First-phase Syntax*. Cambridge: Cambridge University Press.

Reinhart, T. 2002. The theta system—an overview. *Theoretical Linguistics, 28*: 229–290.

Reinhart, T. 2016. *Concepts, Syntax, and Their Interface: The Theta System*. Cambridge: MIT Press.

Reuland & Everaert. 2010. Reaction to: "The Myth of Language Universals and cognitive science"— Evans and Levinson's cabinet of curiosities: Should we pay the fee? *Lingua, 120*: 2713–2716.

Rizzi, L. 1978. Violations of the wh-island constraint in Italian and the subjacency condition. *Montreal Working Papers in Linguistics, 11*: 155–190.

Rizzi, L. 1982. *Issues in Italian Syntax*. Dordrecht: Foris.

Rizzi, L. 1997. The fine structure of the left periphery. In L. Haegeman (Ed.), *Elements of Grammar: A Handbook of Generative Syntax*. Dordrecht: Kluwer, 281–337.

Rizzi, L. 2004. On the cartography of syntactic structures. In L. Rizzi (Ed.), *The*

Structure of IP and CP. Oxford: Oxford University Press, 3–15.

Rizzi, L. 2009. The discovery of language invariance and variation, and its relevance for the cognitive sciences. *Behavioural and Brain Science*, 32: 467–468.

Rizzi, L. 2017. The left periphery: Cartography, freezing, labeling. In F. Z. Si (Ed.), *Studies on Syntactic Cartography*, Beijing: China Social Sciences Press, 9–46.

Roberts, I. 2007. *Diachronic Syntax*. Oxford: Oxford University Press.

Roberts, I. 2010. *Agreement and Head Movement: Clitics and Defective Goals*. Cambridge: MIT Press.

Roberts, I. 2016. Some remarks on parameter hierarchies. In L. Eguren, O. F. Soriano & Mendikoetxea, A. (Eds.), *Rethinking Parameters*. Oxford: Oxford University Press, 170–199.

Roberts, I. 2019. *Parameter Hierarchies and Universal Grammar*. Oxford: Oxford University Press.

Roberts, I. & Holmberg, A. 2010. Introduction: Parameters in minimalist theory. In T. Biberauer, A. Holmberg, I. Roberts & M. Sheehan (Eds.), *Parametric Variation: Null Subjects in Minimalist Theory*. Cambridge: Cambridge University Press, 1–57.

Roberts, I. & Roussou, A. 2003. *Syntactic Change: A Minimalist Approach to Grammaticalization* (No. 100). Cambridge: Cambridge University Press.

Roeper, T. 2007. *The Prism of Grammar: How Child Language Illuminates Humanism*. Cambridge: MIT Press.

Rosch, E. 1975. Cognitive reference points. *Cognitive Psychology*, (7): 532–547.

Rothstein, S. 2008. *Structuring Events: A Study in the Semantics of Lexical Aspect*. Hoboken: John Wiley & Sons.

Rubin, G., Becker G. & Freeman, R. 1979. Morphological structure and its effects on visual words recognition. *Journal of Verbal Learning and Verbal Behaviour*, 18(6): 757–767.

Saito, M. 2017. Japanese wh-phrases as operators with unspecified quantificational force. *Language and Linguistics*, 18(1): 1–25.

Sherman, Y. 2007. Universal genome in the origin of metazoan. *Cell Cycle*, 6(15):1873–1877.

Slabakova, R. 2010. Scalar implicatures in second language acquisition. *Lingua*, 120(10): 2444–2462.

Snyder, W. 2001. On the nature of syntactic variation: Evidence from complex predicates and complex word-formation, *Language*, 77: 324–342.

Snyder, W. 2012. Parameter theory and motion predicates. In V. Demonte & L.

McNally (Eds.), *Telicity, Change, and State: A Cross-Categorial View of Event Structure*. Oxford: Oxford University Press, 279–299.

Sorace, A. 2011. Pinning down the concept of "interface" in bilingualism. *Linguistic Approaches to Bilingualism*, 1(1): 1–33.

Sorace, A. & Filiaci, F. 2006. Anaphora resolution in near-native speakers of Italian. *Second Language Research*, 22(3): 339–368.

Sorace, A. & Serratrice, L. 2009. Internal and external interfaces in bilingual language development: Beyond structural overlap. *International Journal of Bilingualism*, 13(2): 195–210.

Sperber, D. & Wilson, D. 1986/1995. *Relevance: Communication and Cognition*. Oxford: Blackwell.

Stefanowitsch, A. & Gries, S. T. 2003. Collostructions: Investigating the interaction between words and constructions. *International Journal of Corpus Linguistics*, 8(2): 209–243.

Stowell, T. 1995. What is the meaning of the present and past tenses. In P. M. Bertinetto, V. Bianchi & M. Squartini (Eds.), *Temporal Reference: Aspect, and Actionality Vol. 1: Semantic and Syntactic Perspectives*. Torino: Rosenberg & Sellier, 381–396.

Stowell, T. 1996. The phrase structure of tense. In J. Rooryck & L. Zaring (Eds.), *Phrase Structure and the Lexicon*. Dordrecht: Kluwer, 277–291.

Stowell, T. 2007. The syntactic expression of tense. *Lingua*, 117(2): 437–463.

Svenonius, P. 2006. The emergence of Axial Parts. *Tromsø Working Papers in Linguistics*, 33(1): 49–77.

Taft, M. & Forster, K. 1975. Lexical storage and retrieval of prefixed words. *Journal of Verbal Learning and Verbal Behavior*, 14(6): 638–647.

Taft, M. & Forster, K. 1976. Lexical storage and retrieval of polymorphemic and polysyllabic words. *Journal of Verbal Learning and Verbal Behavior*, 15(6): 607–620.

Talmy, L. 1985. Lexicalization patterns: Semantic structure in lexical forms. In T. Shopen (Ed.), *Language Typology and Syntactic Description, Vol. 3: Grammatical Categories and the Lexicon*. Cambridge: Cambridge University Press, 57–149.

Talmy, L. 1991. Path to realization: A typology of event conflation. *Berkeley Linguistic Society*, 17: 480–519.

Talmy, L. 2000a. *Toward a Cognitive Semantics (Vol. 1): Concept Structuring Systems*. Cambridge: MIT Press.

Talmy, L. 2000b. *Toward a Cognitive Semantics (Vol. 2): Typology and Process in Concept

Structuring. Cambridge: MIT Press.

Tang, S. 2020. Cartographic syntax of performative projections: evidence from Cantonese. *Journal of East Asian Linguistics, 29*: 1–30.

Taylor, J. R. 2002. *Cognitive Grammar*. Oxford: Oxford University Press.

Thibault, P. 1997. *Re-Reading Saussure: The Dynamics of Signs in Social Life*. London: Routledge.

Thompson, G. 1998. Resonance in text. In A. Sanchez-Macarro & R. Carter (Eds.), *Linguistic Choice Across Genres: Variations in Spoken and Written English*. Amsterdam/Philadelphia: John Benjamins, 29–46.

Thompson, G. 2014. *Introducing Functional Grammar* (3rd ed.). London / New York: Routledge.

Tomasello, M. 1999. *The Cultural Origins of Human Cognition*. Cambridge: Harvard University Press.

Tomasello, M. 2008. *Origins of Human Communication*. Cambridge: MIT Press.

Tomasello, M. 2000a. Do young children have adult syntactic competence? *Cognition, 74*: 209–253.

Tomasello, M. 2000b. The item-based nature of children's early syntactic development. *Trends in Cognitive Sciences, 4*: 156–163.

Tomasello, M. 2005. *Constructing a Language: A Usage Based Theory of Language Acquisition*. Cambridge: Harvard University Press.

Tomasello, M. & Haberl, K. 2003. Understanding attention: 12- and 18-month-olds know what is new for other persons. *Developmental psychology, 39*(5): 906–912.

Traugott, E. C. & Dasher, R. B. 2002. *Regularity in Semantic Change*. Cambridge: Cambridge University Press.

Traugott, E. C. 1989. On the rise of epistemic meanings in English: An example of subjectification in semantic change. *Language, 65*(1): 31–55.

Traugott, E. C. 1995. Subjectification in grammaticalisation. In D. Stein & S. Wright (Eds.), *Subjectivity and Subjectivisation: Linguistic Perspectives*. Cambridge: Cambridge University Press, 31–54.

Tsai, Wei-Tien Dylan. 1999. On lexical courtesy. *Journal of East Asian Linguistics, 8(1)*: 39–73.

Tummers, J., Heylen, K. & Geeraerts, D. 2005. Usage-based approaches in cognitive linguistics: A technical state of the art. *Corpus Linguistics and Linguistic Theory, 1*(2): 225–261.

Tyler, A. 2010. Usage-based approaches to language and their applications to second language learning. *Annual Review of Applied Linguistics*, (30): 270–291.

Ueno, M. & Garnsey, S. M. 2008. An ERP study of the processing of subject and object relative clauses in Japanese. *Language and Cognitive Processes, 23*: 646–688.

Van Dijk, T. A. 2008. *Discourse and Context: A Sociocognitive Approach*. Cambridge: Cambridge University Press.

Vergnaud, J. R. 2006. Letter to Noam Chomsky and Howard Lasnik. In R. Freidin & H. Lasnik (Eds.), *Syntax: Critical Concepts in Linguistics*. Abingdon: Routledge, 21–34.

Wexler, K. 1998. Very early parameter setting and the unique checking constraint: A new explanation of the optional infinitive stage. *Lingua, 106*: 23–79.

Wexler, K. 1999. Maturation and growth of grammar. In W. Ritchie & T. Bhatia (Eds.), *Handbook of Child Language Acquisition*. New York: Academic Press, 55–109.

White, L. 2003. Fossilization in steady state L2 grammars: Persistent problems with inflectional morphology. *Bilingualism: Language and Cognition, 6*(2): 129–141.

Whorf, B. 1956. Languages and logic. In J. Carroll (Ed.), Language, *Thought and Reality: Selected Writings of Benjamin Lee Whorf*. Cambridge: MIT Press, 233–245.

Wittenberg, E. & Piñango, M. M. 2011. Processing light verb constructions. *The Mental Lexicon, 6*(3): 393–413.

Woodward, A. L. 2000. Constraining the problem space in early word learning. In R. M. Golinkoff & K. Hirsh-Pasek (Eds.), *Becoming a Word Learner: A Debate on Lexical Acquisition*. Oxford: Oxford University Press, 81–114.

Xu, Q. H., Shi, Y. Z. & Neal, S. 2016. A study on Chinese students' acquisition of English articles and interlanguage syntactic impairment. *Chinese Journal of Applied Linguistics, 39*(4): 459–483.

Zhao, X. 2012. Interpretation of Chinese overt and null embedded arguments by English speaking learners. *Second Language Research, 28*: 169–190.

Zwart, J. W. 2011. Recursion in Language: A layered-derivation approach. *Biolinguistics, 5*: 43–56.

术 语 表

百科全书式语义学	encyclopedic semantics
柏拉图问题	Plato's Problem
背景	background
背景实体	ground entity
比较语言学	comparative linguistics
笔相学	graphology
变量	variable
标签算法（加标算法）	labelling algorithm
标志语	specifier
表征	representation
波动假说	Fluctuation Hypothesis
补足语	complement
不可论证性	unmotivatedness
Chomsky-Borer 假设	Borer-Chomsky Conjecture
参数层级	parameter hierarchies
参数理论	parametric theory
侧显	profiling
层次	stratum/level
层次化	stratification
成分结构	constituency
成分统领	c-command
成分性	constituency
迟后填音	late insertion
词	word
词根复合词	root compound
词汇格	lexical case

词汇衔接	lexical cohesion
词汇项	vocabulary item
词汇语法	grammar & lexis / lexicogrammar
词素	morpheme
词组	group
次范畴化	sub-categorisation
单位	unit
底层结构	Deep Structure
递归性	recursion
递归性合并	recursive merge
第一语段句法	First Phase Syntax
动词框架语言	verb-framed language
动结式	resultative construction
短语	phrase
对比语言学	contrastive linguistics
对比原则	Principle of Contrast
对话句法	Dialogic Syntax
E-语言	E-language
发生学	semogenesis
反身代词	reflexive
范畴	category
范式迁移	paradigm shift
非语言现象	non-linguistic phenomena
分布式形态学	Distributed Morphology
分析性参数	analyticity parameter
分析哲学	analytic philosophy
符号	sign
符号学	semiology/semiotics
负性	negativity
复合参数	The Compounding Parameter (TCP)
复杂性核心词	complex head
副事件	co-event
概念	IDEATION

概念—意向系统	conceptual-intentional system
概念化	conceptualization
概念意义	ideational meaning
概念隐喻理论	Conceptual Metaphor Theory
概念整合理论	Conceptual Blending Theory
感知—运动系统	sensory-motor system
个体发生	ontogenesis
功能结构	functional structure
功能性磁共振	functional Magnetic Resonance Imaging (fMRI)
共时同一性	synchronic identity
共时语言学	synchronic linguistics
构式	construction
构式语法	Construction Grammar
关系	relational
观察格局	viewing arrangement
管辖约束	Government and Binding
广义的人类语言官能	faculty of language in the broad sense (FLB)
合并	merge
合一构式语法	Unification Construction Grammar
合作原则	Cooperative Principle
核心词移动限制	Head Movement Constraint
核心图式	core schema
黑箱范式	covered box paradigm
宏观参数	macro-parameter
宏事件理论	Macro-event Theory
互斥假设	Mutual Exclusivity Assumption
话题	topic
话语	utterance
I-语言	I-language
回指代词	anaphor
基于具体语域的语义网络	register-specific semantic network
基于使用	usage-based
基于知识的制约条件	knowledge-based constraint

激活过程	activating process
激进构式语法	Radical Construction Grammar
及物性系统	TRANSITIVITY
级阶	rank
加的夫语法	Cardiff Grammar
价值	value
焦点实体	figural entity
阶	scale
阶与范畴语法	scale-and-category grammar
接受者	recipient
节律/格律系统	periodicity
结构	structure
结构格	structural case
结构距离假设	Structural Distance Hypothesis
结构主义	structuralism
界标	landmark
界面假说	Interface Hypothesis
精密度阶	delicacy
静态语言学	static linguistics
镜像原则	Mirror Principle
句段关系	syntagmatic relation
句法制图理论	Syntactic Cartography
具身认知	embodied cognition
具身性	embodiment
距离假设	Distance Hypothesis
聚合关系	paradigmatic relation
聚合性关系轴	paradigmatic axis
聚焦	focusing
绝对任意性	absolute arbitrariness
客观化	objectifation
空主语参数	null subject parameter
库藏	inventory
跨域映射	cross-domain mapping

框架事件	framing event
奎因难题	Quinean Conundrum
扩展投射原则	Extended Projection Principle (EPP)
类包含	class inclusion
类别	class
类分立	class distinction
类属空间	generic space
类型频率	type frequency
礼貌原则	Politeness Principle
理据性	motivatedness
理论语言学	theoretical linguistics
历史比较语言学	historical comparative linguistics
历史语法	historical grammar
连接	CONJUNCTION
连续统	continuum
联结主义	connectionism
联想关系	associative relation
量化词默认理论	Default Theory
路径	path
论元结构	argument structure
论旨角色	theta role
论旨指配统一性假设	Uniformity of Theta Assignment Hypothesis (UTAH)
逻辑式	Logical Form (LF)
描写语法	descriptive grammar
名词短语可及性等级假设	Noun Phrase Accessibility Hierarchy
名词融合	noun incorporation
名物化	nominalization
命题	proposition
目标	goal
目标域	target domain
纳米参数	nanoparameter
脑电位晚正成分	Late Positive Complex (LPC)
内论元	internal argument

内在格	inherent case
内在体	inner aspect
能产性	productivity
能指	signifiant/signifier
毗邻原则	Subjacency Principle
评价	appraisal
普遍性承诺	generalization commitment
普遍语法	Universal Grammar
普通语言学	general linguistics
前景	foreground
轻动词假设	Light Verb Hypothesis
情景	situation
情景语境	context of situation
情景语境类型	situation type
权势	power
人际意义	interpersonal meaning
认知承诺	cognitive commitment
认知构式语法	Cognitive Construction Grammar
认知类型学	Cognitive Typology
认知社会语言学	Cognitive Sociolinguistics
认知语法	Cognitive Grammar
任意性	arbitrariness
社会范畴化	social categorization
社会认知	sociocognition
社会认知语言学	Sociocognitive Linguistics
射体	trajector (tr)
射体—界标联结	trajector/landmark alignment
身心二元论	mind/body dualism
生成新构式主义理论	neo-constructionism
生物—文化综合体	bio-cultural hybrid
生物语言学	Biolinguistics
省略	ellipsis
施事	agent

识别	IDENTIFICATION
识别/确认系统	identification
识解	construal
实例	instance
实例化	instantiation
实例化连续体	cline of instantiation
实例频率	token frequency
实质	substance
VP壳	VP shell
始源域	source domain
事件相关电位技术	Event-Related Potential (ERP)
视角	perspective
视角转移假设	Perspective Shift Hypothesis
受事	patient
输入空间	input space
熟悉性解释	anaphoric approach
说明阶	exponence
所指	signifié/signified
特殊会话含义	particularized conversational implicature
特征赋值	feature valuation
题元系统	theta system
体现	realization
体验哲学	Embodied Philosophy
替代	substitution
同质	homogeneous
投入量假说	Involvement Load Hypothesis
突显性	prominence
外部语言学	external linguistics
外骨架模式	Exo-Skeletal Model (XS-Model)
外论元	external argument
微观参数	micro-parameter
唯一性解释	uniqueness approach
卫星框架语言	satellite-framed language

谓词分解	predicate decomposition
文化语境	context of culture
无选择性约束	unselective binding
物体范围原则	Principle of Object Scope
X–阶	X-bar
X–阶参数	X-bar parameter
X–阶理论	X-bar theory
系联功能	association function
系统功能理论	Systemic Functional Theory
系统结构理论	System-Structure Theory
系统网络	system network
系统语法	Systemic Grammar
狭义的语言官能	faculty of language in the narrow sense (FLN)
衔接	cohesion
显著性	salience
现实性	reality
线条性	linearity
线性对应定理	Linear Correspondence Axiom (LCA)
线性距离假设	Linear Distance Hypothesis
相对任意性	relative arbitrariness
相互代词	reciprocal
详略度	specificity
象似性	iconicity
象征结构	symbolic structure
小句	clause
小句复合体	clause complex
协商	NEGOTIATION
协商系统	negotiation
心理词库	mental lexicon
心理空间理论	Mental Space Theory
新创空间	blended space
形—义配对体	form-meaning pairing
形式	form

形式意义	formal meaning
修辞结构理论	Rhetorical Structure Theory
循环式的移动	cyclic movement
言语	parole
言语功能	SPEECH FUNCTION
言语活动	langage
演化语言学	evolutionary linguistics
一般会话含义	generalized conversational implicature
一致式层级实现关系	congruent interstratal realisational relation
一致性操作	Agree
疑问算子	Q-operator
异质	heterogeneous
意象图式	image schema
意义	meaning
意义发生	semogenesis
意义潜势	meaning potential
音位	phoneme
音系学	phonology
隐义	implicature
优化型观察方案	optimal viewing arrangement
优选论	Optimality Theory
与格	dative case
语场	field
语法节俭原则	Grammar Parsimony
语法隐喻	grammatical metaphor
语迹	trace
语境	context
语境意义	contextual meaning
语类	lexical category
语类/体裁	genre
语类结构潜势	generic structure potential
语篇	text
语篇/话语发生	logogenesis

语篇分析	discourse analysis
语篇类型	text type
语篇意义	textual meaning
语气系统	MOOD
语式	mode
语言/整体语言	langue
语言表现	performance
语言官能	faculty of language
语言能力	competence
语言普遍性	linguistic universal
语言系统	system of language
语义学	semantics
语用延后假说	Pragmatic Delay Hypothesis
语域	register
语障	barrier
语旨	tenor
元功能	metafunction
原型范畴假设	prototype theory
原则与参数	Principles and Parameters
约束原则	Binding Principles
运动事件	motion event
整体性假设	Whole-object Assumption
支撑关系	supporting relation
直接成分尽早原则	Principle of Early Immediate Constituents
指称	reference
制约理论	constraint view
中型参数	mesoparameter
终结性	telicity
种系发生	phylogenesis
轴	axis
主观化	subjectification
主观性	subjectivity
主位系统	THEME

资源分配模型	Type of Processing Resource Allocation
自动分析	automated analysis
自控步速阅读	self-paced reading
自我中心型观察方案	egocentric viewing arrangement
阻断效应	blocking effect
组合关系	syntagmatic relation
组合性关系轴	syntagmatic axis
最简方案	Minimalist Program
作格	ergative
作为	actional